FRANCISCO
As palavras em tempos de coronavírus

FORTES NA TRIBULAÇÃO

A comunhão da Igreja
ajuda em tempos de provação

LIBRERIA
EDITRICE
VATICANA

© Copyright 2020 – Libreria Editrice Vaticana
00120 Città del Vaticano
Tel. 06.698.45780 - Fax 06.698.84716
E-mail: commerciale.lev@spc.va

Edição em papel
ISBN 978-88-266-0444-2

Edição digital
ISBN 978-88-266-0422-0

www.vatican.va
www.libreriaeditricevaticana.va

Introdução

O grave momento no qual muitos países do mundo mergulharam, devido à rápida propagação da Covid-19, coloca-nos todos à prova. Infelizmente, sabemos que esta crise não vai ser resolvida rapidamente e que a pandemia está a alastrar-se. Estamos perante uma situação que até há algumas semanas parecia inimaginável, como o cenário de um filme de ficção científica.

Tudo mudou de repente, e o que anteriormente tínhamos por certo parece vacilar: a forma como nos relacionamos com os outros no trabalho, a gestão dos afetos, o estudo, a distração, a oração e a possibilidade de participar na missa...

Contudo, o mais grave é que esta epidemia - como qualquer outra - não é apenas uma ameaça aos hábitos consolidados, mas é sobretudo a causa de tanta morte, dor e sofrimento. Milhares de pessoas ficaram gravemente doentes, faleceram. Muitas famílias choram os seus entes queridos, dos quais não puderam estar próximas, aos quais não puderam dizer *adeus* e que foram cremados sem a celebração de um funeral.

Característica da morte na época da Covid-19 é precisamente a solidão, a impossibilidade de ter ao nosso lado os entes queridos, a impossibilidade de receber os sacramentos, de se confessar, de ser acompanhado até ao último suspiro por uma voz amiga a não ser a dos médicos ou enfermeiros que trabalham nas unidades hospitalares até ao extremo das suas forças. Precisamente a eles transmitimos a nossa gratidão, porque lutam todos os dias na linha da frente pela vida das pessoas. Igualmente, devem ser recordados os responsáveis pela segurança pública, as pessoas que trabalham nas atividades estratégicas da coletividade, os muitos voluntários que continuam a ajudar os mais necessitados, os idosos sozinhos, os pobres. Também devem ser recordados os numerosos sacerdotes, religiosos e religiosas que partilham o sofrimento do seu povo: muitos sacrificaram a própria vida.

Para tantos crentes, a impossibilidade de participar na liturgia e nos sacramentos agrava a situação de perplexidade, desânimo e abatimento, embora a Igreja nos exorte a renovar a nossa fé em Cristo Ressuscitado, que venceu a morte e a tornou um lugar de encontro seguro com o rosto bondoso do Pai. As dificuldades do momento estimularam a criatividade e a inventividade de muitos sacerdotes que, utilizando os novos meios de comunicação, se fazem presentes na vida das comunidades e das famílias fechadas nas casas das cidades quase desertas.

A realidade na sua evidência pede-nos para viver este tempo pelo bem de todos e especialmente das pessoas mais a risco, na solidão das nossas casas, hospitais, lares de idosos. Certamente, as questões da fé permanecem, porque nem sequer como crentes fomos educados nas últimas décadas para viver tais emergências, para viver a comunhão eclesial apesar da separação e da distância, sem correr o risco de ceder à tentação de uma devoção solitária.

No entanto, é útil recordar que esta não é certamente a primeira vez que a humanidade, e os cristãos, se devem confrontar com acontecimentos deste tipo. A fé cristã, vivida diariamente nos seus elementos essenciais, gera um olhar sobre a realidade, a possibilidade de ver nela a mão de um Deus que é Pai bondoso e que nos amou de tal modo que sacrificou o seu Filho por nós. Assim a Igreja conserva no tesouro da sua tradição viva, um tesouro de sabedoria, de esperança, de oportunidade para continuar a experimentar - na solidão e às vezes até no isolamento - que deveras somos "um só" graças à ação do Espírito Santo.

Este livro pretende ser uma pequena ajuda oferecida a todos, para poder ver e experimentar na dor, no sofrimento, na solidão e no medo a proximidade e a ternura de Deus. Certamente, a fé não suprime a dor, a comunhão eclesial não elimina a angústia, mas ilumina a realidade e revela que é habitada pelo amor e pela esperança, baseada não nas nossas capacidades, mas n'Aquele que é fiel e nunca nos abandona.

O volume reúne três tipos de textos.

Em primeiro lugar, encontramos as palavras que o Papa Francisco pronunciou de 9 de março a 18 de maio de 2020, para apoiar toda a comunidade eclesial neste tempo de provação: são sobretudo as homilias diárias da Missa de Santa Marta e os textos do *Angelus* e do *Regina Coeli*, além de algumas mensagens. Ouvir a sua palavra ajuda-nos a refletir e a esperar, fazendo-nos sentir em comunhão com Pedro e unidos a ele.

Depois há o primeiro apêndice, que reúne as indicações da Igreja para continuar a viver e a acolher a graça do Senhor, o dom do perdão e da Eucaristia, e a força das celebrações pascais, quando não podemos participar fisicamente nos sacramentos.

Finalmente, há o segundo apêndice, onde encontramos orações e súplicas para os momentos difíceis. Trata-se de preces que provêm de diferentes contextos eclesiais, pertencem a várias épocas históricas e portanto podem constituir mais uma fonte de partilha a nível da Igreja universal. Há orações pelos enfermos, pela libertação do mal e para nos entregarmos com confiança à ação do Espírito Santo.

Na capa há uma imagem do arcanjo Miguel, que protege a Igreja contra o mal e nos ampara nesta difícil provação, a fim de que este mal não consiga lesar a nossa confiança no Pai nem a solidariedade entre nós, mas que se torne uma ocasião para visarmos o que é realmente essencial para a nossa vida e para partilharmos o amor recebido de Deus, entre todos nós e, especialmente, com aqueles que hoje mais precisam dele.*

Andrea Tornielli

---

* Este volume, que o Dicastério para a Comunicação da Santa Sé decidiu preparar, colocando-o à disposição de todos, teve inicialmente uma caraterística fundamental: era atualizado continuamente, à luz das novas intervenções do Papa e da "redescoberta" de outros tesouros da nossa tradição eclesial. Assim era atualizado constantemente no site da Libreria Editrice Vaticana em formato PDF, para ser descarregado gratuitamente. Agora, no final do período em que o Papa Francisco presidiu ao vivo à Eucaristia diária, transmitida pela televisão e em streaming, muitos leitores nos sugeriram a ideia de o tornar disponível em papel, para conservar o subsídio que os acompanhou na vivência da fé na primeira fase da pandemia do coronavírus.

Palavras do Papa Francisco*

Homilias, *Angelus*, *Regina Coeli* e mensagens
de 9 de março a 18 de maio de 2020

––––––––––––––––––

* Publicamos a seguir, em ordem cronológica, as homilias e os Angelus pronunciados a partir de 9 de março de 2020. Todas estas intervenções do Papa podem ser revistas e ouvidas no canal Youtube de Vatican News.

Santa Missa[1]

Introdução

Nestes dias, oferecerei a missa pelos doentes dessa epidemia de coronavírus, pelos médicos, enfermeiros, voluntários que ajudam muito, familiares, pelos idosos que estão em casas de repouso e pelos presos. Esta semana recitemos juntos esta intensa oração ao Senhor: "Salvai-me, Senhor, e concedei-me misericórdia. Os meus pés estão no caminho certo. Na assembleia bendirei ao Senhor".

Homilia- A graça da vergonha

A Primeira Leitura do Profeta Daniel é uma confissão dos pecados. O povo reconhece-se pecador. «Senhor, fostes fiel a nós, mas nós pecamos, fomos maus e ímpios. Fomos rebeldes, distanciamo-nos dos vossos mandamentos e leis. Não obedecemos aos vossos servos, os Profetas, que em vosso nome falaram aos nossos reis, aos nossos príncipes, aos nossos antepassados e a todo o povo do país». Há uma *confissão* dos pecados, um reconhecimento de que pecamos.

Quando nos preparamos para receber o Sacramento da Reconciliação, devemos fazer um "exame de consciência" e ver o que eu fiz diante de Deus: pequei. Reconhecer o pecado. Reconhecer o pecado não pode ser apenas fazer uma lista dos pecados intelectuais, dizer: "pequei".

---

[1] Liturgia da Palavra: *Dn* 9, 4-10; *Sl* 78; *Lc* 6, 36-38.

Depois, digo-o ao padre e ele perdoa-me. Não é necessário, não é justo fazer isto. Seria como redigir uma lista das coisas que devo fazer ou que devo ter ou que fiz mal, mas que permanece na cabeça. Uma verdadeira confissão dos pecados deve permanecer no coração. Confessar-se não é apenas dizer ao sacerdote esta lista: "Fiz isto e aquilo", e depois ir embora. Estou perdoado. Não, não é justo. É preciso dar um passo, um passo a mais, que é a confissão das nossas misérias, mas com o coração, ou seja, de modo que aquela lista de coisas ruins que fiz desça ao coração.

Assim faz o profeta Daniel. «A Vós, Senhor, convém a justiça; a nós, a vergonha». Quando reconheço que pequei, que não rezei direito e sinto isto no coração, vem-me este sentimento de vergonha: "Envergonho-me por ter feito isto. Peço-lhe perdão com vergonha". A vergonha pelos nossos pecados é uma graça, devemos pedi-la: "Senhor, que eu tenha vergonha". Uma pessoa que perdeu a vergonha, perde a autoridade moral, perde o respeito pelos outros. Um desavergonhado. O mesmo acontece com Deus: devemos ter vergonha. A Vós convém a justiça; a nós, a vergonha. A vergonha no rosto, como hoje. "Senhor, continua Daniel, devemos ter vergonha no rosto: diante dos nossos reis e príncipes, dos nossos antepassados, pois pecamos contra Vós". Ao Senhor nosso Deus, antes tinha dito convém a justiça, agora diz: cabe a misericórdia. Quando nós temos não apenas a recordação, a memória dos pecados que fizemos, mas também o sentimento de vergonha, isto toca o coração de Deus, que responde com misericórdia. O caminho para ir ao encontro da misericórdia de Deus é envergonhar-se das coisas ruins, das coisas más que fizemos. Assim, quando vou confessar-me digo não somente a lista de pecados, mas os sentimentos de confusão, de vergonha por ter feito isto a um Deus tão bom, tão misericordioso e justo.

Peçamos hoje a graça da vergonha: de ter vergonha pelos nossos pecados. Que o Senhor conceda a todos nós essa graça!

Santa Missa[2]

Introdução

Continuemos a rezar juntos pelos doentes, pelos profissionais da saúde e por quantos sofrem devido a esta epidemia. Rezemos ao Senhor também pelos nossos sacerdotes, para que tenham a coragem de sair e ir ao encontro dos doentes, levando a força da Palavra de Deus e a Eucaristia, e de acompanhar os profissionais da saúde, os voluntários, neste trabalho que desempenham.

Homilia– Pecadores, mas em diálogo com Deus

Ontem a Palavra de Deus ensinava-nos a reconhecer os nossos pecados e a confessá-los, e não somente com a mente, mas também com o coração, com um espírito de vergonha; vergonha como postura mais nobre diante de Deus pelos nossos pecados. E, hoje, o Senhor chama todos, pecadores, a dialogar com Ele, porque o pecado nos fecha em nós mesmos, nos leva a ocultar-nos ou esconde a nossa verdade dentro. Foi isto que aconteceu com Adão, com Eva: depois do pecado, esconderam-se porque tinham vergonha; estavam nus. E o pecador, quando sente vergonha, tem a tentação de se esconder. E o Senhor chama: "Vamos, vinde, vamos discutir", diz o Senhor, "Vamos falar do teu pecado, da tua situação. Não tenham medo. Não...". E continua: "Mesmo que os vossos pecados fos-

---

2 Liturgia da Palavra: *Is* 1, 10.16-20; *Sl* 49; *Mt* 23, 1-12.

sem como escarlate, vão tornar-se brancos como a neve. Se fossem vermelhos como a púrpura, vão tornar-se como a lã". "Vinde, porque posso mudar tudo", diz o Senhor, "não tenhais medo de falar, sede corajosos, até com as vossas misérias".

Isto faz-me pensar num santo muito penitente, que rezava muito. E procurava dar sempre ao Senhor tudo aquilo que o Senhor lhe pedia. Mas o Senhor não estava feliz. E um dia, estava um pouco irritado com o Senhor, pois aquele santo tinha um certo temperamento. E disse ao Senhor: "Mas Senhor, não te entendo. Eu te dou tudo, tudo, e Tu estás sempre tão insatisfeito, como se faltasse alguma coisa. O que falta?". [E o Senhor responde]: "Dá-me os teus pecados: é isto que falta!".

Ter a coragem de ir falar com o Senhor com as nossas misérias: "Vamos, vinde! Vamos discutir! Não tenhais medo. Mesmo que os vossos pecados fossem como escarlate, vão tornar-se brancos como a neve. Se fossem vermelhos como a púrpura, vão tornar-se como a lã".

Este é o convite do Senhor. Mas há sempre um engano: em vez de ir falar com o Senhor, fingimos que não somos pecadores. É aquilo que o Senhor repreende aos doutores da lei. Estas pessoas fazem obras "para ser admiradas pelas pessoas: ampliam os seus filactérios e alongam as franjas; estão felizes com os lugares de honra nos banquetes, com os primeiros assentos nas sinagogas, com as saudações nas praças, e gostam de ser chamados Rabi pelas pessoas". A aparência, a vaidade. Encobertar a verdade do nosso coração com a vaidade. A vaidade nunca cura! A vaidade nunca cura. Além disso, é venenosa, continua a trazer a doença do coração, a dureza do coração que te diz: "Não, não te dirijas ao Senhor, não...".

A vaidade é apenas o modo de se fechar ao apelo do Senhor. Ao contrário, o convite do Senhor é o de um pai, de um irmão: "Vinde! Vamos conversar, falar. Afinal, sou capaz de mudar a tua vida de vermelho para branco".

Que esta Palavra do Senhor nos encoraje; que a nossa oração seja uma prece real. Sobre a nossa realidade, os nossos pecados, as nossas misérias. Falemos com o Senhor. Ele sabe, Ele sabe o que somos. Sabemos isto, mas a vaidade nos convida sempre a encobertar. Que o Senhor nos ajude!

Santa Missa[3]

Introdução

Continuemos a rezar pelos doentes desta epidemia. E, hoje, de maneira especial, gostaria de rezar pelos encarcerados, pelos nossos irmãos e irmãs, presos em cárceres. Eles sofrem, e devemos estar próximos deles com a oração para que o Senhor os ajude e console neste momento difícil.

Homilia– A vaidade nos afasta da Cruz de Cristo

A primeira leitura, uma passagem do Profeta Jeremias, é realmente uma profecia sobre a Paixão do Senhor. O que dizem os inimigos? "Vinde para o atacarmos com a língua, e não vamos prestar atenção a todas as suas palavras". Vamos colocar obstáculos. Não diz: "Vamos vencê-lo, vamos acabar com ele", não. Dificultar a sua vida, atormentá-lo. É o sofrimento do profeta, mas ali há uma profecia sobre Jesus. O próprio Jesus, no Evangelho, nos fala disto: "Eis que subimos a Jerusalém, e o Filho do Homem será entregue aos sumos sacerdotes e aos mestres da Lei. Eles irão condená-lo à morte e entregá-lo aos pagãos para zombar dele, para o flagelar e crucificar". Não é somente uma sentença de morte: mais. Há a humilhação, a obstinação. E quando há obstinação na perseguição de um cristão, de uma pessoa, ali está o diabo. O diabo tem dois estilos: a sedução, com as promessas do mundo, como quis

---

[3] Liturgia da Palavra: *Jr* 18, 18-20; *Sl* 30; *Mt* 20, 17-28.

fazer com Jesus no deserto, seduzi-lo, e com a sedução fazê-lo mudar o plano da redenção; e, se isto não funcionar, a obstinação. Não há meio-termo, o diabo. A sua soberba é tão grande que procura destruir, e destruir desfrutando da destruição com a obstinação. Pensemos nas perseguições de tantos santos, de tantos cristãos que não só os matam, mas também os fazem sofrer e buscam, de todas as formas, humilhá-los, até ao fim. Não confundir uma simples perseguição social, política, religiosa, com a obstinação do diabo. O diabo obstina-se, para destruir. Pensemos no Apocalipse: quer devorar aquele filho da mulher, que está para nascer.

Os dois ladrões que estavam crucificados com Jesus foram condenados, crucificados, e deixaram-nos morrer em paz. Ninguém os insultava: não interessava. O insulto era somente a Jesus, contra Jesus. Jesus diz aos apóstolos que será condenado à morte, mas será ridicularizado, flagelado, crucificado... zombam dele.

E o caminho para sair da obstinação do diabo, dessa destruição, é o espírito mundano, aquele que a mãe pede para os filhos, os filhos de Zebedeu. Jesus fala de humilhação, que é o próprio destino, e pedem-lhe aparência, poder. A vaidade, o espírito mundano é mesmo, o caminho que o diabo oferece para se distanciar da Cruz de Cristo. A própria realização, o carreirismo, o sucesso mundano: são todos caminhos não cristãos, são todos caminhos para encobertar a Cruz de Jesus.

Que o Senhor nos conceda a graça de saber discernir quando há o espírito que nos quer destruir com a obstinação, e quando o próprio espírito nos quer consolar com as aparências do mundo, com a vaidade. Mas não esqueçamos: quando há obstinação, há ódio, vingança do diabo derrotado. É assim até hoje, na Igreja. Pensemos em tantos cristãos, como são cruelmente perseguidos. Nestes dias, os jornais falaram de Asia Bibi: nove anos na prisão, sofrendo. É a obstinação do diabo.

Que o Senhor nos conceda a graça de discernir o caminho do Senhor, que é a Cruz, do caminho do mundo, que é a vaidade, aparecer, disfarçar".

Santa Missa[4]

Introdução

Continuemos a rezar juntos, neste momento de pandemia, pelos doentes, pelos familiares, pelos pais com crianças em casa... mas, sobretudo, gostaria de vos pedir que rezeis pelas autoridades: elas devem decidir e muitas vezes decidir medidas que não agradam o povo. Mas é pelo nosso bem. E muitas vezes, a autoridade sente-se sozinha. Rezemos pelos nossos governantes, que devem tomar a decisão sobre estas medidas: que se sintam acompanhados pela oração do povo.

Homilia- Para não cair na indiferença

Esta narração de Jesus é muito clara; pode parecer uma narração para crianças: é muito simples. Jesus quer indicar-nos com isto não só uma história, mas a possibilidade de que toda a humanidade viva assim, que todos nós vivamos assim.

Dois homens, um satisfeito, que sabia vestir-se bem, talvez buscasse os grandes estilistas da época para se vestir; usava roupas de púrpura e linho finíssimo. E depois vivia bem, pois todos os dias oferecia esplêndidos banquetes. Ele era feliz assim. Não tinha preocupações, tomava precauções, talvez alguma pílula contra o colesterol para os banquetes, mas a vida ia bem assim. Estava tranquilo.

---

[4] Liturgia da Palavra: *Jr* 17, 5-10; *Sl* 1; *Lc* 16, 19-31.

À sua porta havia um pobre: chamava-se Lázaro. Ele sabia que o pobre estava ali, sabia. Mas parecia-lhe natural: "Eu vivo bem e ele... mas assim é a vida, que se vire". No máximo, talvez – o Evangelho não diz – às vezes dava alguma coisa, algumas migalhas. E assim a vida dessas duas pessoas passou. Ambos passaram pela Lei que cabe a todos nós: morrer. Morreu o rico e morreu Lázaro. O Evangelho diz que Lázaro foi levado para o Céu, ao lado de Abraão... Do rico diz somente: foi enterrado. Ponto. E acaba.

Há duas coisas que impressionam: que o rico soubesse que havia aquele pobre e que conhecesse o seu nome, Lázaro. Mas não importava, parecia-lhe natural. O rico talvez fizesse também os seus negócios que, no final, iam contra os pobres. Conhecia claramente, estava informado sobre aquela realidade. E a segunda coisa que me impressiona muito é a expressão "grande abismo" que Abraão diz ao rico. "Entre nós há um grande abismo, não podemos comunicar; não podemos passar de uma parte para a outra". O mesmo abismo que havia na vida entre o rico e Lázaro: o abismo não começou lá, o abismo começou aqui.

Pensei no drama deste homem: o drama de ser muito informado, mas manter o coração fechado. As informações deste homem rico não chegavam ao coração, não sabia comover-se, não podia comover-se diante do drama dos outros. Nem mesmo sabia chamar um dos jovens que serviam o banquete e dizer "leva-lhe isto, aquilo...". O drama da informação que não chega ao coração. Isto acontece também connosco. Todos nós sabemos, porque vemos no telejornal, vemos nos jornais, quantas crianças passam fome hoje no mundo; quantas crianças não têm os remédios necessários; quantas crianças não podem ir à escola. Continentes com este drama: nós sabemos isto. Pobrezinhos... e continuamos. Esta informação não chega ao nosso coração e muitos de nós, muitos grupos de homens e mulheres vivem este distanciamento entre aquilo que pensam, o que sabem e aquilo que ouvem: o coração está separado da mente. São indiferentes. Assim como o rico era indiferente à dor de Lázaro. Há o abismo da indiferença.

Quando fui pela primeira vez a Lampedusa, veio-me esta expressão: a globalização da indiferença. Talvez nós hoje aqui em Roma estejamos preocupados porque "parece que as lojas estão fechadas, tenho que comprar isto, e parece que não posso passear todos os dias, e parece que...": preocupados com as *minhas* coisas. E esquecemos as crianças famintas, esquecemos aquela pobre gente que nos confins dos países buscam a liberdade, aqueles migrantes forçados que fogem da fome e da guerra e encontram somente um muro, um muro feito de ferro, um muro de arame farpado, mas um muro que não os deixa passar. Sabemos que isto existe, mas não chega ao coração... Vivemos na indiferença: a indiferença é o drama de estar bem informado, mas não *sentir* a realidade dos outros. Este é o abismo: o abismo da indiferença.

Depois há outra coisa que impressiona. Aqui sabemos o nome do pobre. A gente sabe. Lázaro. Também o rico sabia, porque quando estava no inferno pede a Abraão que envie Lázaro. Ali reconheceu-o: "Manda-me Lázaro". Mas não sabemos o nome do rico. O Evangelho não diz como se chamava este senhor. Não tinha nome. Tinha perdido o nome: havia somente os adjetivos da sua vida. Rico, poderoso... muitos adjetivos. É isto que o egoísmo provoca em nós: faz perder a nossa identidade real, o nosso nome, e somente nos leva a avaliar os adjetivos. A mundanidade ajuda-nos nisto. Caímos na cultura dos adjetivos, onde o seu valor é aquilo que possui, aquilo que pode... Mas não "qual é o seu nome?": perdeu o nome. A indiferença leva a isto. Perder o nome. Somos somente ricos, somos isto, somos aquilo. Somos adjetivos.

Peçamos hoje ao Senhor a graça de não cair na indiferença, a graça de que todas as informações das dores humanas que temos cheguem ao coração e nos levem a fazer algo pelos outros.

Santa Missa[5]

Introdução

Nestes dias unimos-nos aos doentes, às famílias, que sofrem esta pandemia. E gostaria de rezar hoje também pelos pastores que devem acompanhar o povo de Deus nesta crise: que o Senhor lhes dê a força e também a capacidade de escolher os meios melhores para ajudar. Nem sempre as medidas drásticas são boas, por isso rezemos: para que o Espírito Santo dê aos pastores a capacidade e o discernimento pastoral a fim de que providenciem medidas que não deixem sozinho o santo povo fiel de Deus. Que o povo de Deus se sinta acompanhado pelos pastores e pelo conforto da Palavra de Deus, dos sacramentos e da oração.

Homilia- Não esqueçamos a gratuidade da revelação

Ambas as leituras são uma profecia da Paixão do Senhor. José vendido como escravo por 20 moedas de prata, entregue aos pagãos. E a parábola de Jesus, que fala clara e simbolicamente do assassinato do Filho. Esta história de "um homem que possuía um terreno, plantou nele uma vinha – o cuidado com o qual a fizera – cercou-a com uma sebe, abriu nela um lugar para a prensa e construiu uma torre – tinha feito isto muito bem. Depois, arrendou-a a vinhateiros e partiu para longe". Este é o povo de Deus. O

---

[5] Liturgia da Palavra: *Gn* 37, 3-4.12-13.17-28; *Sl* 104; *Mt* 21, 33-43.45.

Senhor escolheu aquele povo, há a eleição daquele povo. É o povo da eleição. Também há uma promessa: "Ide avante. Vós sois o meu povo", uma promessa feita a Abraão. E também há uma aliança feita com o povo no Sinai. O povo deve guardar sempre a eleição na memória, que é um povo eleito, a promessa para olhar em frente com esperança e a aliança para viver a fidelidade cada dia.

Mas nesta parábola, acontece que quando chegou o tempo para colher o fruto, esse povo esqueceu-se de que ele não era o proprietário: "Os lavradores pegaram nos servos, bateram num deles, mataram outro, lapidaram o outro. Depois o senhor mandou outros servos, mais numerosos, mas trataram-nos do mesmo modo". Certamente, Jesus mostra – falando aos doutores da lei – como os doutores da lei trataram os profetas. "Por último, mandou-lhes o próprio filho", pensando que o respeitariam. "Mas os lavradores, vendo o filho, disseram entre si: 'Este é o herdeiro. Vamos, matemo-lo e apoderemo-nos da sua herança!". Roubaram a herança, que era outra. Uma história de infidelidade, de infidelidade à eleição, de infidelidade à promessa, de infidelidade à aliança, que é um dom. A eleição, a promessa e a aliança são um dom de Deus. Infidelidade ao dom de Deus. Não entender que era um dom e tomá-lo como propriedade. Esse povo apropriou-se do dom, tirou esse dom para o transformar em "minha" propriedade. E o dom, que é riqueza, abertura, bênção, foi encerrado, aprisionado numa doutrina de muitas leis. Foi ideologizado. E assim o dom perdeu a sua natureza de dom, acabou numa ideologia. Sobretudo numa ideologia moralista, repleta de preceitos, inclusive ridícula porque passa para a casuística em tudo. Apropriaram-se do dom.

Este é o grande pecado. É o pecado de esquecer que Deus se fez Ele mesmo dom para nós, que Deus nos ofereceu isto como dom e, esquecendo isto, tornar-nos proprietários. E a promessa já não é promessa, a eleição já não é eleição: "A aliança deve ser interpretada segundo o meu parecer, ideologizado".

Aí, nessa atitude, talvez eu veja no Evangelho o início do clericalismo, que é uma perversão, que renega sempre a eleição gratuita de Deus, a aliança gratuita de Deus, a promessa de Deus. Esquece a gratuidade da revelação, esquece que Deus se manifestou como dom, se fez dom para nós e nós devemos dá-lo, mostrá-lo aos outros como dom, não como nossa posse. O clericalismo não é uma coisa somente destes dias, a rigidez não é uma coisa destes dias, já havia no tempo de Jesus. E depois Jesus seguirá adiante na explicação das parábolas – esse é o capítulo 21 – seguirá adiante até chegar ao capítulo 23 com a condenação, onde se vê a ira de Deus contra aqueles que tomam o dom para si como propriedade e reduzem a sua riqueza aos caprichos ideológicos da própria mente.

Peçamos ao Senhor a graça de receber o dom como dom e transmiti-lo como dom, não como propriedade, não de modo sectário, rígido, "clericalista".

Santa Missa[6]

Introdução

Continuemos a rezar pelos doentes desta pandemia. Hoje gostaria de pedir uma oração especial pelas famílias, famílias que de um dia para o outro se encontram com os seus filhos em casa, porque as escolas estão fechadas por razões de segurança e devem gerir uma situação difícil, e geri-la bem, com paz e também com alegria. De modo especial, penso naquelas famílias que têm algum membro com deficiência. Os centros de acolhimento diurnos para pessoas com deficiência estão fechados e a pessoa permanece em família. Rezemos pelas famílias, para que não percam a paz neste momento e sejam capazes de levar avante toda a família com coragem e alegria.

Homilia– Viver em casa sem se sentir em casa

Muitas vezes ouvimos esta passagem do Evangelho. Esta parábola, Jesus di-la num contexto especial: "Todos os publicanos e pecadores aproximavam-se de Jesus para o escutar". Os fariseus e escribas murmuravam, dizendo: "Este homem acolhe os pecadores e come com eles". E Jesus respondeu-lhes com esta parábola.

O que eles dizem? As pessoas, os pecadores aproximam-se em silêncio, não sabem como dizer, mas a sua

---

[6] Liturgia da Palavra: *Mq* 7, 14-15.18-20; *Sl* 102; *Lc* 15, 1-3.11-32.

presença diz muitas coisas, eles queriam escutar. O que dizem os doutores da lei? Eles criticam. "Murmuravam", diz o Evangelho, tentando cancelar a autoridade que Jesus tinha em relação ao povo. Esta é a grande acusação: "Ele come com pecadores, é um impuro". Então, a parábola é um pouco a explicação deste drama, deste problema. O que é que estas pessoas sentem? As pessoas sentem a necessidade da salvação. As pessoas não sabem distinguir bem, intelectualmente: "Devo encontrar o meu Senhor, para que Ele me encha", precisam de um guia, de um pastor. E as pessoas aproximam-se de Jesus porque veem n'Ele um pastor, devem ser ajudadas a caminhar na vida. Sentem esta necessidade. Os outros, os doutores, sentem suficiência: "Fomos à universidade, fiz um doutorado, não... dois doutorados. Bem sei, sei muito bem, o que diz a lei; melhor, conheço todas, todas as explicações, todos os casos, todas as atitudes da casuística". E eles sentem-se suficientes e desprezam as pessoas, desprezam os pecadores: o desprezo pelos pecadores.

Na parábola, o que é que se diz? O filho diz ao pai: "Dá-me o dinheiro e eu vou-me embora". O pai dá-lhe, mas não diz nada porque é pai, talvez tenha tido a recordação de alguma tolice feita quando era jovem, mas não diz nada. Um pai sabe sofrer em silêncio. Um pai olha para o tempo. Deixa passar os maus momentos. Muitas vezes a atitude de um pai é "fazer-se de parvo" diante das falhas dos seus filhos. O outro filho repreende o pai: "O senhor foi injusto", diz.

O que sentem as pessoas da parábola? O jovem sente o desejo de dominar o mundo, de ir além, de sair de casa, e talvez viva na casa como numa prisão, e também tem a suficiência de dizer ao pai: "Dá-me o que é meu". Sente coragem, força. O que é que o pai sente? O pai sente dor, ternura e muito amor. Então, quando o filho pronuncia a outra palavra: "Vou levantar-me – quando cai em si – vou levantar-me e irei ter com o meu pai", encontra o pai à sua espera, vê-o de longe. Um pai que sabe esperar o tempo dos seus filhos. O que é que o filho mais velho sente? Diz o Evangelho: "Ficou indignado", ele sente esse desprezo. E tantas vezes, para essas pessoas, ficar indignado é a única maneira de se sentir digno.

Eis as coisas ditas nesta passagem do Evangelho, as coisas que se sentem.

Mas qual é o problema? O problema - vamos começar pelo filho mais velho - o problema é que ele estava em casa, mas nunca percebeu o que significava viver em casa: cumpria as suas tarefas, fazia o seu trabalho, mas não entendia o que era uma relação de amor com o seu pai. "O filho mais velho ficou indignado e não quis entrar". "Mas esta já não é a minha casa?"... pensou. Como os doutores da lei. "Não há ordem. Veio este pecador e fizeram-lhe uma festa. E eu?". O pai profere palavras claras: "Filho, tu estás sempre comigo e tudo o que é meu é teu". E disto o filho não se dava conta, vivia em casa como num hotel, sem sentir aquela paternidade... Tantos "hóspedes" na casa da Igreja que se julgam patrões. É interessante, o pai não diz uma palavra ao filho que volta do pecado, só o beija, abraça e lhe dedica um banquete; deve explicar-lhe, para entrar no seu coração: ele tinha o coração blindado pelos seus conceitos de paternidade, de filiação, de modo de viver.

Lembro-me que certa vez um sacerdote idoso e sábio, um grande confessor, um missionário, um homem que amava tanto a Igreja, falando de um sacerdote jovem, que era muito seguro de si mesmo, muito crente... que se julgava valoroso e que tinha direitos na Igreja. O idoso disse-lhe: "Rezo por isto, para que o Senhor lhe coloque uma casca de banana no caminho e o faça escorregar, isso far-lhe-á bem". Como se dissesse, embora pareça blasfémia: "Far-lhe-á bem pecar, porque depois deverá pedir perdão e assim encontrará o Pai".

Esta parábola do Senhor diz-nos muitas coisas, uma resposta para aqueles que o criticavam porque ele andava com os pecadores. Mas também hoje muitos, pessoas da Igreja, criticam aqueles que se aproximam de pessoas necessitadas, de pessoas humildes, de pessoas que trabalham, até aqueles que trabalham para nós. Que o Senhor nos dê a graça de entender qual é o problema. O problema é viver em casa sem se sentir em casa, porque não há relação de paternidade, de fraternidade, apenas a relação de companheiros de trabalho.

Domingo 15 de março de 2020

Terceiro Domingo de Quaresma

Santa Missa[7]

Introdução

Neste domingo de Quaresma, rezemos todos juntos pelos doentes, pelas pessoas que sofrem. E hoje gostaria de recitar com todos vós uma oração especial pelas pessoas que, com o seu trabalho, garantem o funcionamento da sociedade: os trabalhadores das farmácias, dos supermercados, do transporte, os polícias. Rezemos por todos aqueles que trabalham para que a vida social, a vida na cidade, possa seguir em frente neste momento.

Homilia- Dirigir-se ao Senhor com a minha verdade

O Evangelho faz-nos conhecer um diálogo, um diálogo histórico - não é uma parábola, isto aconteceu - de um encontro de Jesus com uma mulher, com uma pecadora.

É a primeira vez que, no Evangelho, Jesus declara a sua identidade. E declara-a a uma pecadora que teve a coragem de lhe dizer a verdade... E depois, com o mesmo argumento, foi anunciar Jesus: "Vinde, talvez seja o Messias, porque Ele me contou tudo o que eu fiz". Não apresenta argumentos teológicos - como talvez tenha feito no diálogo com Jesus: "Neste monte, o outro monte" – mas apresenta a sua verdade. E a sua verdade é aquilo que a santifica, a justifica, é o que o Senhor usa, a sua verdade, para anunciar o Evangelho: não

---

[7] Liturgia da Palavra: *Êx* 17, 3-7; *Sl* 94; *Rm* 5, 1-2.5-8; *Jo* 4, 5-42.

se pode ser discípulo de Jesus sem a própria verdade, sem o que somos. Não se pode ser discípulo de Jesus somente com argumentações: "Sobre este monte, sobre aquele outro". Essa mulher teve a coragem de dialogar com Jesus, porque esses dois povos não dialogavam entre si. Teve a coragem de se interessar pela proposta de Jesus, a água, porque sabia que Ele tinha sede. Teve a coragem de confessar as suas fraquezas, os seus pecados; antes, a coragem de usar a própria história como garantia que aquele era um profeta. "Ele contou-me tudo o que eu fiz".

O Senhor quer dialogar sempre com transparência, sem esconder as coisas, sem duplas intenções: "Sou assim". E assim falo com o Senhor, como sou, com a minha verdade. E assim, a partir da minha verdade, pela força do Espírito Santo, encontro a Verdade: que o Senhor é o Salvador, aquele que veio para me salvar, para nos salvar.

Esse diálogo tão transparente entre Jesus e a mulher termina com a confissão da realidade messiânica de Jesus, com a conversão daquele povo (aquele campo) que o Senhor viu branquear, que vinha ter com Ele, porque estava pronto para a ceifa.

Que o Senhor nos dê a graça de rezar sempre com a verdade, de nos dirigirmos ao Senhor com a nossa verdade, não com a verdade dos outros, nem com verdades destiladas em argumentações: "É verdade, tive cinco maridos, tal é a minha verdade" (cf. vv. 17-18).

Angelus

Estimados irmãos e irmãs, bom dia!

Neste momento está a concluir-se em Milão a Missa que o Senhor Arcebispo celebra na Policlínica para os doentes, os médicos, os enfermeiros e os voluntários. O Senhor Arcebispo está próximo do seu povo e também de Deus na oração. Vem-me à mente a fotografia da semana passada: ele sozinho no teto da Catedral a rezar a Nossa Senhora. Gostaria de agradecer também a todos os sacerdotes, pela sua criatividade. Chegam-me muitas notícias da Lombardia sobre esta criatividade. É verdade, a Lombardia foi muito atingida. Sacerdotes que pensam em muitas maneiras de estar próximos do povo, para que o povo não se sinta abandonado; sacerdotes com zelo apostólico, os quais entenderam bem que em tempos de pandemia não se deve ser como "dom Abbondio". Muito obrigado, sacerdotes!

O trecho evangélico deste terceiro domingo da Quaresma apresenta o encontro de Jesus com uma Samaritana (cf. *Jo* 4, 5-42). Ele está a caminho com os seus discípulos e param perto de um poço em Samaria. Os samaritanos eram considerados hereges pelos judeus, e muito desprezados, como cidadãos de segunda categoria. Jesus está cansado, tem sede. Uma mulher vem buscar água e ele pede-lhe: «Dá-me de beber» (v. 7). Assim, rompendo todas as barreiras, começa um diálogo em que revela àquela mulher *o mistério da água viva*, isto é, do Espírito Santo, dom de Deus. Com efeito, à reação de surpresa da mulher, Jesus responde: «Se conhecesses o dom de Deus e quem é que te diz: "Dá-me de beber", tu mesma pedir-lhe-ias e Ele dar-te-ia a água viva» (v. 10).

No centro deste diálogo está a *água*. Por um lado, a água como elemento essencial para viver, que sacia a sede do corpo e sustenta a vida. Por outro, a água como símbolo da graça divina, que dá a vida eterna. Na tradição bíblica, Deus é a fonte da água viva – assim se diz nos

Salmos, nos profetas – e afastar-se de Deus, fonte de água viva, e da sua Lei causa a pior seca. Tal é a experiência do povo de Israel no deserto. No longo caminho rumo à liberdade, abrasado pela sede, ele protesta contra Moisés e contra Deus, porque não há água. Então, pela vontade de Deus, Moisés faz brotar água de uma rocha, como sinal da providência de Deus que acompanha o seu povo e lhe dá vida (cf. *Êx* 17, 1-7).

E o Apóstolo Paulo interpreta aquela rocha como símbolo de Cristo. Assim dirá: «E a rocha é Cristo» (cf. *1 Cor* 10, 4). É a figura misteriosa da sua presença no meio do povo de Deus a caminho. Com efeito, Cristo é o Templo do qual, segundo a visão dos profetas, brota o Espírito Santo, ou seja, a água viva que purifica e dá vida. Quem tem sede de salvação pode haurir gratuitamente de Jesus, e n›Ele o Espírito Santo tornar-se-á uma nascente de vida plena e eterna. A promessa da água viva que Jesus fez à Samaritana tornou-se realidade na sua Páscoa: do seu lado trespassado saiu «sangue e água» (*Jo* 19, 34). Cristo, Cordeiro imolado e ressuscitado, é a fonte da qual brota o Espírito Santo, que perdoa os pecados e regenera para a vida nova.

Este dom é também a fonte do testemunho. Assim como a Samaritana, quem encontrar Jesus vivo sente a necessidade de o contar aos outros, para que todos cheguem a confessar que Jesus «é verdadeiramente o Salvador do mundo» (*Jo* 4, 42), como disseram mais tarde os conterrâneos daquela mulher. Também nós, gerados para uma nova vida através do Batismo, somos chamados a dar testemunho da vida e da esperança que há em nós. Se a nossa busca e sede encontrarem plena satisfação em Cristo, manifestaremos que a salvação não está nas "coisas" deste mundo, as quais no final produzem a seca, mas n'Aquele que nos amou e nos ama sempre: Jesus, nosso Salvador, na água viva que Ele nos oferece.

Que Maria Santíssima nos ajude a cultivar o desejo de Cristo, fonte de água viva, o único que pode saciar a sede de vida e de amor que sentimos no nosso coração.

Depois do Angelus

Prezados irmãos e irmãs!

Nestes dias a Praça de São Pedro está fechada, por isso dirijo a minha saudação diretamente a vós que estais sintonizados através dos meios de comunicação.

Nesta situação de pandemia, em que estamos a viver mais ou menos isolados, somos convidados a redescobrir e aprofundar o valor da comunhão, que une todos os membros da Igreja. Unidos a Cristo, nunca estamos sozinhos, mas formamos um só Corpo, do qual Ele é a Cabeça. Trata-se de uma união alimentada pela oração, e também pela comunhão espiritual na Eucaristia, uma prática altamente recomendada quando não é possível receber o Sacramento. Digo isto a todos, especialmente às pessoas que vivem sozinhas.

Renovo a minha proximidade a todos os doentes e a quantos os assistem. Assim como aos numerosos agentes e voluntários que ajudam as pessoas que não podem sair de casa, e àqueles que atendem às necessidades dos mais pobres e dos desabrigados.

Muito obrigado por todo o esforço que cada um de vós faz para ajudar neste momento tão difícil. O Senhor vos abençoe, Nossa Senhora vos ampare; e, por favor, não vos esqueçais de rezar por mim. Feliz domingo e bom almoço. Obrigado!

Santa Missa[8]

Introdução

Continuemos a rezar pelos doentes. Penso nas famílias, fechadas em casa, nas crianças que não vão à escola, nos pais que talvez não possam sair; alguns estarão em quarentena. Que o Senhor os ajude a descobrir novos modos, novas expressões de amor, de convivência nesta nova situação. É uma ocasião bela para reencontrar os verdadeiros afetos, com a criatividade em família. Rezemos pela família, para que as relações na família neste momento floresçam sempre para o bem.

Homilia- Deus sempre age na simplicidade

Em ambos os textos que hoje a Liturgia nos leva a meditar, há uma atitude que chama a atenção, uma atitude humana, mas não de bom espírito: a indignação. Este povo de Nazaré começou a ouvir Jesus, gostava do modo como Ele falava, mas depois alguém disse: "Mas este aí estudou em qual universidade? Este é o filho de Maria e José, este é o carpinteiro! O que nos vem dizer?". E o povo indignou-se. Entram nesta indignação. E essa indignação leva-os à violência. E aquele Jesus que admiravam no início da pregação é levado para fora da cidade, para o lançar do alto do monte.

---

[8] Liturgia da Palavra: *2 Rs* 5, 1-15; *Sl* 41-42; *Lc* 4, 24-30.

Também Naamã, que era um homem bom, inclusive aberto à fé, mas quando o profeta lhe manda banhar-se no Jordão, indigna-se. Mas como é possível? "Eu pensava que ele viria pessoalmente e, diante de mim, invocaria o Senhor, seu Deus, poria a mão no lugar infetado e curar-me-ia da lepra. Porventura os rios de Damasco, o Abana e o Farfar, não são melhores que todas as águas de Israel? Não me poderia eu lavar neles e ficar limpo? E, voltando-se, retirou-se encolerizado". Com indignação.

Também em Nazaré há pessoas boas; mas o que há por trás destas boas pessoas que as leva a essa atitude de indignação? E em Nazaré é pior: a violência. Quer as pessoas da sinagoga de Nazaré, quer Naamã pensavam que Deus se manifestasse somente no extraordinário, nas coisas fora do comum; que Deus não podia agir nas coisas comuns da vida, na simplicidade. Indignavam-se com o simples. Eles indignavam-se, desprezavam as coisas simples. E o nosso Deus faz-nos entender que Ele age sempre na simplicidade: na simplicidade, na casa de Nazaré, na simplicidade do trabalho de todos os dias, na simplicidade da oração... As coisas simples. Ao contrário, o espírito mundano leva-nos à vaidade, às aparências...

E ambas acabam na violência: Naamã é muito educado, mas bate a porta diante do profeta e vai embora. A violência, um gesto de violência. O povo da sinagoga começa a irritar-se, a acalorar-se, e toma a decisão de assassinar Jesus, mas inconscientemente, e expulsam-no para o lançar do alto do monte. A indignação é uma tentação terrível, que leva à violência.

Dias atrás, mostraram-me num telefone celular um vídeo da porta de um prédio em quarentena. Havia uma pessoa, um jovem, que queria sair. E o guarda disse-lhe que não podia. Ele reagiu com socos, com indignação, com desprezo. "Mas quem és tu, 'negro', para impedir que eu saia?". A indignação é a atitude dos soberbos, mas dos soberbos pobres, dos soberbos com uma terrível pobreza de espírito, dos soberbos que vivem somente com a ilusão de ser mais do que realmente são. É uma estratificação espiritual, o povo que se indigna: aliás, estes indivíduos sentem a necessidade de se indignar muitas vezes para se sentir pessoas.

Isto pode acontecer também com cada um de nós: "o escândalo farisaico", chamam-lhe os teólogos, escandalizar-me com coisas que são a simplicidade de Deus, a simplicidade dos pobres, a simplicidade dos cristãos, como se dissesse: "Mas isso não é Deus. Não, não! O nosso deus é mais culto, é mais sábio, é mais importante. Deus não pode agir nesta simplicidade". E a indignação leva-nos sempre à violência, quer à violência física, quer à dos mexericos, que mata como a violência física.

Pensemos nestas duas passagens: a indignação do povo na sinagoga de Nazaré e a indignação de Naamã, porque não entenderam a simplicidade do nosso Deus.

Santa Missa[9]

Introdução

Hoje gostaria de rezar convosco pelos anciãos que sofrem neste momento de modo particular, com uma solidão interior muito grande e por vezes com tanto medo. Peçamos ao Senhor que esteja próximo dos nossos avôs e avós, de todos os anciãos, e que lhes dê força. Eles transmitiram-nos a sabedoria, a vida, a história. Também nós nos façamos próximos deles com a oração.

Homilia– Pedir perdão implica perdoar

Jesus tenciona fazer uma catequese sobre a unidade dos irmãos e acaba por proferir uma bonita expressão: "Asseguro-vos que se dois ou três de vós, chegarem a um acordo e pedirem uma graça, ela ser-vos-á concedida». A unidade, a amizade, a paz entre os irmãos atrai a benevolência de Deus. E Pedro faz esta pergunta: "Sim, mas o que devemos fazer com as pessoas que nos ofendem? Se o meu irmão pecar contra mim, se me ofender, quantas vezes deverei perdoá-lo? Até sete vezes?". Jesus responde com aquela palavra que, no idioma deles, significa "sempre": "Setenta vezes sete". Devemos perdoar sempre.

Mas não é fácil perdoar. Porque o nosso coração egoísta está sempre apegado ao ódio, às vinganças, aos rancores. Todos vemos famílias destruídas por ódios fa-

---

9 Liturgia da Palavra: *Dn* 3, 25.34-43; *Sl* 24; *Mt* 18, 21-35.

miliares que passam de geração em geração. Irmãos que, diante do caixão de um dos pais, não se saúdam porque levam adiante rancores antigos. Parece que o apegar-se ao ódio é mais forte do que o apegar-se ao amor; e este é propriamente o tesouro – digamos assim – do diabo. Ele esconde-se sempre entre os nossos rancores, entre os nossos ódios e fá-los crescer, mantendo-os ali para destruir. Destrói tudo. E muitas vezes destrói por coisas insignificantes.

E também se destrói este Deus que não veio para condenar, mas para perdoar. Este Deus que é capaz de fazer festa por um pecador que se aproxima e esquece tudo. Quando Deus perdoa, esquece todo o mal que fizemos. Alguém dirá: "É a doença de Deus". Nestes casos Ele não tem memória, é capaz de perder a memória. Deus perde a memória das histórias terríveis de tantos pecadores, dos nossos pecados. Perdoa-nos e segue adiante. Pede-nos apenas: "Faz o mesmo: aprende a perdoar", não leves adiante esta cruz infecunda do ódio, do rancor, do "vais pagar por isto". Esta palavra não é nem cristã nem humana. É a generosidade de Jesus que nos ensina que para entrar no céu devemos perdoar. Aliás, diz-nos: "Vais à Missa?" – "Sim" – "Mas se fores à Missa e te recordares que o teu irmão tem algo contra ti, primeiro, não venhas ao meu encontro com o amor por mim numa mão e com o ódio pelo irmão na outra". Coerência de amor. Perdoar. Perdoar de coração!

Há pessoas que vivem condenado o próximo, falando mal dos outros, difamando continuamente os seus colegas de trabalho, os vizinhos, os parentes, porque não perdoam algo que lhes fizeram, ou não perdoam algo que não lhes agradou. Parece que a riqueza própria do diabo é esta: semear o amor não perdoando, viver apegado ao não-perdão. Mas o perdão é a condição para entrar no céu.

A parábola que Jesus nos narra é muito clara: perdoar. Que o Senhor nos ensine esta sabedoria do perdão, a qual não é fácil. E façamos algo: quando formos confessar-nos, quando recebermos o sacramento da reconciliação, antes perguntemo-nos: "Eu perdoo?". Se sinto que não perdoo, não devo fingir que peço o perdão, porque não serei perdoado. Pedir perdão significa perdoar. Ambos caminham juntos. Não podem separar-se. E quantos pedem perdão para si, como aquele senhor a quem o patrão perdoa tudo, mas não perdoam os outros, acabarão como aquele senhor. "Assim vos tratará o meu Pai celeste, se cada um de vós não perdoar ao seu irmão, de todo o coração".

Que o Senhor nos ajude a entender isto e a abaixar a cabeça, a não ser soberbos, a ser magnânimos no perdão. Ao menos a perdoar "por interesse". Como é possível? Sim: perdoar, pois se eu não perdoar, não serei perdoado. Pelo menos isto. Mas perdoar sempre!

Santa Missa[10]

Introdução

Hoje rezemos pelos defuntos, por aqueles que perderam a vida por causa do vírus; de modo especial, gostaria de rezar pelos agentes de saúde que morreram nestes dias. Deram a vida ao serviço dos doentes.

Homilia– Nosso Deus está próximo e nos pede para estarmos próximos uns don outros

O tema de ambas as leituras de hoje é a Lei. A Lei que Deus dá ao seu povo. A Lei que o Senhor quis dar-nos e que Jesus desejou levar à máxima perfeição. Mas tem algo que chama a atenção: o *modo* como Deus transmite a Lei. Moisés diz: "Com efeito, qual grande nação tem deuses tão próximos de si como está próximo de nós o Senhor, nosso Deus, cada vez que o invocamos?". O Senhor dá a Lei ao seu povo com uma atitude de proximidade. Não são prescrições de um governante, que pode estar distante, nem de um ditador... não: é a proximidade; e pela revelação sabemos que se trata de uma proximidade paterna, de pai, que acompanha o seu povo, oferecendo-lhe o dom da Lei. O Deus próximo. "Com efeito, qual grande nação tem deuses tão próximos de si como está próximo de nós o Senhor, nosso Deus, cada vez que o invocamos?".

____

[10] Liturgia da Palavra: *Dt* 4, 1.5-9; *Sl* 147; *Mt* 5, 17-19.

O nosso Deus é o Deus da proximidade, é um Deus próximo, que caminha com o seu povo. Aquela imagem no deserto, no Êxodo, a nuvem, a coluna de fogo para proteger o povo: caminha com o seu povo. Não é um Deus que deixa prescrições escritas, "e segue adiante". Faz prescrições, escreve-as na pedra com as próprias mãos, dá-las a Moisés, entrega-as a Moisés; não se limita a dar prescrições e a ir embora: caminha, está próximo. "Qual nação tem um Deus tão próximo?". É a proximidade. O nosso Deus é o Deus da proximidade.

E a primeira resposta do homem, nas primeiras páginas da Bíblia, são duas atitudes de não-proximidade. A nossa resposta consiste sempre em distanciar-nos; distanciamo-nos de Deus. Ele faz-se próximo e nós distanciamo-nos. Aquelas duas primeiras páginas, a primeira atitude de Adão e da mulher é esconder-se: escondem-se da proximidade de Deus, têm vergonha porque pecaram; o pecado leva-nos a esconder-nos, a não desejar a proximidade. E muitas vezes, a fazer uma teologia pensando somente "no juiz"; é por isso que me escondo: tenho medo. A segunda atitude, humana, à proposta desta proximidade de Deus é matar. Matar o irmão. "Não sou o guarda do meu irmão".

Duas atitudes que eliminam toda a proximidade. O homem rejeita a proximidade de Deus, quer ser dono das relações; mas a proximidade traz sempre consigo alguma fraqueza. O "Deus próximo" faz-se fraco, e quanto mais se aproxima, mais fraco parece. Quando vem habitar connosco, faz-se homem, um de nós: faz-se fraco e carrega a fraqueza até à morte e a morte mais cruel, a morte dos assassinos, a morte dos maiores pecadores. A proximidade humilha Deus. Ele humilha-se para estar ao nosso lado, para caminhar connosco, para nos ajudar.

O "Deus próximo" fala-nos de humildade. Não é um "grande Deus" distante... não. Está próximo. É de casa. E vemos isso em Jesus, Deus que se fez homem, próximo dos seus discípulos até à morte: acompanha-os, ensina-os, corrige-os com amor... Pensemos, por exemplo, na proximidade de Jesus aos discípulos angustiados de Emaús: estão aflitos, derrotados, e Ele aproxima-se lentamente, para lhes explicar a mensagem de vida, de ressurreição.

O nosso Deus está próximo e pede-nos que estejamos próximos uns dos outros, que não nos afastemos uns dos outros. E neste momento de crise, devido à pandemia que vivemos, esta proximidade deve tornar-se ainda mais evidente. Talvez não possamos aproximar-nos fisicamente por medo do contágio, mas podemos despertar uma atitude de proximidade entre nós: com a oração, a ajuda e tantos modos de proximidade. E por que motivo devemos estar próximos uns dos outros? Porque o nosso Deus está próximo, quis acompanhar-nos na vida. É o Deus da proximidade. Por isso, não somos pessoas isoladas: estamos próximos, pois a herança que recebemos do Senhor é a proximidade, ou seja, o gesto da proximidade.

Peçamos ao Senhor a graça de estar próximos, sem nos escondermos uns dos outros; não lavemos as mãos, como fez Caim, diante do problema do outro: não! Próximos, proximidade. "Com efeito, qual grande nação tem deuses tão próximos de si como está próximo de nós o Senhor, nosso Deus, cada vez que o invocamos?".

QUINTA-FEIRA, **19** DE MARÇO DE **2020**

SOLENIDADE DE SÃO JOSÉ

Santa Missa[11]

Introdução

Rezemos hoje pelos irmãos e irmãs que se encontram no cárcere: eles sofrem muito, pela incerteza daquilo que acontecerá na prisão, e pensando também nas suas famílias, como elas estão, se alguém está doente, se falta alguma coisa. Hoje estejamos próximos dos encarcerados, que sofrem muito neste momento de incerteza e de dor.

Homilia– Viver na concretude da vida quotidiana e do mistério

O Evangelho (*Mt* 1, 16.18-21.24) diz-nos que José era "justo", ou seja, um homem de fé, que vivia a fé. Um homem que pode ser incluído na lista de todas aquelas pessoas de fé que recordamos hoje no Ofício das Leituras. Aquelas pessoas que viveram a fé como fundamento do que se espera, como garantia do que não se vê; e a prova não se vê. José é homem de fé: por isso, era "justo". Não somente porque acreditava, mas também porque vivia esta fé. Homem "justo". Foi eleito para educar um homem que era verdadeiro homem, mas também verdadeiro Deus: era preciso um homem-Deus para educar um homem assim, mas não havia. O Senhor escolheu um "justo", um homem

---

[11] Liturgia da Palavra: *2 Sm* 7, 4-5.12-14.16; *Sl* 88; *Rm* 4, 13.16-18.22; *Mt* 1, 16.18-21.24.

43

de fé. Um homem capaz de ser humano e também capaz de falar com Deus, de entrar no mistério de Deus. E esta foi a vida de José. Viver a sua profissão, a sua vida de homem e entrar no mistério. Um homem capaz de falar com o mistério, de dialogar com o mistério de Deus. Não era um sonhador. Entrava no mistério. Com a mesma naturalidade com a qual levava adiante a sua profissão, com a precisão da sua profissão: ele era capaz de ajustar milimetricamente uma quina da madeira, sabia fazê-lo; era capaz de rebaixar, de diminuir um milímetro da madeira, da superfície da madeira. Justo, era preciso. Mas também era capaz de entrar no mistério que ele não podia controlar.

Eis a santidade de José: levar adiante a sua vida, o seu trabalho com justeza, com profissionalismo; e, no momento exato, entrar no mistério. Quando o Evangelho nos fala dos sonhos de José, explica-nos isto: ele entra no mistério.

Penso na Igreja hoje, nesta Solenidade de São José. Os nossos fiéis, bispos, sacerdotes, consagrados e consagradas, os Papas: são capazes de entrar no mistério? Ou devem ajustar-se segundo as prescrições que os defendem daquilo que não podem controlar? Quando a Igreja perde a possibilidade de entrar no mistério, perde a capacidade de adorar. A prece de adoração somente é possível quando entramos no mistério de Deus.

Peçamos ao Senhor a graça de que a Igreja possa viver no pragmatismo da vida diária e também na solidez – entre aspas – do mistério. Se não conseguir fazê-lo, será uma Igreja pela metade, uma associação piedosa, levada adiante por prescrições, mas sem o sentido da adoração. Entrar no mistério não é sonhar; entrar no mistério é precisamente isto: adorar. Entrar no mistério é fazer aquilo que faremos no futuro, quando chegarmos à presença de Deus: adorar.

Que o Senhor conceda esta graça à Igreja!

Mensagem vídeo do Papa Francisco aos participantes na recitação do rosário pela Itália promovido pela conferência episcopal do país na solenidade de São José

Caros irmãos e irmãs!

Uno-me à oração que a Conferência Episcopal quis promover, como sinal de unidade para todo o país.

Nesta situação sem precedentes, em que tudo parece vacilar, ajudemo-nos a permanecer firmes no que realmente importa. Esta é uma indicação do caminho a seguir que encontro em tantas cartas dos vossos Pastores que, ao partilharem um momento tão dramático, procuram apoiar a vossa esperança e a vossa fé com as suas palavras.

A recitação do Rosário é a oração dos humildes e santos que, nos seus mistérios, com Maria contemplam a vida de Jesus, o rosto misericordioso do Pai. E como todos nós precisamos de ser verdadeiramente consolados, para nos sentirmos abrangidos pela sua presença de amor!

A verdade desta experiência mede-se na nossa relação com os outros, que neste momento coincidem com os nossos parentes mais próximos: sejamos próximos uns dos outros, exercendo primeiro a caridade, a compreensão, a paciência e o perdão.

Por necessidade os nossos espaços podem ter-se limitado às paredes de casa, mas tende um coração maior, onde o outro pode encontrar sempre disponibilidade e acolhimento.

Esta noite rezemos unidos, confiando-nos à intercessão de São José, Guarda da Sagrada Família, Guarda de todas as nossas famílias. Também o carpinteiro de Nazaré conheceu a precariedade e a amargura, a preocupação pelo amanhã; mas sabia caminhar na escuridão de certos momentos, deixando-se guiar sempre sem hesitações pela vontade de Deus.

Protege, Santo Guarda, este nosso país.

Ilumina os responsáveis pelo bem comum, para que saibam — como tu — cuidar das pessoas confiadas à tua responsabilidade.

Dá a inteligência da ciência àqueles que procuram os meios adequados para a saúde e o bem-estar físico dos irmãos.

Apoia aqueles que se dedicam aos necessitados: voluntários, enfermeiros, médicos, que estão na linha da frente no tratamento dos doentes, mesmo à custa da própria incolumidade.

Abençoa, São José, a Igreja: a começar pelos seus ministros, faz dela um sinal e um instrumento da tua luz e da tua bondade.

Acompanha, São José, as famílias: com o teu silêncio orante, constrói a harmonia entre pais e filhos, especialmente os mais pequeninos.

Preserva os idosos da solidão: que ninguém seja deixado no desespero do abandono e do desânimo.

Conforta os mais frágeis, encoraja os que vacilam e intercede pelos pobres.

Com a Virgem Mãe, roga ao Senhor para que liberte o mundo de qualquer forma de pandemia.

Amém!

Santa Missa[12]

Introdução

Ontem recebi a mensagem de um sacerdote bergamasco, pedindo para rezar pelos médicos de Bérgamo, Treviglio, Bréscia e Cremona, que trabalham no limite das suas forças; eles dão as suas próprias vidas para ajudar os doentes, para salvar a vida dos outros. E oremos também pelas autoridades; para elas não é fácil gerir este momento, e muitas vezes sofrem devido a incompreensões. Neste momento médicos, pessoal hospitalar e voluntários da saúde ou autoridades são colunas que nos ajudam a seguir em frente e nos defendem nesta crise. Rezemos por eles.

Homilia– Voltar a Deus é retornar ao abraço do Pai

Quando leio ou ouço esta passagem do profeta Oseias, que ouvimos na Primeira Leitura: "Volta, Israel, para o Senhor, teu Deus", quando a ouço, lembro-me de uma canção que há 75 anos Carlo Buti cantava e que nas famílias italianas em Buenos Aires as pessoas ouviam com grande prazer: "Volta para o teu pai. Ele ainda cantará para ti a canção de ninar". Volta: mas é o teu pai que te diz para voltar. Deus é o teu pai, não é o juiz, é o teu pai: "Volta para casa, escuta, vem".

---

[12] Liturgia da Palavra: *Os* 14, 2-10; *Sl* 80; *Mc* 12, 28-34.

E esta recordação – eu era menino – leva-me imediatamente ao pai do capítulo 15 de Lucas, àquele pai que diz: "Estava ainda longe, quando o seu pai o viu", aquele filho que tinha ido embora com todo o dinheiro e que o desperdiçou. Mas, se o vê de longe, é porque esperava por ele. Subia ao terraço – quantas vezes por dia! – por dias e dias, meses, quem sabe por anos, esperando o filho. Vê-o de longe. Volta para o teu pai, volta para o teu pai. Ele espera por ti. É a ternura de Deus que nos fala, especialmente na Quaresma. É o momento de voltar a nós mesmos e de recordar o Pai, de voltar para ele.

"Não, pai, tenho vergonha de voltar porque... Pai, tu sabes que fiz muitas coisas, agi muito mal...". O que o Senhor diz? "Volta, curar-te-ei da tua infidelidade, amar-te-ei profundamente, porque a minha ira se afastou. Serei como orvalho, florescerás como um lírio e lançarás raízes como uma árvore do Líbano". Volta para o teu pai que espera por ti. O Deus da ternura há de curar-nos das numerosas feridas da vida e das muitas coisas ruins que fizemos. Cada um fez as suas!

Mas pensemos nisto: voltar para Deus é retornar ao abraço do pai. E pensemos na outra promessa que Isaías faz: "Se os vossos pecados forem escarlates, tornar-se-ão brancos como a neve". Ele é capaz de nos transformar, Ele é capaz de mudar o coração, mas temos que dar o primeiro passo: voltar. Não significa ir para Deus, não: é voltar para casa.

E a Quaresma tem sempre por objetivo esta conversão do coração que, segundo o costume cristão, ganha forma no Sacramento da Confissão. É o momento para - não sei se [para] "acertar as contas", não gosto disto - deixar que Deus nos branqueie, nos purificque, nos abrace.

Sei que muitos de vós, na Páscoa, se confessarão para se encontrar com Deus. Mas hoje muitos me diriam: "Padre, onde posso encontrar um sacerdote, um confessor, dado que não podemos sair de casa? E quero fazer as pazes com o Senhor, quero que Ele me abrace, que o meu Pai me abrace... Como o posso fazer, se não encontro um sacerdote?". Faz o que o diz Catecismo. É muito claro: se não encontrares um sacerdote para te confessares, fala com Deus, Ele é o teu Pai, e diz-lhe a verdade: "Senhor, fiz isto, isso, aquilo... Perdoai-me"; pede perdão a Ele de todo o coração, com o Ato de Contrição, e promete-lhe: "Confessar-me-ei depois, mas perdoai-me agora". E voltarás imediatamente à graça de Deus. Tu mesmo podes aproximar-te – como nos ensina o Catecismo – do perdão de Deus, se não puderes encontrar-se com um sacerdote. Mas pensai: este é o momento! Este é o momento certo, o momento oportuno. Um Ato de Contrição bem feito, e assim a nossa alma tornar-se-á branca como a neve.

Seria bom se hoje ecoasse nos nossos ouvidos esta frase: "Volta para o teu pai, volta para o teu pai". Ele espera-te e fará uma festa para ti.

Santa Missa[13]

Introdução

Hoje gostaria de recordar as famílias que não podem sair de casa. Talvez o único horizonte que tenham é a varanda. E ali dentro, a família com as crianças, os jovens, os pais: para que saibam encontrar o modo de se comunicar bem, de construir relações de amor em família, e saibam vencer as angústias deste tempo juntos, em família. Oremos pela paz nas famílias hoje, nesta crise, e pela criatividade.

Homilia- Com o "coração nu"

Eis a Palavra do Senhor que ouvimos ontem: "Volta, volta para casa". Também no mesmo livro do profeta Oseias encontramos a resposta: "Vinde, voltemos ao Senhor". É... a resposta, quando toca o coração, aquele "volta para casa", "voltemos ao Senhor". "Ele feriu-nos e há de curar-nos. "Ele feriu-nos e há de curar-nos. Apressemo--nos a conhecer o Senhor: a sua vinda é tão certa como a aurora". A confiança no Senhor é segura: "Virá a nós como as primeiras chuvas, como as chuvas tardias que regam o solo". E com esta esperança o povo começa a percorrer o caminho para retornar ao Senhor. E uma das maneiras, dos modos de encontrar o Senhor é a oração. Rezemos ao Senhor, voltemos a Ele.

---

[13] Liturgia da Palavra: *Os* 6, 1-6; *Sl* 50; *Lc* 18, 9-14.

No Evangelho Jesus ensina-nos a rezar. Há dois homens, um é arrogante e vai rezar, mas para dizer que é bom, como se dissesse a Deus: "Olha, sou tão bom, se precisares de algo, diz-me, eu resolvo o teu problema". Assim se dirige a Deus: presunção. Talvez fizesse tudo o que a Lei determina; e di-lo: "Jejuo duas vezes por semana, dou o dízimo de toda a minha renda... sou bom". Isto recorda-nos também outros dois homens. Recorda-nos o filho mais velho da parábola do filho pródigo, quando vai ter com o pai e diz: "Para mim, que sou tão bom, não organizas uma festa, mas para ele, que é um infeliz, organizas uma festa...". Arrogante. O outro, que ouvimos estes dias, é a história do homem rico, um sem-nome, mas era rico, incapaz de ter um nome, mas era rico... nada lhe importava da miséria dos outros. São aqueles que têm a segurança em si mesmos, no dinheiro ou no poder...

Depois há outro, o publicano. Que não se põe diante do altar, não: permanece à distância. "Mantendo-se à distância, não ousava nem sequer elevar os olhos para o céu. Batia a mão no peito dizendo: "Deus, tende piedade de mim, pecador". Também ele nos leva à recordação do filho pródigo: deu-se conta dos pecados cometidos, do mal que tinha feito; também ele batia no peito: "Voltarei ao meu pai e direi: pai, pequei". Humilhação. Recorda-nos o outro, o mendigo Lázaro, à porta do rico, que vivia a sua miséria diante da presunção daquele senhor. Há sempre esta combinação de pessoas no Evangelho.

Neste caso, o Senhor ensina-nos a rezar, a aproximar-nos do Senhor: com humildade. Há uma bonita imagem no hino litúrgico da festa de São João Batista. Diz que o povo se aproximava do Jordão para receber o batismo, "com a alma nua e descalço": rezar com a alma despida, sem pinturas, sem se disfarçar com as próprias virtudes. Como lemos no início da Missa, ele perdoa todos os pecados, mas é preciso que eu lhos mostre com a minha nudez. Rezar assim, nus, com o coração despido, sem cobrir, sem confiar nem sequer naquilo que aprendi sobre o modo de rezar... Rezar, tu e eu, face a face, com a alma nua. É isto que o Senhor nos ensina. Ao contrário, quando nos aproximamos do Senhor demasiado seguros de nós mesmos, caímos na presunção deste homem ou do filho mais velho, ou do rico ao qual nada faltava. Temos a nossa segurança algures. "Vou ao Senhor para... mas quero ir, para ser educado... e praticamente trato-lhe por tu...": não é este o caminho. O caminho é abaixar-se. Abaixar-se. O caminho é a realidade. E o único homem desta parábola que entendeu a realidade foi o publicano: "Tu és Deus e eu sou pecador". Esta é a realidade. Mas digo que sou pecador, não com os lábios: com coração. Sentir-se pecador.

Não esqueçamos o que o Senhor nos ensina: justificar a si mesmo é soberba, é orgulho, é exaltar a si próprio. É disfarçar-se com aquilo que não sou. E as misérias permanecem dentro. O fariseu justificava-se a si mesmo. Confessar os próprios pecados, sem os justificar, sem dizer: "Mas não, fiz isto, mas a culpa não era minha...". A alma despida. A alma despida!

O Senhor ensina-nos a entender isso, esta atitude, para começar a oração. Quando começamos a oração com as nossas justificações e seguranças, não é uma prece: é falar com o espelho. Ao contrário, quando começo a oração com a verdadeira realidade – "sou pecador, sou pecador" – é um bom passo avante para me deixar olhar pelo Senhor. Que Jesus nos ensine isto!

DOMINGO, 22 DE MARÇO DE 2020

QUARTO DOMINGO DE QUARESMA (A)

Santa Missa[14]

Introdução

Nestes dias, ouvimos as notícias de muitos defuntos: homens e mulheres que morrem sozinhos, sem poder despedir-se dos seus entes queridos. Pensemos neles e rezemos por eles. Mas também pelas famílias, que não podem acompanhar os seus entes queridos no momento do falecimento. A nossa oração especial é pelos defuntos e seus familiares.

Homilia– O que acontece quando Jesus passa

Esta passagem do Evangelho de João fala por si mesma. É um anúncio de Jesus Cristo e também uma catequese. Gostaria de mencionar somente uma coisa. É de Santo Agostinho uma frase que me impressiona sempre: "Tenho medo de Cristo, quando Ele passa". *Timeo Domine transeunte.* "Tenho medo que Cristo passe" – "Mas por que tens medo do Senhor?" – "Tenho medo de não me dar conta de que é Cristo e deixá-lo passar". Uma coisa é clara: na presença de Jesus desabrocham os verdadeiros sentimentos do coração, manifestam-se as verdadeiras atitudes. É uma graça, e por isso Agostinho tinha medo de o deixar passar, sem perceber que passava.

---

[14] Liturgia da Palavra: *1 Sm* 16, 1.4.6-7.10-13; *Sl* 22; *Ef* 5, 8-14; *Jo* 9, 1-41.

Aqui é claro: Ele passa, cura um cego e desencadeia-
-se um escândalo. Em seguida, manifesta-se o melhor e
o pior das pessoas. O cego... impressiona a sabedoria do
cego, como ele responde. Estava acostumado a mover-se
com as mãos, tinha o faro para o perigo, o olfato para as
situações perigosas que o podiam levar a escorregar. E
move-se como um cego. Com uma argumentação clara
e precisa, e depois dá-se ao luxo de recorrer inclusive à
ironia.

Os doutores da Lei conheciam todos os preceitos:
todos, todos. Mas eram inamovíveis dali. Não entendiam
quando Deus passava. Eram rígidos, apegados aos seus
costumes: o próprio Jesus diz isto no Evangelho: apegados
aos costumes. E se para conservar estes hábitos tinham
que cometer uma injustiça, isto não era um problema, pois
segundo os costumes aquilo não era justiça; e aquela rigidez levava-os a a cometer injustiças. Este sentimento de
obstinação manifesta-se diante de Cristo.

Somente isto. Aconselho todos vós a ler hoje o capítulo 9 do Evangelho de João, a lê-lo em casa, tranquilos.
Uma, duas vezes, para entender bem o que acontece quando Jesus passa: que os sentimentos se manifestam. Para
entender bem o que Agostinho nos diz: tenho medo que o
Senhor passe e eu não me aperceba, não o reconheça e não
me converta. Não vos esqueçais: lede hoje uma, duas, três
vezes, por quanto tempo quiserdes, o capítulo 9 de João.

Angelus

Amados irmãos e irmãs, bom dia!

No centro da liturgia deste quarto domingo de Quaresma está o tema da *luz*. O Evangelho (cf. *Jo* 9, 1-41) relata

o episódio do cego de nascença, ao qual Jesus dá a vista. Este sinal milagroso é a confirmação das palavras de Jesus que diz de si mesmo: «Eu sou a luz do mundo» (v. 5), a luz que ilumina as nossas trevas. Este é Jesus. Ele realiza a iluminação em dois níveis: um físico e um espiritual: primeiro o cego recebe a *visão dos* olhos e depois é levado à *fé* no «Filho do Homem» (v. 35), ou seja, em Jesus. É tudo um caminho. Hoje seria bom que todos vós pegásseis no Evangelho de João, capítulo nove, e lêsseis esta passagem: é tão bonita e nos fará bem lê-la uma ou duas vezes. Os prodígios que Jesus realiza não são gestos espetaculares, mas destinam-se a conduzir à fé através de um caminho de transformação interior.

Os doutores da lei - que estavam lá, um grupo - persistem em não admitir o milagre, e fazem perguntas insidiosas ao homem curado. Mas ele desconcerta-os com a força da realidade: «Uma coisa eu sei: havendo sido cego, agora vejo» (v. 25). Entre a desconfiança e a hostilidade dos que o rodeiam e o interrogam incrédulos, ele realiza um itinerário que gradualmente o leva a descobrir a identidade d'Aquele que lhe abriu os olhos e a confessar a fé nele. Primeiro considera-o profeta (cf. v. 17); depois reconhece-o como alguém que vem de Deus (cf. v. 33); por fim acolhe-o como o Messias e prostra-se diante dele (cf. vv. 36-38). Compreendeu que ao dar-lhe a visão Jesus «manifestava nele as obras de Deus» (cf. v. 3).

Que também nós possamos fazer esta experiência! Com a luz da fé, aquele que era cego descobre a sua nova identidade. Ele é agora uma «nova criatura», capaz de ver a sua vida e o mundo ao seu redor sob uma nova luz, porque entrou em comunhão com Cristo, entrou noutra dimensão. Ele já não é um mendigo marginalizado pela comunidade; já não é um escravo da cegueira e do preconceito. O seu caminho de iluminação é uma metáfora para o caminho de libertação do pecado a que somos chamados. O pecado é como um véu escuro que cobre o nosso rosto e nos impede de ver claramente a nós mesmos e o mundo; o perdão do Senhor tira este manto de sombra e escuridão e restitui-nos nova luz. A Quaresma que estamos a viver seja um tempo oportuno e precioso para nos aproximarmos do Senhor, pedindo a Sua misericórdia, nas diferentes formas que a Mãe Igreja nos propõe.

O cego curado, que agora vê com os olhos do corpo e da alma, é a imagem de todos os batizados que, imersos na Graça, foram arrancados das trevas e colocados na luz da fé. Mas não é suficiente *receber* a luz, é preciso *tornar-se luz*. Cada um de nós é chamado a receber a luz divina a fim de a manifestar com toda a nossa vida. Os primeiros cristãos, os teólogos dos primeiros séculos, disseram que a comunidade dos cristãos, ou seja, a Igreja, é o «mistério da lua», porque dava luz mas não tinha luz própria, era a luz que recebia de Cristo. Também nós devemos ser «mistério da lua»: dar a luz recebida do sol, que é Cristo, Senhor. São Paulo recorda-nos isto hoje: «Comportai-vos, pois, como filhos da luz; agora o fruto da luz consiste na bondade, na justiça e na verdade» (*Ef* 5, 8-9). A semente de vida nova colocada em nós no Batismo é como a centelha de um fogo, que nos purifica antes de tudo, queimando o mal nos nossos corações, e permite-nos brilhar e iluminar. Com a luz de Jesus.

Que Maria Santíssima nos ajude a imitar o homem cego do Evangelho, para que sejamos inundados pela luz de Cristo e nos coloquemos com Ele no caminho da salvação.

Caríssimos irmãos e irmãs,

Nestes dias de provação, enquanto a humanidade treme com a ameaça da pandemia, gostaria de propor a todos os cristãos que unam e elevem as suas vozes ao céu. Convido todos os chefes das Igrejas e os líderes de todas as comunidades cristãs, juntamente com todos os cristãos das várias confissões, a invocar o Deus Altíssimo e Todo-Poderoso, recitando ao mesmo tempo a oração que Jesus Nosso Senhor nos ensinou. Convido, portanto, todos a fazerem isto várias vezes ao dia, mas, todos juntos, a *recitarem o Pai Nosso na próxima quarta-feira, 25 de Março, ao meio-dia,* todos juntos. No dia em que muitos cristãos recordam o anúncio à Virgem Maria da Encarnação do Verbo, que o Senhor ouça a oração unânime de todos os seus discípulos que se preparam para celebrar a vitória de Cristo ressuscitado.

Com a mesma intenção, na próxima sexta-feira, 27 de março, às 18 horas, presidirei a um momento de oração no adro da Basílica de São Pedro, com a praça vazia. A partir de agora convido todos a participar espiritualmente através da mídia. Escutaremos a Palavra de Deus, elevaremos a nossa súplica, adoraremos o Santíssimo Sacramento, com o qual, no final, darei a Bênção *Urbi et Orbi,* à qual será anexada a possibilidade de receber a indulgência plenária.

Nós queremos responder à pandemia do vírus com a universalidade da oração, da compaixão, da ternura. Permaneçamos unidos. Façamos sentir a nossa proximidade às pessoas mais sozinhas e provadas. A nossa proximidade aos médicos, profissionais de saúde, enfermeiros e enfermeiras, voluntários... A nossa proximidade às autoridades que devem tomar medidas duras, mas para o nosso bem. A nossa proximidade aos polícias, com os soldados que procuram manter a ordem nas ruas, para que seja cumprido o que o governo nos pede para o bem de todos. Proximidade a todos.

Expresso a minha proximidade ao povo da Croácia atingido por um terramoto esta manhã. Que o Senhor lhes dê a força e a solidariedade para enfrentar esta calamidade.

E não vos esqueçais: hoje, pegai no Evangelho e lede calma e lentamente, o capítulo nove de João. Eu também o farei. Vai fazer-nos bem a todos.

E desejo-vos bom domingo. Não vos esqueçais de rezar por mim. Bom almoço e adeus.

Santa Missa[15]

Introdução

Rezemos hoje pelas pessoas que, por causa da pandemia, começam a ter problemas económicos, porque não podem trabalhar e tudo isto recai sobre a família. Oremos pelas pessoas que enfrentam este problema.

Homilia– Devemos orar com fé, perseverança e coragem

Este pai pede a saúde para o filho. O Senhor repreende todos um pouco, também ele: "Se não virdes milagres e prodígios, não acreditais". Mas em vez de se calar e ficar quieto, o funcionário insiste dizendo-lhe: "Senhor, desce, antes que o meu filho morra!". E Jesus responde-lhe: "Vai, o teu filho está vivo".

São necessárias três condições para uma verdadeira oração. A primeira é a *fé*: se não tiverdes fé... E muitas vezes, a oração é somente oral, com os lábios... mas não vem da fé do coração, ou uma fé fraca... Pensemos noutro pai, o do filho endemoninhado, quando Jesus respondeu: "Tudo é possível àquele que crê", o pai diz claramente: "Creio, mas aumenta a minha fé". A fé na oração. Rezar com fé, quer quando rezamos fora [de um lugar de culto], quer quando vimos aqui e o Senhor está ali: tenho fé ou é um hábito? Estejamos atentos na oração: não podemos cair no hábito, sem a consciência de que o Senhor está presente, que falo

---

[15] Liturgia da Palavra: *Is* 65, 17-21; *Sl* 29; *Jo* 4, 43-54.

com o Senhor e que Ele é capaz de resolver o problema. A primeira condição para uma verdadeira oração é a fé.

A segunda condição, que o próprio Jesus nos ensina, é a *perseverança*. Alguns pedem, mas a graça não vem: não têm a *perseverança*, porque no fundo não precisam dela, ou não têm fé. É o próprio Jesus que nos narra a parábola daquele senhor que à meia-noite vai ter com o vizinho para lhe pedir pão: a perseverança de bater à porta. Ou a viúva, com o juiz injusto: insiste, insiste, insiste: trata-se da perseverança. Fé e perseverança caminham juntas, porque se tens fé tens a certeza de que o Senhor te dará o que pedes. E se o Senhor te fizer esperar, bate à porta, bate, bate e no final Ele conceder-te-á a graça. Mas o Senhor não age assim para se fazer desejar, nem para que digas "é melhor que espere": não. Fá-lo para o nosso bem, para que levemos isto a sério. Levar a oração a sério, não como os papagaios: blá blá blá e nada mais... É o próprio Jesus que nos repreende: "Não sejais como os pagãos, que acreditam na eficácia da oração à força da multiplicação das palavras". Não. A perseverança. A fé.

E a terceira condição de Deus para a oração é a *coragem*. Alguém pode pensar: é preciso ter coragem para rezar e para se colocar diante do Senhor? Sim. A coragem de ficar ali a pedir e insistir, aliás, quase – quase, não quero dizer uma heresia – como que a ameaçar o Senhor. A coragem de Moisés diante de Deus, quando Deus queria destruir o povo e torná-lo chefe de outro povo, diz: "Não. Eu com o povo". Coragem. A coragem de Abraão, quando negocia a salvação de Sodoma: "Talvez haja 30, talvez haja 25, talvez haja 20...": eis a coragem. A virtude da coragem é realmente necessária. Não somente para as obras apostólicas, mas também para a oração.

Fé, perseverança e coragem. Nestes dias em que é preciso rezar, rezar mais, pensemos se nós rezamos assim: com fé que o Senhor pode intervir, com perseverança e com coragem. O Senhor não desilude: não desilude. Faz-nos esperar, leva tempo, mas não desilude. Fé, perseverança e coragem!

Santa Missa[16]

Introdução

Recebi a notícia de que nestes dias faleceram alguns médicos, sacerdotes, não sei se algum enfermeiro, mas contagiaram-se, contraíram a doença porque estavam ao serviço dos doentes. Rezemos por eles, pelas suas famílias, e dou graças a Deus pelo exemplo de heroísmo que nos dão na assistência aos enfermos.

Homilia- A doença da preguiça e a água que nos regenera

A liturgia de hoje faz-nos refletir sobre a água, a água como símbolo de salvação, porque é um meio de salvação, mas a água é também um instrumento de destruição: pensemos no dilúvio... Mas nestas leituras, a água é para a salvação.

Na primeira leitura fala-se da água que traz a vida, que saneia as águas do mar, uma água nova que cura. E no Evangelho fala-se da piscina, daquela piscina repleta de água à qual os doentes iam para ser curados, porque se dizia que de vez em quando as águas se moviam, como se fosse um rio, porque um anjo descia do céu e as movia, e o primeiro, ou os primeiros, que se lançavam na água ficavam curados. E ali havia muitos doentes: "Um grande número de enfermos, cegos, coxos, paralíticos" ficavam ali, à espera da cura, do movimento da água.

---

[16] Liturgia da Palavra: *Ez* 47, 1-9.12; *Sl* 45; *Jo* 5, 1-16.

Encontrava-se também um homem que estava doente há 38 anos. Há 38 anos ali, à espera da cura! Isto faz pensar, não é verdade? É demasiado... porque quem quer ser curado organiza-se para ter alguém que o ajude, faz algo, é um pouco ágil, inclusive um pouco astuto... mas ele, há 38 anos ali, a ponto que não se sabe se está doente ou morto... Vendo-o deitado, e conhecendo a realidade, que há muito tempo estava ali, Jesus diz-lhe: "Queres ficar curado?". E a resposta é interessante: não diz que sim, lamenta-se. Da doença? Não. O doente responde: "Senhor, não tenho ninguém que me leve à piscina, quando a água é agitada. Quando estou para chegar – estou prestes a tomar a decisão de ir – outro desce antes de mim". Um homem que chega sempre atrasado. Jesus diz-lhe: "Levanta-te, toma o teu leito e anda". No mesmo instante, aquele homem ficou curado.

A atitude deste homem leva-nos a pensar. Estava doente? Sim, talvez, tinha alguma paralisia, mas parece que podia caminhar um pouco. Mas estava doente no coração, na alma, estava doente de pessimismo, de tristeza, de preguiça. Eis a doença daquele homem: "Sim, quero viver, mas...", estava ali. A sua resposta não é: "Sim, quero ser curado!". Não, é lamentar-se: "São os outros que chegam primeiro, sempre os outros". A resposta à oferta de cura de Jesus é uma lamentação contra os outros. E assim, 38 anos a lamentar-se dos outros. E sem nada fazer para ser curado.

Era sábado: ouvimos o que os doutores da Lei fizeram. Mas a chave é o encontro com Jesus, mais tarde. Encontrou-o no templo e disse-lhe: "Eis que estás curado. Não voltes a pecar, para que não te aconteça algo pior". Aquele homem vivia no pecado, mas não porque tinha feito algo grave, não. O pecado de sobreviver e de se lamentar da vida dos outros: o pecado da tristeza, que é a semente do diabo, da incapacidade de tomar uma decisão sobre a própria vida, mas de olhar para a vida dos outros a fim de se lamentar. Não para os criticar: para se queixar. "Eles chegam antes, eu sou a vítima desta vida": queixas, estas pessoas respiram lamentações.

Se fizermos uma comparação com o cego de nascença, que ouvimos domingo passado: com quanta alegria, com quanta decisão reagiu à sua cura, e também com quanta determinação foi discutir com os doutores da Lei! Este [paralítico] somente foi ali e informou: "Sim, é ele", Ponto. Sem compromisso com a vida... Faz-me pensar em muitos de nós, em muitos cristãos que vivem esta condição de preguiça, de incapacidade de fazer algo, lamentando-se de tudo. E a preguiça é um veneno, uma neblina que circunda a alma e não a deixa viver. E é também uma droga, porque se a experimentares com frequência, gostarás dela. E assim acabas por te tornares "dependente da tristeza", "dependente da preguiça"... É como o ar. E este é um pecado bastante comum entre nós: a tristeza, a preguiça, não digo a melancolia, mas assemelha-se.

E far-nos-á bem reler o capítulo 5 de João, para ver como é a doença em que podemos cair. A água é para nos salvar. "Mas não posso salvar-me" – "Por que motivo?" – "Porque a culpa é dos outros". E permaneço 38 anos ali... Jesus curou-me: não se vê a reação dos outros que são curados, que tomam o leito e dançam, cantam, agradecem e contam a todos. Não, ele vai em diante assim. Os outros dizem-lhe que não se deve fazer isto, mas ele diz: "Aquele que me curou disse-me que sim", e vai adiante. E depois, em vez de ir ao encontro de Jesus e de lhe agradecer, informa: "Foi Ele". Uma vida cinzenta, cinzenta com aquele mau espírito que é a preguiça, a tristeza, a melancolia.

Pensemos na água, a água que é símbolo da nossa força, da nossa vida, a água que Jesus usou para nos regenerar, o Batismo. E pensemos também em nós, se alguém de nós corre o perigo de escorregar nesta preguiça, neste pecado "neutral": o pecado do neutro é este, nem branco nem preto, não se sabe o que é. E este é um pecado que o diabo pode usar para aniquilar a nossa vida espiritual e também a nossa vida como pessoas. Que o Senhor nos ajude a entender quão terrível e mau é este pecado.

O Santo Padre terminou a celebração com a adoração e a bênção eucarística, convidando a fazer a Comunhão espiritual.

Solenidade da Anunciação do Senhor

Santa Missa[17]

Introdução

Hoje, festa da Encarnação do Senhor, as irmãs Filhas da caridade de São Vicente de Paulo, que há 98 anos dirigem, prestam serviço no dispensário de Santa Marta, estão aqui na Missa, renovam os votos com as suas irmãs em todas as partes do mundo. Gostaria de oferecer a Missa de hoje por elas, pela Congregação que trabalha sempre com os doentes, com os mais pobres, como aqui há 98 anos, e por todas as religiosas que neste momento trabalham cuidando dos doentes e também arriscando a vida e dando a vida.

Homilia- Diante do mistério

O evangelista Lucas somente podia conhecer isto do relato de Nossa Senhora. Ouvindo Lucas, ouvimos Nossa Senhora que narra este mistério. Estamos diante do mistério. Talvez o melhor que possamos fazer agora seja reler esta passagem, pensando que foi Nossa Senhora quem a contou.

[relê o texto do Evangelho]

Naquele tempo, "no sexto mês, o anjo Gabriel foi enviado por Deus a uma cidade da Galileia, chamada Nazaré,

---

[17] Liturgia da Palavra: *Is* 7, 10-14; 8, 10; *Sl* 39; *Jd* 10, 4-10; *Lc* 1, 26-38.

a uma virgem, prometida em casamento a um homem que se chamava José, da casa de David, e o nome da virgem era Maria". Entrando, o anjo disse-lhe: "Ave, cheia de graça, o Senhor é contigo!". Perturbou-se ela com estas palavras e pôs-se a pensar no que significaria semelhante saudação. O anjo disse-lhe: "Não temas, Maria, pois encontraste graça diante de Deus. Eis que conceberás e darás à luz um filho, e lhe porás o nome de Jesus. Ele será grande e chamar-se-á Filho do Altíssimo, e o Senhor Deus lhe dará o trono de seu pai David; e reinará eternamente na casa de Jacob, e o seu reino não terá fim". Maria perguntou ao anjo: "Como se fará isto, pois não conheço homem?". Respondeu-lhe o anjo: "O Espírito Santo descerá sobre ti, e a força do Altíssimo te envolverá com a sua sombra. Por isso, o menino que vai nascer de ti será chamado Santo, Filho de Deus. Também Isabel, tua parente, concebeu um filho na sua velhice; e já está no sexto mês aquela que é tida por estéril, porque a Deus nada é impossível". Então, disse Maria: "Eis a serva do Senhor. Faça-se em mim segundo a tua palavra". E o anjo afastou-se dela.

Este é o mistério! Agora as irmãs renovarão os votos.

Santa Missa[18]

Introdução

Nestes dias de tanto sofrimento, há muito medo. O medo dos idosos, que se encontram sozinhos, nas casas de repouso, nos hospitais ou na própria casa e não sabem o que pode acontecer. O medo dos trabalhadores sem emprego fixo que pensam em prover o alimento aos seus filhos e veem a fome chegar. O medo de tantos agentes sociais que neste momento ajudam a sociedade a seguir adiante e podem contrair a doença. Também o medo – os medos – de cada um de nós: cada um sabe qual é o próprio. Rezemos ao Senhor a fim de que nos ajude a ter confiança e a tolerar e vencer os medos.

Homilia– Conhecer os nossos ídolos

Na primeira Leitura narra-se a cena da revolta do povo. Moisés subiu ao Monte para receber a Lei: Deus deu-lha, em pedra, escrita com o seu dedo. Mas o povo entediou-se, reuniu-se em torno de Aarão e disse: "Mas há muito tempo não sabemos onde está Moisés, para onde ele foi, e nós estamos sem um guia. Faz-nos um deus que nos ajude a seguir adiante". E Aarão, que depois será sacerdote de Deus, mas ali foi sacerdote da estupidez, dos ídolos, disse: "Sim, dai-me todo o ouro e a prata que tiverdes", e eles deram-lhe tudo e fizeram um bezerro de ouro.

---

[18] Liturgia da Palavra: *Êx* 32, 7-14; *Sl* 105; *Jo* 5, 31-47.

No Salmo ouvimos a lamentação de Deus: "Construíram um bezerro no Horeb e adoraram uma estátua de metal; trocaram o seu Deus, que é a sua glória, pela imagem de um touro que come feno". E nesse momento começa a Leitura: "O Senhor disse a Moisés: Vai, desce, pois corrompeu-se o teu povo, que tiraste da terra do Egito. Depressa desviaram-se do caminho que lhes prescrevi. Fizeram para si um bezerro de metal fundido, inclinaram-se em adoração diante dele e ofereceram-lhe sacrifícios, dizendo: Estes são os teus deuses, Israel, que te fizeram sair do Egito!". Uma verdadeira apostasia! Do Deus vivo à idolatria. Não tiveram paciência para esperar que Moisés retornasse: queriam novidades, queriam algo, um espetáculo litúrgico, alguma coisa...

Gostaria de mencionar algumas coisas sobre isto. Em primeiro lugar, aquela saudade idolátrica: neste caso, ele pensava nos ídolos do Egito, mas a saudade de voltar aos ídolos, voltar ao pior, não saber esperar o Deus vivo. Esta saudade é uma doença, também nossa. Iniciamos a caminhar com o entusiasmo de ser livres, mas depois começam as lamentações: "Mas sim, este é um momento duro, o deserto, tenho sede, quero água, quero carne... mas no Egito comíamos cebolas, coisas boas que aqui não temos...". A idolatria é sempre seletiva: leva-te a pensar nas coisas boas que te dá, mas não te deixa ver as coisas más. Neste caso, eles pensavam como era quando estavam à mesa, com as refeições tão boas das quais gostavam tanto, mas esqueciam-se que aquela mesa era a mesa da escravidão. A idolatria é seletiva.

Além disso, a idolatria faz-te perder tudo. Para fazer o bezerro, Aarão pede ouro: "Dai-me ouro e prata": mas era o ouro e a prata que o Senhor lhes tinha dado, quando lhes disse: "Pedi ouro emprestado aos egípcios", e depois apresentaram este ouro. É um dom do Senhor e com o dom do Senhor fazem o ídolo. E isto é horrível! Mas este mecanismo verifica-se também no que se nos refere: quando temos atitudes que nos levam à idolatria, somos apegados a coisas que nos afastam de Deus, porque nós construímos outro deus e fazemo-lo com os dons que o Senhor nos ofereceu. Com a inteligência, com a vontade, com o amor, com o coração... são os próprios dons do Senhor que nós usamos para fazer idolatria.

Sim, alguém de vós pode dizer-me: "Mas não tenho ídolos em casa. Tenho o Crucifixo, a imagem de Nossa Senhora, que não são ídolos..." – Não, não: no teu coração. E a pergunta que hoje devemos fazer é: qual é o ídolo que tens no teu coração, que tenho no meu coração? Aquela saída escondida onde me sinto bem, que me afasta do Deus vivo? E com a idolatria temos também uma atitude muito astuta: sabemos esconder os ídolos, como fez Raquel quando fugiu do seu pai, escondendo-os na sela do camelo e no meio das roupas. Também nós escondemos muitos ídolos nas dobras do nosso coração.

A pergunta que gostaria de fazer hoje é: qual é o meu ídolo? Aquele meu ídolo da mundanidade... e a idolatria chega até à piedade, pois eles queriam o bezerro de ouro não para fazer um circo: não! Para adorar. "Prostraram-se diante dele". A idolatria leva-te a uma religiosidade errada; aliás, muitas vezes a mundanidade, que é uma idolatria, faz-te mudar a celebração de um sacramento numa festa mundana. Um exemplo: não sei, penso, pensemos, não sei, numa celebração de casamento. Já não sabemos se é um sacramento onde realmente os recém-casados dão tudo e se amam diante de Deus e prometem ser fiéis perante Deus e recebem a graça de Deus, ou se é uma exposição de modelos, como uns e outros estão vestidos... a mundanidade. É uma idolatria. Este é um exemplo. Porque a idolatria não se detém: segue sempre adiante.

A pergunta que hoje gostaria de fazer a todos nós, a todos, é: quais são os meus ídolos? Cada um tem os seus. Quais são os meus ídolos. Onde os escondo. E que o Senhor não nos encontre, no final da vida, e diga de cada um de nós: "Tu corrompeste-te. Tu afastaste-te do caminho que eu tinha indicado. Prostraste-te diante de um ídolo".

Peçamos ao Senhor a graça de conhecer os nossos ídolos. E se não conseguirmos eliminá-los, que pelo menos os deixemos de lado...

Santa Missa[19]

Introdução

Nestes dias, chegou a notícia de que muitas pessoas começam a preocupar-se pelos outros de uma forma mais geral, muitas pessoas pensam nas famílias que não têm o suficiente para viver, nos idosos solitários, nas pessoas doentes no hospital, rezam e procuram dar alguma ajuda... Isto é um bom sinal. Agradeçamos ao Senhor por despertar estes sentimentos no coração dos seus fiéis.

Homilia- A coragem de calar

A primeira leitura é quase uma crónica (uma previsão) do que acontecerá com Jesus. É uma crónica antecipada, é uma profecia. Parece uma descrição histórica do que aconteceu depois. O que dizem os ímpios? Armemos ciladas ao justo, pois nos estorva: ele se opõe ao nosso modo de agir, repreende em nós as transgressões da Lei e nos difama por pecarmos contra a nossa tradição. Tornou-se uma censura para os nossos pensamentos e simplesmente vê-lo já é insuportável. A sua vida é muito diferente da dos outros. Se, de facto, é «filho de Deus», Deus o defenderá e livrará das mãos dos seus inimigos» (*Sb* 2, 12). Pensemos no que diziam a Jesus na cruz: «Se és o Filho de Deus, desce; que Ele te venha salvar» (cf. *Mt* 27, 40). E depois, o plano de ação: pondo-o à prova «com violências

---

[19] Liturgia da Palavra: *Sb* 2, 1.12-22; *Sl* 33; *Jo* 7, 1-2.10.25-30.

e tormentos para conhecer a sua mansidão e testar o seu espírito de resistência, e condenemo-lo a uma morte vergonhosa porque, segundo as suas palavras, será socorrido» (cf. *Sb* 2, 19). Trata-se de uma profecia, precisamente, do que aconteceu. E os judeus estavam a procurar matá-lo, diz o Evangelho. Então, eles também estavam procurando prendê-lo - diz-nos o Evangelho – mas «*sua hora ainda não tinha chegado*» (*Jo* 7, 30).

Esta profecia é muito detalhada; o plano de ação destas pessoas malvadas é precisamente detalhe sobre detalhe, não poupemos nada, pomo-lo à prova com violências e tormentos, e testemos o espírito de resistência... prendamo-lo com armadilhas [para ver] se cai... Isto não é um simples ódio, não há um plano de ação maléfico - certamente - de uma parte contra outra: isto é outra coisa. Isto chama-se obstinação: quando o diabo que está por trás, sempre, em cada obstinação,procura destruir e não poupa os meios. Pensemos no início do Livro de Job, que é profético a este respeito: Deus está satisfeito com o modo de vida de Job, e o diabo diz-lhe: «Sim, porque ele tem tudo, não tem provações! Põe-no à prova!» (Cf. *Jo* 1, 1-12; 2, 4-6). E primeiro o diabo tira-lhe os bens, depois tira-lhe a saúde, e Job nunca, nunca se afastou de Deus. Mas que faz o diabo: obstinação. Sempre. Por trás de cada obstinação está o diabo, para destruir a obra de Deus. Por detrás de uma discussão ou inimizade, pode ser o diabo, mas de longe, com as tentações normais. Mas quando há obstinação, não duvidemos: há a presença do diabo. E a obstinação é subtil. Pensemos em como o diabo foi feroz não só contra Jesus, mas também nas perseguições contra os cristãos; como procurou os meios mais sofisticados para os levar à apostasia, para os distanciar de Deus. Como dizemos normalmente, isto é *diabólico:* sim; inteligência *diabólica*.

Alguns bispos de um dos países que sofreram a ditadura de um regime ateu disseram-me que chegaram a detalhes como este: na segunda-feira depois da Páscoa os professores tiveram que perguntar às crianças: «O que comestes ontem", e as crianças diziam o que almoçaram. E alguns respondiam: «Ovos», e aqueles que diziam «ovos» eram então perseguidos para verificar se eram cristãos, porque naquele país comiam ovos no Domingo de Páscoa. Até a este ponto, para ver, para espiar, onde há um cristão para o matar. Isto é perseguição obstinada e isto é o diabo.

E o que se faz no momento da perseguição? Só duas coisas podem ser feitas: não é possível discutir com essas pessoas porque elas têm as suas próprias ideias, ideias fixas, ideias que o diabo semeou no [seu] coração. Já ouvimos qual é o plano de ação delas. O que pode ser feito? O que fez Jesus: ficar em silêncio. A nós impressiona-nos, quando lemos no Evangelho que diante de todas estas acusações, antes de todas estas coisas, Jesus ficou em silêncio. Diante do espírito de obstinação, só silêncio, nunca justificação. Nunca. Jesus falou, explicou. Quando entendeu que não havia palavras, silêncio. E em silêncio Jesus viveu a sua Paixão. É o silêncio do justo diante da obstinação. E isto também é válido para - chamemos-lhes assim - as pequenas obstinações diárias, quando um de nós ouve uma tagarelice, contra si, e dizem-se coisas que no final não são verdadeiras... calemo-nos. Silêncio. Suportar e tolerar a dureza da tagarelice. A tagarelice também é um assédio, um assédio social: na sociedade, no bairro, no local de trabalho, mas sempre contra alguém. É uma obstinação. Não tão forte como esta, mas é uma obstinação, destruir o outro porque se vê que perturba, incomoda.

Peçamos ao Senhor a graça de lutar contra o espírito malvado, de discutir quando devemos de discutir; mas diante do espírito de obstinação, tenhamos a coragem de permanecer em silêncio e deixemos que outros falem. O mesmo diante desta pequena obstinação diária que é a tagarelice: deixemos que falem. Em silêncio, diante de Deus.

Momento extraordinário de oração em tempo de pandemia[20]

Homilia

«Ao entardecer...» (*Mc* 4, 35): assim começa o Evangelho, que ouvimos. Desde há semanas que parece o entardecer, parece cair a noite. Densas trevas cobriram as nossas praças, ruas e cidades; apoderaram-se das nossas vidas, enchendo tudo dum silêncio ensurdecedor e um vazio desolador, que paralisa tudo à sua passagem: pressente-se no ar, nota-se nos gestos, dizem-no os olhares. Revemo-nos temerosos e perdidos. À semelhança dos discípulos do Evangelho, fomos surpreendidos por uma tempestade inesperada e furibunda. Demo-nos conta de estar no mesmo barco, todos frágeis e desorientados mas ao mesmo tempo importantes e necessários: todos chamados a remar juntos, todos carecidos de mútuo encorajamento. E, neste barco, estamos todos. Tal como os discípulos que, falando a uma só voz, dizem angustiados «vamos perecer» (cf. 4, 38), assim também nós nos apercebemos de que não podemos continuar estrada cada qual por conta própria, mas só o conseguiremos juntos.

Rever-nos nesta narrativa, é fácil; difícil é entender o comportamento de Jesus. Enquanto os discípulos natu-

---

[20] Liturgia da Palavra: *Mc* 4, 35-41.

ralmente se sentem alarmados e desesperados, Ele está na popa, na parte do barco que se afunda primeiro... E que faz? Não obstante a tempestade, dorme tranquilamente, confiado no Pai (é a única vez no Evangelho que vemos Jesus a dormir). Acordam-No; mas, depois de acalmar o vento e as águas, Ele volta-Se para os discípulos em tom de censura: «Porque sois tão medrosos? Ainda não tendes fé?» (4, 40).

Procuremos compreender. Em que consiste esta falta de fé dos discípulos, que se contrapõe à confiança de Jesus? Não é que deixaram de crer N'Ele, pois invocam-No; mas vejamos como O invocam: «Mestre, não Te importas que pereçamos?» (4, 38) Não Te importas: pensam que Jesus Se tenha desinteressado deles, não cuide deles. Entre nós, nas nossas famílias, uma das coisas que mais dói é ouvirmos dizer: «Não te importas de mim». É uma frase que fere e desencadeia turbulência no coração. Terá abalado também Jesus, pois não há ninguém que se importe mais de nós do que Ele. De facto, uma vez invocado, salva os seus discípulos desalentados.

A tempestade desmascara a nossa vulnerabilidade e deixa a descoberto as falsas e supérfluas seguranças com que construímos os nossos programas, os nossos projetos, os nossos hábitos e prioridades. Mostra-nos como deixamos adormecido e abandonado aquilo que nutre, sustenta e dá força à nossa vida e à nossa comunidade. A tempestade põe a descoberto todos os propósitos de «empacotar» e esquecer o que alimentou a alma dos nossos povos; todas as tentativas de anestesiar com hábitos aparentemente «salvadores», incapazes de fazer apelo às nossas raízes e evocar a memória dos nossos idosos, privando-nos assim da imunidade necessária para enfrentar as adversidades.

Com a tempestade, caiu a maquilhagem dos estereótipos com que mascaramos o nosso «eu» sempre preocupado com a própria imagem; e ficou a descoberto, uma vez mais, aquela (abençoada) pertença comum a que não nos podemos subtrair: a pertença como irmãos.

«Porque sois tão medrosos? Ainda não tendes fé?» Nesta tarde, Senhor, a tua Palavra atinge e toca-nos a todos. Neste nosso mundo, que Tu amas mais do que nós, avançamos a toda velocidade, sentindo-nos em tudo fortes e capazes. Na nossa avidez de lucro, deixamo-nos absorver pelas coisas e transtornar pela pressa. Não nos detivemos perante os teus apelos, não despertamos face a guerras e injustiças planetárias, não ouvimos o grito dos pobres e do nosso planeta gravemente enfermo. Avançamos, destemidos, pensando que continuaríamos sempre saudáveis num mundo doente. Agora nós, sentindo-nos em mar agitado, imploramos-Te: «Acorda, Senhor!»

«Porque sois tão medrosos? Ainda não tendes fé?» Senhor, lanças-nos um apelo, um apelo à fé. Esta não é tanto acreditar que Tu existes, como sobretudo vir a Ti e fiar-se de Ti. Nesta Quaresma, ressoa o teu apelo urgente: «Convertei-vos...». «Convertei-Vos a Mim de todo o vosso coração» (*Jl* 2, 12). Chamas-nos a aproveitar este tempo de prova como um tempo de decisão. Não é o tempo do teu juízo, mas do nosso juízo: o tempo de decidir o que conta e o que passa, de separar o que é necessário daquilo que não o é. É o tempo de reajustar a rota da vida rumo a Ti, Senhor, e aos outros. E podemos ver tantos companheiros de viagem exemplares, que, no medo, reagiram oferecendo a própria vida. É a força operante do Espírito derramada e plasmada em entregas corajosas e generosas. É a vida do Espírito, capaz de resgatar, valorizar e mostrar como as nossas vidas são tecidas e sustentadas por pessoas comuns (habitualmente esquecidas), que não aparecem nas manchetes dos jornais e revistas, nem nas grandes passarelas do último espetáculo, mas que hoje estão, sem dúvida, a escrever os acontecimentos decisivos da nossa história: médicos, enfermeiros e enfermeiras, trabalhadores dos supermercados, pessoal da limpeza, curadores, transportadores, forças policiais, voluntários, sacerdotes, religiosas e muitos – mas muitos – outros que compreenderam que ninguém se salva sozinho. Perante o sofrimento, onde se mede o verdadeiro desenvolvimento dos nossos povos, descobrimos e experimentamos a oração sacerdotal de Jesus: «Que todos sejam um só» (*Jo* 17, 21). Quantas pessoas dia a dia exercitam a paciência e infundem esperança, tendo a peito não semear pânico, mas corresponsabilidade! Quantos pais, mães, avôs e avós, professores mostram às nossas crianças, com pequenos gestos do dia a dia, como enfrentar e atravessar uma crise, readaptando hábitos, levantando o olhar e estimulando a oração! Quantas pessoas rezam, se imolam e intercedem pelo bem de todos! A oração e o serviço silencioso: são as nossas armas vencedoras.

«Porque sois tão medrosos? Ainda não tendes fé?» O início da fé é reconhecer-se necessitado de salvação. Não somos autossuficientes, sozinhos afundamos: precisamos do Senhor como os antigos navegadores, das estrelas. Convidemos Jesus a subir para o barco da nossa vida. Confiemos-Lhe os nossos medos, para que Ele os vença. Com Ele a bordo, experimentaremos – como os discípulos – que não há naufrágio. Porque esta é a força de Deus: fazer resultar em bem tudo o que nos acontece, mesmo as coisas ruins. Ele serena as nossas tempestades, porque, com Deus, a vida não morre jamais.

O Senhor interpela-nos e, no meio da nossa tempestade, convida-nos a despertar e ativar a solidariedade e a esperança, capazes de dar solidez, apoio e significado a estas horas em que tudo parece naufragar. O Senhor desperta, para acordar e reanimar a nossa fé pascal. Temos uma âncora: na sua cruz, fomos salvos. Temos um leme: na sua cruz, fomos resgatados. Temos uma esperança: na sua cruz, fomos curados e abraçados, para que nada e ninguém nos separe do seu amor redentor. No meio deste isolamento que nos faz padecer a limitação de afetos e encontros e experimentar a falta de tantas coisas, ouçamos mais uma vez o anúncio que nos salva: Ele ressuscitou e vive ao nosso lado. Da sua cruz, o Senhor desafia-nos a encontrar a vida que nos espera, a olhar para aqueles que nos reclamam, a reforçar, reconhecer e incentivar a graça que mora em nós. Não apaguemos a mecha que ainda fumega (cf. *Is* 42, 3), que nunca adoece, e deixemos que reacenda a esperança.

Abraçar a sua cruz significa encontrar a coragem de abraçar todas as contrariedades da hora atual, abandonando por um momento a nossa ânsia de omnipotência e possessão, para dar espaço à criatividade que só o Espírito é capaz de suscitar. Significa encontrar a coragem de abrir espaços onde todos possam sentir-se chamados e permitir novas formas de hospitalidade, de fraternidade e de solidariedade. Na sua cruz, fomos salvos para acolher a esperança e deixar que seja ela a fortalecer e sustentar todas as medidas e estradas que nos possam ajudar a salvaguardar-nos e a salvaguardar. Abraçar o Senhor, para abraçar a esperança. Aqui está a força da fé, que liberta do medo e dá esperança.

«Porque sois tão medrosos? Ainda não tendes fé?» Queridos irmãos e irmãs, deste lugar que atesta a fé rochosa de Pedro, gostaria nesta tarde de vos confiar a todos ao Senhor, pela intercessão de Nossa Senhora, saúde do seu povo, estrela do mar em tempestade. Desta colunata que abraça Roma e o mundo desça sobre vós, como um abraço consolador, a bênção de Deus. Senhor, abençoa o mundo, dá saúde aos corpos e conforto aos corações! Pedes-nos para não ter medo; a nossa fé, porém, é fraca e sentimo-nos temerosos. Mas Tu, Senhor, não nos deixes à mercê da tempestade. Continua a repetir-nos: «Não tenhais medo!» (*Mt* 14, 27). E nós, juntamente com Pedro, «confiamos-Te todas as nossas preocupações, porque Tu tens cuidado de nós» (cf. 1 *Pe* 5, 7).

Santa Missa[21]

Introdução

Nestes dias, nalgumas partes do mundo, têm sido evidenciadas consequências - algumas consequências - da pandemia; uma delas é a fome. Começa-se a ver pessoas que têm fome, porque não podem trabalhar, porque não têm um emprego estável, devido a muitas circunstâncias. Já estamos a ver o "depois", que virá mais tarde, mas começa agora. Oremos pelas famílias que começam a sentir a necessidade por causa da pandemia.

Homilia- O povo de Deus segue Jesus e não se cansa

«E cada um voltou para a sua casa» (*Jo* 7, 53): após a discussão e tudo o mais, cada um voltou às suas convicções. Há uma rutura no povo: as pessoas que seguem Jesus escutam-no - não se dão conta do muito tempo que passam ouvindo-o, porque a Palavra de Jesus entra no coração - e o grupo de Doutores da Lei que *a priori* rejeitam Jesus porque não age de acordo com a lei, de acordo com eles.

São dois grupos de pessoas. O povo que ama Jesus, que o segue, e o grupo dos intelectuais da Lei, os chefes de Israel, os líderes do povo. Isto é claro «quando os guardas foram ter com os chefes dos sacerdotes, os quais lhes disseram: «Por que não o trouxestes aqui?»; os guardas responderam: «*Também vós vos deixastes enganar?* Por

---

[21] Liturgia da Palavra: *Jr* 11, 18-20; *Sl* 7; *Jo* 7, 40-53.

acaso *algum* dos *chefes* ou dos *fariseus acreditou nele? Mas esta* gente que *não conhece* a *Lei, é* maldita!» (*Jo* 7, 45-49). Este grupo de doutores da Lei, a elite, sente desprezo por Jesus. Mas também desprezam o povo, "aquelas pessoas", que são ignorantes, que não sabem nada. O povo santo e fiel de Deus acredita em Jesus, segue-o, e o pequeno grupo de elite, os Doutores da Lei, afasta-se do povo e não recebe Jesus. Mas como é possível, se eles eram ilustres, inteligentes, tinham estudado? Contudo eles tinham um grande defeito: tinham perdido a memória da própria pertença a um povo.

O povo de Deus segue Jesus... eles não conseguem explicar porquê, mas seguem-no e chegam ao coração, e não se cansam. Pensemos no dia da multiplicação dos pães: passaram o dia inteiro com Jesus, a ponto que os apóstolos lhe disseram: «Manda embora o povo para que *possa comprar* algo para *comer* (cf. *Mc* 6, 36). Também os Apóstolos se distanciaram, não consideraram, não desprezaram, mas não consideraram o povo de Deus. «Deixa-os ir comer». A resposta de Jesus: «Dai-lhes vós de comer» (cf. *Mc* 6, 37). Ele insere-os de novo no povo.

Este afastamento entre a elite dos líderes religiosos e o povo é um drama que vem de longe. Pensemos também, no Antigo Testamento, na atitude dos filhos de Eli no templo: eles usavam o povo de Deus; e se alguns deles, que eram um pouco ateus, viessem para cumprir a Lei, diziam: «Eles são supersticiosos». Desprezo pelo povo. O desprezo pelo povo «que não é educado como nós que estudamos, que sabemos...». Em vez disso, o povo de Deus tem uma grande graça: o seu instinto. A intuição de saber onde está o Espírito. É pecador, como nós: é pecador. Mas possui a intuição de conhecer os caminhos da salvação.

O problema das elites, de clérigos de elite como estes, é que tinham perdido a memória da sua pertença ao Povo de Deus; tornaram-se sofisticados, passaram para outra classe social, sentem-se dirigentes. É o clericalismo que já existia. «Mas como é possível - ouvi dizer nestes dias - que estas freiras, estes padres saudáveis vão ter com os pobres para lhes dar de comer e podem contagiar-se com o coronavírus? Mas diga à Madre Superiora que não deixe sair as religiosas, diga ao bispo que não deixe sair os sacerdotes! Eles devem proporcionar os sacramentos! Mas a dar de comer, que providencie o governo!». Fala-se disto nestes dias: o mesmo assunto. «São pessoas de segunda classe: nós somos a classe dirigente, não devemos sujar as mãos com os pobres».

Muitas vezes penso: são pessoas boas - sacerdotes, religiosas - que não têm coragem de ir e servir os pobres. Falta alguma coisa. O que faltava aos doutores da Lei. Perderam a memória, perderam o que Jesus sentia no coração: que faziam parte do próprio povo. Eles perderam a memória do que Deus disse a David: «Eu escolhi-te do rebanho». Perderam a memória da própria pertença ao rebanho.

E eles, cada um, cada um voltou para casa (cf. *Jo* 7, 53). Um afastamento. Nicodemos, que via - era um homem inquieto, talvez não tão corajoso, muito diplomático, mas inquieto - foi então ter com Jesus, mas era fiel com o que podia; procurou mediar e citou a Lei: «Julga porventura a nossa Lei um homem antes de o ter ouvido e de saber o que ele faz?» (*Jo* 7, 51). Responderam-lhe; mas não responderam à pergunta sobre a Lei: «Dar-se-á o caso de que *também tu és* da *Galileia*? Examina, e *verás* que da *Galileia não* se levanta *profeta*» (*Jo* 7, 52). E assim concluíram a historia.

Pensemos também hoje em tantos homens e mulheres qualificados no serviço de Deus que são bons e vão servir o povo; tantos sacerdotes que não se afastam do povo. Anteontem recebi uma fotografia de um padre, um pároco de montanha, de muitas aldeias pequenas, num lugar onde neva, e na neve levava o ostensório pelas aldeias a fim de conceder a bênção. Ele não se importava com a neve, não se importava com a dor que o frio lhe fazia sentir nas mãos em contacto com o metal do ostensório: ele só se importava com levar Jesus ao povo.

Pensemos, cada um de nós, de que lado estamos, se estamos no meio, um pouco indecisos, se estamos com o sentimento do povo de Deus, o povo fiel de Deus que não pode falhar: eles têm essa *infallibilitas in credendo*. E pensemos na elite que se separa do povo de Deus, no clericalismo. E talvez o conselho que Paulo dá ao seu discípulo, o jovem bispo Timóteo, nos faça bem a todos: «Lembra-te da tua mãe e da tua avó» (cf. 2 *Tm* 1, 5). Lembra-te da tua mãe e da tua avó. Se Paulo aconselhava isto, era porque conhecia bem o perigo a que conduzia este sentido de elitismo na nossa liderança.

Domingo, 29 de março de 2020
Quinto Domingo de Quaresma (A)

Santa Missa[22]

Introdução

Penso em tantas pessoas que choram: pessoas isoladas, pessoas em quarentena, idosos sozinhos, pessoas hospitalizadas e em terapia, pais que veem que, como não há salário, não serão capazes de alimentar os seus filhos. Muitas pessoas choram. Nós também, do nosso coração, as acompanhamos. E não nos fará mal chorar um pouco com o pranto do Senhor por todo o seu povo.

Homilia- O domingo do pranto

Jesus tinha amigos. Amava a todos, mas com alguns tinha uma relação especial, como se tem com os amigos, de mais amor e mais confiança... E muitas vezes ficava em casa desses irmãos: Lázaro, Marta, Maria... E Jesus sentiu dor pela doença e pela morte do seu amigo. Ele chegou ao túmulo e ficou profundamente comovido, muito perturbado e perguntou: «Onde o pusestes?» (*Jo* 11, 34). E Jesus começou a chorar. Jesus, Deus-homem, chorou. Mais uma vez o Evangelho diz que Jesus chorou: sobre Jerusalém (*Lc* 19, 41-42). E com quanta ternura Jesus chorou! Ele chora do coração, chora com amor, chora juntamente com os seus que choram. O pranto de Jesus. Tal-

---

[22] Liturgia da Palavra: *Ez* 37, 12-14; *Sl* 129; *Rm* 8, 8-11; *Jo* 11, 1-45.

vez ele tenha chorado outras vezes na vida - não sabemos - certamente no Horto das Oliveiras. Mas Jesus chora por amor, sempre.

Comoveu-se profundamente e muito perturbado chorou. Quantas vezes ouvimos esta comoção de Jesus no Evangelho, com aquela frase que se repete: «Vendo a multidão, encheu-se de compaixão por ela» (cf. *Mt* 9, 36; 13,14). Jesus não pode ver as pessoas sem sentir compaixão. Os seus olhos veem com o coração; Jesus vê com os olhos, mas vê com o coração e é capaz de chorar.

Hoje, diante de um mundo que sofre tanto, de muitas pessoas que sofrem as consequências desta pandemia, pergunto-me: sou capaz de chorar, como certamente Jesus teria feito e faz agora? O meu coração assemelha-se ao de Jesus? E se é muito difícil, mesmo que eu seja capaz de falar, de praticar o bem, de ajudar, mas o coração não se compadece, se não sou capaz de chorar, devo pedir esta graça ao Senhor. Senhor, que eu chore contigo, chore com o teu povo que está a sofrer neste momento. Muitos choram hoje. E nós, deste altar, deste sacrifício de Jesus, de Jesus que não teve vergonha de chorar, peçamos a graça de chorar. Que hoje seja para todos nós o domingo do pranto.

Angelus

Amados irmãos e irmãs, bom dia!

O Evangelho deste quinto Domingo da Quaresma é o da Ressurreição de Lázaro (cf. *Jo* 11, 1-45). Lázaro era irmão de Marta e de Maria; eram muito amigos de Jesus. Quando Ele chegou a Betânia, Lázaro já estava morto há quatro dias; Marta correu ao encontro do Mestre e disse-lhe: «Se Tu estivesses aqui, meu irmão não teria morrido!» (v. 21). Jesus respondeu-lhe: «Teu irmão há de ressuscitar» (v. 23); e acrescenta: «Eu sou a Ressurreição e a Vida; aquele que crê em Mim, ainda que esteja morto, viverá» (v. 25). Jesus mostra-se como o Senhor da vida, Aquele que é capaz de dar vida até mesmo aos mortos. Depois chega Maria e outras pessoas, todas em lágrimas, e então Jesus - diz o Evangelho - «comoveu-Se profundamente [...] e chorou» (vv. 33-35). Com esta perturbação no coração, foi ao túmulo, agradece ao Pai que sempre o escuta, manda abrir o túmulo bradou em voz alta: «Lázaro, sai para fora» (v. 43). E Lázaro saiu tendo «os pés e as mãos ligados com faixas e o rosto envolto num sudário» (v. 44).

Aqui constatamos diretamente que Deus é vida e dá vida, mas Ele assume o drama da morte. Jesus poderia ter evitado a morte do seu amigo Lázaro, mas ele quis fazer sua a nossa dor pela morte de entes queridos, e acima de tudo ele quis mostrar o domínio de Deus sobre a morte. Neste trecho do Evangelho, vemos que a fé do homem e a omnipotência de Deus, do amor de Deus procuram-se e, por fim, encontram-se. É como um caminho duplo: a fé do homem e a omnipotência do amor de Deus que se procuram, no final encontram-se. Vemo-lo no grito de Marta e de Maria e de todos nós com elas: «Se Tu estivesses aqui!...». E a resposta de Deus não é um discurso, não, a resposta de Deus ao problema da morte é Jesus: «Eu sou a Ressurreição e a Vida... Tende fé! No meio do choro continuai a ter fé, mesmo que a morte pareça ter vencido. Tirai a pedra do vosso coração! Que a Palavra de Deus restitua a vida onde há a morte».

Ainda hoje Jesus nos repete: «Tirai a pedra». Deus não nos criou para o túmulo, Ele criou-nos para a vida, bela, boa, alegre. Mas «a morte entrou no mundo por inveja do diabo» (*Sb* 2, 24), diz o Livro da Sabedoria, e Jesus Cristo veio para nos libertar dos seus laços.

Por isso, somos chamados a remover as pedras de tudo o que cheira a morte: por exemplo, a hipocrisia com que se vive a fé é morte; a crítica destrutiva dos outros é morte; a ofensa, a calúnia, é morte; a marginalização dos pobres é morte. O Senhor pede-nos para remover estas pedras do coração, e a vida então florescerá novamente ao nosso redor. Cristo vive, e aquele que o acolhe e adere a ele entra em contacto com a vida. Sem Cristo, ou fora de Cristo, não só a vida não está presente, mas cai-se de novo na morte.

A ressurreição de Lázaro é também um sinal da regeneração que se dá no crente através do Batismo, com plena inserção no Mistério Pascal de Cristo. Pela ação e poder do Espírito Santo, o cristão é uma pessoa que caminha na vida como uma nova criatura: uma criatura para a vida e que vai em direção à vida.

Que a Virgem Maria nos ajude a ser tão compassivos quanto o seu Filho Jesus, que fez sua a nossa dor. Que cada um de nós esteja próximo daqueles que estão na prova, tornando-se para eles um reflexo do amor e ternura de Deus, que liberta da morte e faz vencer a vida.

Depois do Angelus

Estimados irmãos e irmãs!

Nos últimos dias, o Secretário Geral das Nações Unidas lançou um apelo a um "cessar-fogo global e imediato em todos os cantos do mundo", recordando a atual emergência da COVID-19, que não conhece fronteiras. Um apelo a um cessar-fogo total.

Associo-me àqueles que aceitaram este apelo e convido todos a pô-lo em prática, cessando qualquer forma de hostilidade bélica, encorajando a criação de corredores para a ajuda humanitária, a abertura à diplomacia e a atenção aos que se encontram em situações de maior vulnerabilidade.

Que o compromisso conjunto contra a pandemia possa levar todos a reconhecer a nossa necessidade de fortalecer os laços fraternos como membros de uma só família. Em particular, inspire nos responsáveis das nações e das outras partes em questão um compromisso renovado para superar as rivalidades. Os conflitos não se resolvem através da guerra! É necessário superar antagonismos e contrastes através do diálogo e de uma busca construtiva da paz.

Neste momento o meu pensamento vai especialmente para todas aquelas pessoas que sofrem a vulnerabilidade de serem forçadas a viver em grupos: lares de idosos, quartéis... Em particular, gostaria de mencionar as pessoas nas prisões. Li um memorando oficial da Comissão de Direitos Humanos que fala sobre o problema das prisões superlotadas, o que se pode tornar uma tragédia. Exorto as autoridades a serem sensíveis a este grave problema e a tomarem as medidas necessárias para evitar tragédias futuras.

Desejo-vos a todos bom domingo. Por favor, não vos esqueçais de rezar por mim; eu faço-o por vós. Bom almoço e até breve.

Santa Missa[23]

Introdução

Rezemos hoje por muitas pessoas que não conseguem reagir: continuam assustadas com esta pandemia. Que o Senhor as ajude a levantar-se, a reagir para o bem de toda a sociedade, de toda a comunidade.

Homilia– Confiar na misericórdia de Deus

No Salmo responsorial rezamos: «O Senhor é meu pastor, nada me falta. Em verdes prados me faz descansar, e conduz-me às águas refrescantes. Reconforta a minha alma, guia-me pelos caminhos retos, por amor do Seu Nome. Mesmo que atravesse os vales sombrios, nenhum mal temerei porque estais comigo; o Vosso bastão e o Vosso cajado dão-me conforto» (*Sl* 23, 1-4).

Esta é a experiência que duas mulheres fizeram, cuja história lemos nas duas leituras. Uma inocente, falsamente acusada, caluniada, e outra pecadora. Ambas condenadas à morte. A inocente e a pecadora. Alguns Padres da Igreja viram nestas mulheres uma imagem da Igreja: santa, mas com filhos pecadores. Diziam numa bela expressão latina: «A Igreja é a *casta meretrix*», a santa com filhos pecadores.

Ambas as mulheres estavam desesperadas, humanamente desesperadas. Mas Susana confia em Deus. Há

---

[23] Liturgia da Palavra: *Dn* 13, 1-9.15-17.19-30.33-62; *Sl* 22; *Jo* 8, 1-11.

também dois grupos de pessoas, de homens; ambos ao serviço da Igreja: os juízes e os doutores da Lei. Não eram eclesiásticos, mas estavam ao serviço da Igreja, no tribunal e no ensino da Lei. Diferentes. Os primeiros, aqueles que acusavam Susana, eram corruptos: o juiz corrupto, a figura emblemática na história. Também no Evangelho, Jesus retoma, na parábola da viúva insistente, o juiz corrupto que não acreditava em Deus e não se importava com os outros. O corrupto. Os doutores da lei não eram corruptos, mas hipócritas.

E estas mulheres, uma caiu nas mãos dos hipócritas e a outra nas mãos dos corruptos: não havia solução. «Mesmo que atravesse os vales sombrios, nenhum mal temerei porque estais comigo; o Vosso bastão e o Vosso cajado dão-me conforto» (*Sl* 23, 4). Ambas as mulheres estavam num vale sombrio, iam para lá: um vale sombrio, em direção à morte. A primeira confiou explicitamente em Deus e o Senhor interveio. A segunda, pobrezinha, sabe que é culpada, sem vergonha diante de todo o povo - porque o povo estava presente em ambas as situações - o Evangelho não o diz, mas certamente ela rezava no seu íntimo, pedia alguma ajuda.

Que faz o Senhor com essas pessoas? Ele salva a mulher inocente e faz-lhe justiça. Perdoa a mulher pecadora. Condena os juízes corruptos; ajuda os hipócritas a converterem-se, e diante do povo diz: realmente? «Quem de vós estiver sem pecado seja o primeiro a lançar-lhe uma pedra» (cf. *Jo* 8,7), e foram saindo um a um. O apóstolo João usa aqui alguma ironia: «quanto isto ouviram, foram saindo um a um, a começar pelos mais velhos» (*Jo* 8, 9). Deixa-lhes algum tempo para se arrependerem; não perdoa os corruptos, simplesmente porque eles são incapazes de pedir perdão; fez mais. Cansaram-se... não, não estão cansados: não são capazes. A corrupção também lhes tirou aquela capacidade que todos nós temos de sentir vergonha, de pedir perdão. Não, o corrupto sente-se seguro, persevera, destrói, explora as pessoas, como esta mulher, tudo, tudo... vai em frente. Ele coloca-se no lugar de Deus.

E o Senhor responde às mulheres. Liberta Susana das pessoas corruptas, fazendo com que vá em frente, e à outra: «Nem eu não te condeno. Vai, e doravante não tornes a pecar» (*Jo* 8, 11). Deixa-a ir. E isto acontece diante do povo. No primeiro caso, o povo louva ao Senhor; no segundo, o povo aprende. Aprende como é a misericórdia de Deus.

Cada um de nós tem as próprias histórias. Cada um de nós tem os próprios pecados. E se não os recordamos, reflita um pouco um pouco: há de encontrá-los. Demos graças a Deus quando os encontramos, porque se não os encontramos, estamos corrompidos. Todos nós temos os nossos pecados. Olhemos para o Senhor que faz justiça, mas que é tão misericordioso. Não tenhamos vergonha de estar na Igreja: tenhamos vergonha de ser pecadores. A Igreja é a mãe de todos. Agradeçamos a Deus porque não somos corruptos, somos pecadores. E cada um de nós, vendo como Jesus age nestes casos, confie na misericórdia de Deus. E reze, confiando na misericórdia de Deus, reze pelo perdão. Pois Deus «guia-me pelos caminhos retos, por amor do Seu Nome. Mesmo que atravesse os vales sombrios – o vale do pecado - nenhum mal temerei porque estais comigo; o Vosso bastão e o Vosso cajado dão-me conforto» (cf. *Sl* 23, 4).

Santa Missa[24]

Introdução

Rezemos hoje por aqueles que estão desabrigados, neste momento em que nos pedem para ficar em casa. Que a sociedade dos homens e das mulheres tome consciência desta realidade e ajude, e que a Igreja os acolha.

Homilia– Olhar o crucifixo sob a luz da redenção

A serpente certamente não é um animal agradável: está sempre associada ao mal. Até na revelação a serpente é o animal que o diabo usa para induzir ao pecado. No Apocalipse o diabo é chamado «a antiga serpente», que desde o início morde, envenena, destrói, mata. É por isso que não pode vencer. Se quiseres ter sucesso como alguém que propõe coisas bonitas, estas são fantasias: nós acreditamos nelas e por isso pecamos. Foi isto que aconteceu com o povo de Israel: não suportou a viagem. Estava cansado. E o povo pôs-se contra Deus e contra Moisés. É sempre a mesma música, não é? «Porque nos fizestes sair do Egito, para morrermos no deserto onde não há pão nem água? Estamos enfastiados deste alimento miserável» (cf. *Nm* 21,4-5). E a imaginação - lemos isso nos últimos dias - volta sempre ao Egito: «Mas, lá estávamos bem, comíamos bem...». E parece que o Senhor também não suportou o povo naquele momento. Enfureceu-se: às vezes

---

[24] Liturgia da Palavra: *Nm* 21, 4-9; *Sl* 101; *Jo* 8, 21-30.

vê-se a ira de Deus... Então o Senhor enviou entre o povo serpentes ardentes que morderam as pessoas e elas morreram. «Muitos morreram em Israel» (*Nm* 21, 6). Naquele momento, a serpente é sempre a imagem do mal: o povo vê na serpente o pecado, vê na serpente o que fez o mal. E foram ter com Moisés, dizendo: «Pecamos, murmurando contra o Senhor e contra ti. Roga ao Senhor que afaste de nós essas serpentes» (*Nm* 21, 7). Arrepende-se. Esta é a história no deserto. Moisés orou pelo povo e o Senhor disse a Moisés: «Faz uma serpente ardente e coloca-a sobre um poste. Todo aquele que for mordido olhando para ela, viverá» (*Nm* 21, 8).

Este facto faz-me pensar: não se trata de idolatria? Ali está a serpente, um ídolo, que me dá saúde... Não se entende. Logicamente, não se compreende, porque isto é uma profecia, é um anúncio do que acontecerá . Porque também a ouvimos como uma profecia próxima, no Evangelho: «Quando elevardes o Filho do Homem, então sabereis quem sou e que por Mim nada faço» (*Jo* 8, 28). Jesus elevado: na cruz. Moisés faz uma serpente e eleva-a. Jesus será elevado, como a serpente, para dar a salvação. Mas o cerne da profecia é precisamente que Jesus se fez pecado por nós. Não tem pecado: *fez-se pecado*. Como diz São Pedro na sua Carta: «Ele que suportou os nossos pecados» (cf. *1 Pe* 2, 24) E quando olhamos para o crucificado, pensemos no Senhor que sofre: tudo isto é verdade. Mas reflitamos antes de alcançar o centro dessa verdade: neste momento, Tu pareces o maior pecador, tornaste-Te pecador. Assumiste sobre ti todos os nossos pecados, Ele aniquilou-se até agora. A cruz, é verdade, é um tormento, há a vingança dos doutores da Lei, daqueles que não queriam Jesus: tudo isso é verdade. Mas a verdade que vem de Deus é que Ele veio ao mundo para assumir os nossos pecados em Si mesmo até ao ponto de se tornar pecado. Todo o pecado. Os nossos pecados estão ali.

Devemos acostumar-nos a olhar para o crucificado sob esta luz, que é a mais verdadeira, a luz da redenção. Em Jesus que se fez pecado, vemos a derrota total de Cristo. Ele não finge morrer, ele não finge não sofrer, sozinho, abandonado... «Meu Deus, porque Me abandonaste?» (cf. *Mt* 27,46; *Mc* 15, 34). Uma serpente: sou erguido como uma serpente, como aquele que é todo pecado.

Não é fácil entender isto, e se pensarmos, nunca chegaremos a uma conclusão. Devemos unicamente contemplar, rezar e dar graças.

Santa Missa[25]

Introdução

Hoje gostaria que rezássemos por todos aqueles que trabalham na mídia, que trabalham para comunicar, hoje, para que as pessoas não se sintam tão isoladas; para a educação das crianças, para a informação, para as ajudar a suportar este tempo de fechamento.

Homilia- Permanecer no Senhor

Nestes dias, a Igreja faz-nos ouvir o capítulo oito de João: há uma discussão acalorada entre Jesus e os doutores da Lei. E sobretudo, há uma tentativa de mostrar a própria identidade: João procura aproximar-nos daquela luta para esclarecer a própria identidade, tanto a de Jesus como a dos doutores. Jesus coloca-os num canto, mostrando-lhes as suas contradições. E eles, no final, não encontram outra saída senão o insulto: é uma das páginas mais tristes, é uma blasfémia. Eles insultam Nossa Senhora.

Mas, falando de identidade, Jesus disse aos judeus que tinham acreditado: «Se permanecerdes na minha palavra, sois verdadeiramente meus discípulos» (*Jo* 8, 31). Ele volta a esta palavra tão querida ao Senhor que a repetirá muitas vezes, e também na ceia: *permanecer*. «Permanecei em mim». Permanecei *no* Senhor. Ele não diz: «Estudai

---

[25] Liturgia da Palavra: *Dn* 3, 14-20.46-50.91-92.95; *Dn* 3, 52-56; *Jo* 8, 31-42.

bem, aprendei bem as argumentações»: ele considera isto como garantido. Mas ele focaliza o mais importante, que é mais perigoso para a vida, se não for feito: permanecer. «Permanecei na minha palavra» (*Jo* 8, 31). E aqueles que permanecerem na palavra de Jesus têm a mesma identidade cristã. E qual é? «Sois verdadeiramente meus discípulos» (*Jo* 8, 31). A identidade cristã não é um documento que diz «eu sou cristão», um bilhete de identidade: não. É um discipulado. Tu, se permaneceres no Senhor, na Palavra do Senhor, na vida do Senhor, serás um discípulo. Se não permaneceres, serás alguém que simpatiza com a doutrina, que segue Jesus como um homem que pratica tanta caridade, tão bom, com valores certos, mas é o discipulado a verdadeira identidade do cristão.

E será o discipulado que nos dará liberdade: o discípulo é um homem livre porque permanece no Senhor. E o que significa «permanecer no Senhor»? Deixar-se guiar pelo Espírito Santo. O discípulo deixa-se guiar pelo Espírito, por isso o discípulo é sempre um homem da tradição e da novidade, é um homem *livre*. Livre. Nunca sujeito a ideologias, a doutrinas dentro da vida cristã, doutrinas que podem ser discutidas... permanece no Senhor, é o Espírito que inspira. Quando cantamos ao Espírito, dizemos-lhe que ele é hóspede da alma (cf. Hino *Veni, Sancte Spiritus*), que habita em nós. Mas isto, só se permanecermos no Senhor.

Peço ao Senhor que nos faça conhecer a sabedoria de permanecer n'Ele e a familiaridade com o Espírito: o Espírito Santo concede-nos liberdade. E esta é a *unção*. Quem permanece no Senhor é discípulo, e o discípulo é um *ungido*, um ungido pelo Espírito, que recebeu a unção do Espírito e a leva por diante. Este é o caminho que Jesus nos mostra para a liberdade e também para a vida. E o discipulado é a *unção* que recebem aqueles que permanecem no Senhor.

O Senhor nos faça compreender que isto não é fácil: porque os doutores não o compreenderam, não é compreendido apenas com a inteligência; compreende-se com a inteligência e com o coração, esta sabedoria da unção do Espírito Santo que nos faz discípulos.

Santa Missa[26]

Introdução

Estes dias de dor e tristeza evidenciam muitos problemas escondidos. No jornal, hoje, há uma fotografia que comove o coração: tantos desabrigados de uma cidade, deitados num estacionamento, sob observação... há muitos desabrigados atualmente. Peçamos a Santa Teresa de Calcutá que desperte em nós o sentimento de proximidade a tantas pessoas que na sociedade, na vida normal, vivem escondidas mas, como os desabrigados, no momento da crise, vivem assim.

Homilia- As três dimensões da vida cristã: eleição, promessa, aliança

O Senhor sempre se lembrou da sua aliança. Repetimo-lo no Salmo responsorial (cf. *Sl* 105, 8). O Senhor não esquece, Ele nunca esquece. Sim, Ele só esquece num caso, quando perdoa os pecados. Depois que perdoa, perde a memória, não se lembra dos pecados. Noutros casos, Deus não esquece. A sua fidelidade é memória. A sua fidelidade ao seu povo. A sua fidelidade a Abraão é memória das promessas que Ele fez. Deus escolheu Abraão para percorrer um caminho. Abraão é um escolhido, ele foi um escolhido. Deus elegeu-o. Então, nessa eleição prometeu-lhe uma herança e hoje, no trecho do Livro do Génesis, há um passo a mais. «Este é o pacto que faço contigo» (*Gn* 17, 4).

---

[26] Liturgia da Palavra: *Gn* 17, 3-9; *Sl* 104; *Jo* 8, 51-59.

A aliança. Uma aliança que o faz ver de longe a sua fecundidade: «Serás o pai de uma multidão de povos» (*Gn* 17, 4). A eleição, a promessa e a aliança são as três dimensões da vida de fé, as três dimensões da vida cristã. Cada um de nós é um escolhido, ninguém escolhe ser cristão entre todas as possibilidades que o "mercado" religioso lhe oferece, é um eleito. Somos cristãos porque fomos escolhidos. Nesta eleição há uma promessa, uma promessa de esperança, o sinal é a fecundidade: Abraão, serás pai de uma multidão de nações e... serás fecundo na fé (cf. *Gn* 17, 5-6). A tua fé florescerá em obras, em boas obras, em obras de fecundidade também, uma fé fecunda. Mas deves - o terceiro passo - observar a aliança comigo (cf. *Gn* 17, 9). A aliança é fidelidade, é ser fiel. Fomos escolhidos, o Senhor fez-nos uma promessa, agora Ele pede-nos uma aliança. Uma aliança de fidelidade. Jesus diz que Abraão exultou de alegria, pensando, vendo o seu dia, o dia da grande fecundidade, que o seu filho - Jesus era filho de Abraão (cf. *Jo* 8, 56) que veio para refazer a criação, que é mais difícil do que a fazer, diz a liturgia - veio para realizar a redenção dos nossos pecados, a fim de nos libertar. O cristão é cristão não para poder mostrar a fé do batismo: a fé do batismo é um documento. És cristão se disseres sim à eleição que Deus fez de ti, se fores atrás das promessas que o Senhor fez a ti e se viveres uma aliança com o Senhor: esta é a vida cristã. Os pecados do caminho são sempre contrários a estas três dimensões: não aceitar a eleição e "elegermos" tantos ídolos, tantas coisas que não são de Deus. Não aceitar a esperança na promessa, ir, olhar de longe para as promessas, até muitas vezes, como diz a Carta aos Hebreus (cf. *Hb* 6, 12; 8, 6), saudando-as de longe, e fazendo com que as promessas sejam hoje aos pequenos ídolos que construímos, e esquecer a aliança, viver sem a aliança, como se não tivéssemos uma aliança. A fecundidade é alegria, o júbilo de Abraão que previu o dia de Jesus e ficou cheio de alegria. Esta é a revelação que a palavra de Deus nos dá hoje sobre a nossa existência cristã. Que seja como a do nosso Pai: conscientes de sermos escolhidos, alegres de ir ao encontro de uma promessa e fiéis ao cumprir a aliança.

Santa Missa[27]

Introdução

Há pessoas que, a partir de agora, começam a pensar no depois: no depois da pandemia. Em todos os problemas que virão: problemas de pobreza, trabalho, fome... Rezemos por todas as pessoas que hoje ajudam, mas pensam também no amanhã, para nos ajudar a todos.

Homilia– Nossa Senhora das Dores, discípula e mãe

Nesta Sexta-feira de Paixão, a Igreja recorda os sofrimentos de Maria, Nossa Senhora das Dores. Há séculos que existe esta veneração do povo de Deus. Foram escritos hinos em honra de Nossa Senhora das Dores: ela estava aos pés da cruz e contemplam-na ali, sofredora. A piedade cristã recolheu os padecimentos de Nossa Senhora e fala das "sete dores". A primeira, só 40 dias depois o nascimento de Jesus, a profecia de Simeão fala de uma espada que lhe trespassará o coração (cf. *Lc* 2, 35). A segunda dor, a fuga para o Egito para salvar a vida do Filho (cf. *Mt* 2, 13-23). A terceira dor, aqueles três dias de angústia quando o jovem Jesus permaneceu no templo (cf. *Lc* 2, 41-50). A quarta dor, quando Nossa Senhora se encontra com Jesus no caminho do Calvário (cf. *Jo* 19, 25). A quinta dor de Nossa Senhora é a morte de Jesus, ao ver ali o seu Filho, crucificado, nu, a morrer. A sexta dor é a descida de Jesus da

---

[27] Liturgia da Palavra: *Jr* 20, 10-13; *Sl* 17; *Jo* 10, 31-42.

cruz, morto, e ela pega nele no colo como o havia feito há mais de 30 anos em Belém. A sétima dor é o sepultamento de Jesus. E assim, a piedade cristã percorre este caminho de Nossa Senhora que acompanha Jesus. Faz-me bem, no final da tarde, quando recito o Angelus, rezar estas sete dores como uma lembrança da Mãe da Igreja, como a Mãe da Igreja que com tanta dor deu à luz todos nós.

Nossa Senhora nunca pediu nada para si, nunca. Para os outros, sim: pensemos em Caná, quando fala com Jesus. Ela nunca disse: «Eu sou a mãe, olhai para mim: serei a rainha-mãe". Nunca disse isso. Nunca pediu nada importante para si no colégio apostólico. Aceita apenas ser mãe. Ela acompanhou Jesus como discípula, pois o Evangelho mostra que ela seguiu Jesus: com as suas amigas, mulheres piedosas, ela seguiu Jesus, ouviu Jesus. Certa vez alguém a reconheceu: "Ah, aqui está a mãe", "A tua mãe está aqui"... (cf. *Mc* 3, 31)... Ela seguia Jesus. Até ao Calvário. E ali, em pé... as pessoas certamente disseram: "Mas, pobre mulher, como deve sofrer", e os malvados certamente disseram: "Mas, a culpa também é dela, porque se ela o tivesse educado bem, isto não teria acabado assim". Ali estava ela, com o Filho, com a humilhação do Filho.

Honrar Nossa Senhora e dizer: "Esta é minha Mãe", porque ela é Mãe. E este é o título que ela recebeu de Jesus, ali mesmo, no momento da Cruz (cf. *Jo* 19, 26-27). Os teus filhos, tu és mãe. Ele não a nomeou primeira-ministra nem lhe atribuiu títulos de "funcionalidade". Apenas "Mãe". E depois, os Atos dos Apóstolos mostram-na em oração com os Apóstolos como Mãe (cf. *At* 1, 14). Nossa Senhora não quis tirar nenhum título a Jesus; recebeu o dom de ser sua Mãe e o dever de nos acompanhar como Mãe, de ser nossa Mãe. Ela não pediu para ser uma qua-

se-redentora ou uma co-redentora: não. O Redentor é um
só e este título não se duplica. Apenas discípula e mãe. E
por isso, como Mãe, devemos pensar nela, procurá-la, rezar a ela. Ela é a Mãe. Na Igreja Mãe. Na maternidade de
Nossa Senhora vemos a maternidade da Igreja que recebe
a todos, bons e maus: todos.

Hoje far-nos-á bem parar um pouco e pensar na dor
e nos sofrimentos de Nossa Senhora. Ela é a nossa Mãe. E
como os carregou, como os suportou bem, com força, com
choro: não era um choro falso, era precisamente o seu coração destruído pela dor. Far-nos-á bem parar um pouco
e dizer a Nossa Senhora: "Obrigado por terdes aceite ser
Mãe quando o Anjo te deu o anúncio, e obrigado por teres
aceite ser Mãe quando Jesus o disse".

Mensagem em vídeo do Santo Padre Francisco
para a Semana Santa de 2020

Amados amigos, boa noite!

Esta noite tenho a oportunidade de entrar nas vossas
casas de uma forma diferente do habitual. Se me permitirdes, gostaria de conversar convosco por alguns minutos,
neste momento de dificuldade e sofrimento. Imagino-vos
nas vossas famílias, a viver uma vida insólita para evitar
o contágio. Estou a pensar na vivacidade das crianças e
dos jovens, que não podem sair, frequentar a escola, fazer a sua vida. Tenho no coração todas as famílias, especialmente aquelas que têm algum parente doente ou que
infelizmente sofreram o luto devido ao coronavírus ou a
outras causas. Hoje em dia penso muitas vezes em pessoas
sozinhas, por isso é mais difícil enfrentar estes momentos.
Penso, sobretudo, nos idosos, que me são tão caros.

Não posso esquecer aqueles que estão doentes de coronavírus, as pessoas nos hospitais. Estou ciente da generosidade daqueles que se expõem para tratar desta pandemia ou para garantir os serviços essenciais à sociedade. Quantos heróis, de todos os dias, de todas as horas! Lembro-me também de quantos se encontram em dificuldades económicas e estão preocupados com o trabalho e com o futuro. Um pensamento vai também para os presos nos cárceres, a cuja dor se junta o medo da epidemia, para si próprios e para os seus entes queridos; estou a pensar nos desabrigados, que não têm uma casa para os proteger.

É um momento difícil para todos. Para muitos, dificílimo. O Papa sabe disso e, com estas palavras, quer manifestar a todos a sua proximidade e o seu afeto. Procuremos, se pudermos, fazer o melhor uso possível deste tempo: sejamos generosos; ajudemos os necessitados da nossa vizinhança; procuremos as pessoas mais sozinhas, talvez por telefone ou por redes sociais; rezemos ao Senhor por aqueles que se encontram em dificuldade em Itália e no mundo. Mesmo que estejamos isolados, o pensamento e o espírito podem ir longe com a criatividade do amor. É disto que precisamos hoje: da criatividade do amor.

Celebraremos a Semana Santa de uma forma verdadeiramente particular, que manifesta e resume a mensagem do Evangelho, a mensagem do amor sem limites de Deus. E, no silêncio das nossas cidades, ressoará o Evangelho da Páscoa. O Apóstolo Paulo diz: «E morreu por todos, para que aqueles que vivem já não vivam para si, mas para Aquele que morreu e ressuscitou por eles» (2 *Cor* 5, 15). Em Jesus ressuscitado, a vida venceu a morte. Esta fé pascal alimenta a nossa esperança. Gostaria de o partilhar convosco esta noite. É a esperança de um tempo melhor, no qual possamos ser melhores, finalmente libertados do mal e desta pandemia. É uma esperança: a esperança não desilude; não é uma ilusão, é uma esperança.

Juntos, com amor e paciência, podemos preparar um tempo melhor nestes dias. Obrigado por me permitirdes entrar nas vossas casas. Fazei um gesto de ternura para com aqueles que sofrem, para com as crianças, para com os idosos. Dizei-lhes que o Papa está próximo e reza, para que o Senhor nos livre depressa do mal. E vós, rezai por mim. Bom jantar. Até breve!

Santa Missa[28]

Introdução

Nestes momentos de convulsão, de dificuldade, de dor, muitas vezes é dada às pessoas a oportunidade de fazer uma coisa ou outra, muitas coisas boas. Mas também não falta alguém que tem a ideia de fazer algo não tão bom, aproveitando-se do momento para obter alguma vantagem para si próprio, para o seu lucro. Rezemos hoje para que o Senhor nos conceda a todos uma consciência reta, uma consciência transparente, para que possamos ser vistos por Deus sem nos envergonharmos.

Homilia – O processo da tentação

Há já algum tempo que os doutores da lei, até os sumos sacerdotes, estavam inquietos porque aconteciam coisas estranhas no país. Primeiro este João, que no final o deixaram estar porque era um profeta, batizava lá e as pessoas procuravam-no, mas não havia outras consequências. Depois veio este Jesus, indicado por João. Começou a fazer sinais, milagres, mas sobretudo a falar ao povo, que o compreendia e o seguia, e nem sempre observava a lei, o que preocupava muito. «Este é um revolucionário, um revolucionário pacífico... Ele atrai as pessoas, as pessoas seguem-no...» (cf. *Jo* 11, 47-48). E estas ideias levaram-nos a falar uns com os outros: "Mas olha, não gosto disto...

---

[28] Liturgia da Palavra: *Ez* 37, 21-28; *Jr* 31, 10-13; *Jo* 11, 45-56.

daquele...", e assim entre eles havia este tema de conversa, e também de preocupação. Depois alguns foram ter com Jesus para o porem à prova, mas o Senhor deu uma resposta clara que a eles, aos doutores da lei, não veio à mente. Pensemos naquela mulher que foi casada sete vezes, viúva sete vezes: «Mas no céu, de qual destes maridos será esposa?» (cf. *Lc* 20, 33). Ele respondeu claramente e eles retiraram-se um pouco envergonhados pela sabedoria de Jesus e noutros momentos foram-se embora humilhados, como quando quiseram apedrejar aquela adúltera e Jesus, no final, disse: «Quem de vós estiver sem pecado seja o primeiro a lançar-lhe uma pedra» (cf. *Jo* 8, 7) e diz o Evangelho que eles foram embora, começando pelos mais velhos, humilhados naquele momento. Isto fez aumentar a preocupação entre eles: "Temos de fazer alguma coisa, isto não está bem...". Então eles mandaram os soldados buscá-lo e estes voltaram dizendo: "Não conseguimos prendê-lo porque este homem fala como nenhum outro" ... «Também vós vos deixastes seduzir?» (cf. *Jo* 7, 45-49): irritados porque nem sequer os soldados o conseguiram prender. E então, depois da ressurreição de Lázaro - hoje ouvimos isto - muitos judeus foram visitar as irmãs de Lázaro, mas alguns foram para depois relatar o que viram, e outros foram ter com os fariseus e contaram-lhes o que Jesus tinha feito (cf. *Jo* 11, 45). Outros acreditavam n›Ele. E aqueles que foram, os bisbilhoteiros de todos os tempos, que vivem levando mexericos... foram-lhes contar. Naquele momento, o grupo que se tinha formado de doutores da lei fez uma reunião formal: "Isto é muito perigoso, temos de tomar uma decisão". Que faremos? Este homem realiza muitos sinais - reconhecem os milagres - se o deixarmos continuar assim, todos acreditarão nele, há perigo, o povo segui-lo-á, separar-se-á de nós - o povo não os estimava - «virão os romanos e destruir-nos-ão o Templo e a Nação» (cf. *Jo* 11, 48). Nisto havia um pouco de verdade, mas não total, era uma justificação, porque eles tinham encontrado um equilíbrio com o invasor, mas odiavam o invasor romano, contudo politicamente tinham encontrado um equilíbrio. Assim, falavam entre eles. Um deles, Caifás - o mais radical - um sumo sacerdote, disse: «Não compreendeis que vos interessa que morra um só homem pelo povo e não pereça a Nação inteira» (*Jo* 11, 50). Ele era o sumo sacerdote e fez a proposta: «Matemo-lo». E João diz: "Esta revelação de que Jesus deveria morrer por todo o povo veio da boca de Caifás, no seu cargo de sumo sacerdote; não foi coisa que tivesse pensado por si próprio, mas uma profecia. Era uma predição de que a morte de Jesus não seria só por Israel... A partir daí, começaram a planear a morte de Jesus" (cf. *Jo* 11, 51-53). Foi um processo, que começou alguma inquietação na época de João Batista e depois terminou nesta sessão dos Doutores da Lei e sacerdotes. Foi um processo que cresceu, um processo que era mais seguro do que a decisão que tinham de tomar, mas ninguém o dissera tão claramente: «Temos que o aniquilar». Esta forma de proceder dos doutores da lei é precisamente uma figura de como a tentação age em nós, porque por trás dela estava obviamente o diabo que queria destruir Jesus e a tentação em nós geralmente age assim: começa com pouco, com um desejo, uma ideia, cresce, contagia outros e no fim é justificada. Estes são os três passos da tentação do diabo em nós e eis estão os três passos que a tentação do diabo deu na pessoa do doutor da lei. Começou com pouco, mas cresceu, cresceu, contagiou outros, fez-se corpo e no final justifica-se:

«é melhor que um só homem morra pelo povo» (cf. *Jo* 11, 50), a justificação total. E todos foram para casa tranquilos. Disseram: "Esta é a decisão que tínhamos de tomar". E todos nós, quando somos vencidos pela tentação, ficamos tranquilos, porque encontramos uma justificação para este pecado, para esta atitude pecaminosa, para esta vida não de acordo com a lei de Deus. Deveríamos ter o hábito de ver em nós este processo de tentação. Este processo que nos faz mudar os nossos corações do bem para o mal, que nos conduz ao caminho da descida. Algo que cresce, cresce lentamente, depois contagia outros e acaba por se justificar. Dificilmente as tentações chegam até nós de repente, o diabo é astuto. Ele sabe como percorrer este caminho, o mesmo que percorreu para chegar à condenação de Jesus. Quando nos encontramos num pecado, numa queda, sim, devemos ir e pedir perdão ao Senhor, é o primeiro passo que devemos dar, mas depois devemos dizer: «Como caí nisto? Como começou este processo na minha alma? Como cresceu? Quem contagiei? E, no final, como me justifiquei a mim mesmo por ter caído?». A vida de Jesus é sempre um exemplo para nós e as coisas que lhe aconteceram são aquelas que acontecerão a nós, as tentações, as justificações, as pessoas boas que estão à nossa volta e talvez não as ouvimos e as pessoas más, no momento da tentação, procuramos aproximar-nos delas para fazer crescer a tentação. Mas nunca esqueçamos: sempre, atrás de um pecado, atrás de uma queda, há uma tentação que começou pequena, que cresceu, que contagiou e, no final, encontrou uma justificação para cair. Que o Espírito Santo nos ilumine neste conhecimento interior.

DOMINGO, 5 DE ABRIL DE 2020

CELEBRAÇÃO DO DOMINGO DE RAMOS (A)

Santa Missa[29]

Homilia – Jesus servo e salvador

Jesus «esvaziou-Se a Si mesmo, tomando a condição de servo» (*Flp* 2, 7). Deixemo-nos introduzir por estas palavras do apóstolo Paulo nos dias da Semana Santa em que a Palavra de Deus, quase como um refrão, nos mostra Jesus como *servo*: na Quinta-feira Santa, é o servo que lava os pés aos discípulos; na Sexta-feira Santa, é apresentado como o servo sofredor e vitorioso (cf. *Is* 52, 13); e, já amanhã, ouvimos Isaías profetizar acerca d'Ele: «Eis o meu servo que Eu amparo» (42, 1). Deus salvou-nos, *servindo-nos*. Geralmente pensamos que somos nós que servimos a Deus. Mas não; foi Ele que nos serviu gratuitamente, porque nos amou primeiro. É difícil amar, sem ser amado; e é ainda mais difícil servir, se não nos deixamos servir por Deus.

Uma pergunta: e como nos serviu o Senhor? Dando a sua vida por nós. Somos queridos a seus olhos, mas custamos-Lhe caro. Santa Ângela de Foligno testemunhou que ouviu de Jesus estas palavras: «Amar-te não foi uma brincadeira». O seu amor levou-O a sacrificar-Se por nós, a tomar sobre Si todo o nosso mal. É algo que nos deixa sem palavras: Deus salvou-nos, deixando que o nosso mal

---

[29] Liturgia da Palavra: *Mt* 21, 1-11; *Is* 50, 4-7; *Sl* 21; *Fl* 2, 6-11; *Mt* 26, 14-27,66.

se encarniçasse sobre Ele: sem reagir, somente com a humildade, paciência e obediência do servo, exclusivamente com a força do amor. E o Pai *sustentou* o serviço de Jesus: não desbaratou o mal que se abatia sobre Ele, mas sustentou o seu sofrimento, para que o nosso mal fosse vencido apenas com o bem, para que fosse completamente atravessado pelo amor. Em toda a sua profundidade.

O Senhor serviu-nos até ao ponto de experimentar as situações mais dolorosas para quem ama: *a traição* e *o abandono*.

A traição. Jesus sofreu a traição do discípulo que O vendeu e do discípulo que O renegou. Foi traído pela multidão que primeiro clamava hossana, e depois «seja crucificado!» (*Mt* 27, 22). Foi traído pela instituição religiosa que O condenou injustamente, e pela instituição política que lavou as mãos. Pensemos nas traições, pequenas ou grandes, que sofremos na vida. É terrível quando se descobre que a confiança deposta foi burlada. No fundo do coração, nasce uma tal deceção que a vida parece deixar de ter sentido. É assim, porque nascemos para ser amados e para amar, e o mais doloroso é ser traído por quem nos prometera ser leal e solidário. Não podemos sequer imaginar como terá sido doloroso para Deus, que *é* amor.

Olhemos dentro nós mesmos; se formos sinceros para connosco, veremos as nossas infidelidades. Tanta falsidade, hipocrisia e fingimento! Tantas boas intenções traídas! Tantas promessas quebradas! Tantos propósitos esmorecidos! O Senhor conhece melhor do que nós o nosso coração; sabe como somos fracos e inconstantes, quantas vezes caímos, quanto nos custa levantar e como é difícil sanar certas feridas. E que fez Ele para nos ajudar, para nos servir? Aquilo que dissera através do profeta:

«Curarei a sua infidelidade, amá-los-ei de todo o coração» (*Os* 14, 5). Curou-nos, tomando sobre Si as nossas infidelidades, removendo as nossas traições. Assim nós, em vez de desanimarmos com medo de não ser capazes, podemos levantar o olhar para o Crucificado, receber o seu abraço e dizer: «Olha! A minha infidelidade está ali. Fostes Vós, Jesus, que pegastes nela. Abris-me os braços, servis-me com o vosso amor, continuais a amparar-me... Assim poderei seguir em frente!»

O abandono. Segundo o Evangelho de hoje, na cruz, Jesus diz uma frase, uma apenas: «Meu Deus, meu Deus, porque Me abandonaste?» (*Mt* 27, 46). É uma frase impressionante. Jesus sofrera o abandono dos seus, que fugiram. Restava-Lhe, porém, o Pai. Agora, no abismo da solidão, pela primeira vez designa-O pelo nome genérico de «Deus». E clama, «com voz forte», «*porquê*», o «porquê» mais dilacerante: «Porque Me abandonaste também Tu?» Na realidade, trata-se das palavras de um Salmo (cf. 22, 2), que nos dizem como Jesus levou à oração inclusive a extrema desolação. Mas, a verdade é que Ele a experimentou: experimentou o maior abandono, que os Evangelhos atestam reproduzindo as suas palavras originais.

Porquê tudo isto? Uma vez mais... por nós, para *servir-nos*. Porque quando nos sentimos encurralados, quando nos encontramos num beco sem saída, sem luz nem via de saída, quando parece que nem Deus responde, lembremo-nos que não estamos sozinhos. Jesus experimentou o abandono total, a situação mais estranha para Ele, a fim de ser em tudo solidário connosco. Fê-lo por mim, por ti, por todos nós; fê-lo para nos dizer: «Não temas! Não estás sozinho. Experimentei toda a tua desolação para estar sempre ao teu lado». Eis o ponto até onde nos serviu Jesus, descendo ao abismo dos nossos sofrimentos mais atrozes, até à traição e ao abandono. Hoje, no drama da pandemia, perante tantas certezas que se desmoronam, diante de tantas expetativas traídas, no sentido de abandono que nos aperta o coração, Jesus diz a cada um: «Coragem! Abre o coração ao meu amor. Sentirás a consolação de Deus, que te sustenta».

Queridos irmãos e irmãs, que podemos fazer vendo Deus que nos serviu até experimentar a traição e o abandono? Podemos não trair aquilo para que fomos criados, nem abandonar o que conta. Estamos no mundo, para amar a Ele e aos outros: o resto passa, isto permanece. O drama que estamos a atravessar neste período impele-nos a levar a sério o que é sério, a não nos perdermos em coisas de pouco valor; a redescobrir que *a vida não serve, se não se serve*. Porque a vida mede-se pelo amor. Então, nestes dias da Semana Santa, em casa, permaneçamos diante do Crucificado – contemplai, contemplai o Crucificado! –, medida do amor de Deus por nós. Diante de Deus, que nos serve até dar a vida, contemplando o Crucificado peçamos a graça de *viver para servir*. Procuremos contactar quem sofre, quem está sozinho e necessitado. Não pensemos só naquilo que nos falta; pensemos no bem que podemos fazer.

Eis o meu servo que Eu sustento. O Pai, que sustentou Jesus na Paixão, anima-nos, também a nós, no serviço. É certo que amar, rezar, perdoar, cuidar dos outros, tanto em família como na sociedade, pode custar; pode parecer uma via-sacra. Mas a senda do serviço é o caminho vencedor, que nos salvou e salva, que nos salva a vida. Gostaria de o dizer especialmente aos jovens, neste Dia que, há 35 anos, lhes é dedicado. Queridos amigos, olhai para os *verdadeiros heróis* que vêm à luz nestes dias: não são aqueles que têm fama, dinheiro e sucesso, mas aqueles que se oferecem para servir os outros. Senti-vos chamados a arriscar a vida. Não tenhais medo de a gastar por Deus e pelos outros! Lucrareis… Porque a vida é um dom que se recebe doando-se. E porque a maior alegria é dizer sim ao amor, sem se nem mas... Dizer sim ao amor, sem se nem mas, como fez Jesus por nós.

Angelus

Amados irmãos e irmãs,

Antes de concluir esta celebração, gostaria de saudar todos aqueles que participaram através dos meios de comunicação social. Em particular, o meu pensamento vai para os jovens de todo o mundo, que vivem hoje a Jornada Mundial da Juventude de uma forma nova, a nível diocesano. Hoje estava prevista a entrega da Cruz dos jovens de Panamá para os de Lisboa. Este gesto evocativo é adiado para o Domingo de Cristo Rei, 22 de Novembro próximo. Esperando esse momento, exorto-vos, jovens, a cultivar e a dar testemunho da esperança, da generosidade e da solidariedade de que todos nós precisamos neste momento difícil.

Amanhã, 6 de Abril, é o Dia Mundial do Desporto pela Paz e pelo Desenvolvimento, proclamado pelas Nações Unidas. Durante este período, muitos eventos são suspensos, mas sobressaem os frutos melhores do desporto: resistência, espírito de equipe, fraternidade, dar o melhor de si... Portanto, promovamos o desporto pela paz e pelo desenvolvimento.

Caríssimos, encaminhemo-nos com fé pela Semana Santa, na qual Jesus sofre, morre e ressuscita. As pessoas e as famílias que não poderão participar nas celebrações litúrgicas são convidadas a reunir-se em oração em casa, ajudadas também por meios tecnológicos. Abracemos espiritualmente os doentes, as suas famílias e aqueles que cuidam deles com tanta abnegação; rezemos pelos defuntos à luz da fé pascal. Cada um está presente no nosso coração, na nossa recordação, na nossa oração.

De Maria aprendamos o silêncio interior, o olhar do coração, a fé amorosa para seguir Jesus no caminho da cruz, que conduz à glória da Ressurreição. Ela caminha connosco e ampara a nossa esperança.

Segunda-feira, 6 de abril de 2020

Santa Missa[30]

Introdução

Estou a pensar num problema grave que existe em muitas partes do mundo. Gostaria que hoje rezássemos pela superlotação nas prisões. Onde há superlotação - tantas pessoas juntas - há o perigo, nesta pandemia, de acabar numa calamidade grave. Rezemos pelos responsáveis, por aqueles que devem tomar as decisões nesta matéria, para que encontrem uma forma correta e criativa de resolver a situação.

Homilia– Buscar Jesus no pobre

Este excerto termina com uma observação: «Então os príncipes dos sacerdotes tinham deliberado matar também a Lázaro, porque muitos judeus, por causa dele, afastavam-se e acreditavam em Jesus» (*Jo* 12, 10-11). Há dias vimos os excertos da tentação: a sedução inicial, a ilusão, depois cresce - segundo excerto - e o terceiro, cresce e contagia e justifica-se. Mas há outro passo: vai em frente, não pára. Para estes não bastava matar Jesus, mas agora também a Lázaro, porque ele era uma testemunha de vida.

Mas hoje gostaria de refletir sobre uma palavra de Jesus. Seis dias antes da Páscoa - estamos mesmo à porta da Paixão - Maria faz este gesto de contemplação: Marta servia - como no outro excerto - e Maria abre a porta à contempla-

---

[30] Liturgia da Palavra: *Is* 42, 1-7; *Sl* 26; *Jo* 12, 1-11.

ção. E Judas pensa no dinheiro e nos pobres, mas «não pelo cuidado que tivesse dos pobres, mas porque era ladrão e, como tinha a bolsa, tirava o que nela se metia» (*Jo* 12, 6). Esta história do administrador infiel é sempre atual, sempre os há, até a um nível elevado: pensemos nalgumas organizações caritativas ou humanitárias que têm tantos empregados, tantos, que têm uma estrutura muito rica de pessoas e que no final chegam aos pobres quarenta por cento, porque sessenta é para pagar o salário de tantas pessoas. É uma forma de tirar dinheiro aos pobres. Mas a resposta é Jesus. E aqui quero parar: «Pobres, sempre os tereis convosco» (*Jo* 12, 8). Esta é uma verdade: «Pobres, sempre os tereis convosco». Os pobres estão aqui. Há muitos: há os pobres que vemos, mas esta é a mínima parte; o grande número de pobres são aqueles que não vemos: os pobres escondidos. E não os vemos porque entramos na cultura da indiferença que é negacionista e negamos: "Não, não, não são muitos, não se veem; sim, aquele caso...", diminuindo sempre a realidade dos pobres. Mas há muitos, muitos.

Ou então, se não entrarmos nesta cultura da indiferença, há o hábito de ver os pobres como ornamentos de uma cidade: sim, estão ali, como estátuas; sim, existem, veem-se; sim, aquela velhinha a pedir esmola, aquela outra... Mas como se fosse uma coisa normal. Os pobres fazem parte da ornamentação da cidade. Mas a grande maioria são pobres vítimas das políticas económicas, das políticas financeiras. Algumas estatísticas recentes resumem isto desta forma: há muito dinheiro nas mãos de poucos e muita pobreza em muitos, em tantos. E esta é a pobreza de tantas pessoas que são vítimas da injustiça estrutural da economia mundial. E há pobres que se envergonham de mostrar que não chegam ao fim do mês; tantos pobres da classe média, que secretamente vão à Caritas, pedem e sentem vergonha. Os pobres são muito mais numerosos do que os ricos; muito, muito... E o que Jesus diz é verdade: "Pobres, sempre os tereis convosco". Mas eu vejo-os? Estou consciente desta realidade? Especialmente da realidade oculta, aqueles que se envergonham de dizer que não conseguem chegar ao fim do mês.

Recordo que em Buenos Aires me disseram que o edifício de uma fábrica abandonada, vazio há anos, era habitado por cerca de quinze famílias que tinham chegado nos últimos meses. Fui lá. Eram famílias com filhos e cada um tinha usado uma parte da fábrica abandonada para viver. E, olhando para eles, vi que cada família tinha mobília boa, móveis da classe média, televisão, mas foram para lá porque não podiam pagar a renda. Os novos pobres que têm de abandonar a casa porque não podem pagar, foram para lá. É essa injustiça da organização económica ou financeira que os leva a isso. E são tantos, tantos, encontra-los-emos no juízo. A primeira pergunta que Jesus nos fará será: "Como te comportaste com os pobres? Deste-lhes de comer? Quando estavam na prisão, visitaste-os? No hospital, viste-os? Ajudaste a viúva, os órfãos? Porque eu estava neles". E sobre isso seremos julgados. Não seremos julgados pelo luxo ou pelas viagens que fazemos nem pela importância social que temos. Seremos julgados pela nossa relação com os pobres. Mas se eu hoje ignorar os pobres, os puser de lado, considerando que eles não existem, o Senhor irá ignorar-me no Dia do Juízo. Quando Jesus disser: "Pobres, sempre os tereis convosco" significa "Eu estarei sempre convosco nos pobres. Neles estarei presente". E isto não é ser comunista, isto é o centro do Evangelho: seremos julgados por isto.

Terça-feira, 7 de abril de 2020

Santa Missa[31]

Introdução

Nestes dias de Quaresma vimos a perseguição que Jesus sofreu e como os doutores da Lei foram desumanos contra ele: foi julgado sob crueldade, com crueldade, sendo inocente. Gostaria de rezar hoje por todas as pessoas que sofrem uma sentença injusta causada pela perseguição.

Homilia– Perseverar no serviço

A profecia de Isaías que ouvimos é uma profecia sobre o Messias, sobre o Redentor, mas também sobre o povo de Israel, sobre o povo de Deus: podemos dizer que se trata de uma profecia sobre cada um de nós. Essencialmente, a profecia enfatiza que o Senhor escolheu o seu servo desde o ventre materno: diz isto duas vezes (cf. *Is* 49, 1). Desde o início, o seu servo foi eleito, desde o nascimento ou antes do nascimento. O povo de Deus foi eleito antes do nascimento, inclusive cada um de nós. Nenhum de nós caiu no mundo por casualidade, por acaso. Todos têm um destino, um destino livre, o destino da eleição de Deus. Eu nasci com o destino de ser filho de Deus, de ser servo de Deus, com a tarefa de servir, de construir, de edificar. E isto, desde o ventre materno.

---

[31] Liturgia da Palavra: *Is* 49, 1-6; *Sl* 70; *Jo* 13, 21-33.36-38.

O Servo de Javé, Jesus, serviu até à morte: parecia uma derrota, mas era a forma de servir. E isto sublinha a forma de servir que temos de assumir na nossa vida. Servir é doar-se, doar-se aos outros. Servir não é esperar para cada um de nós qualquer outro benefício que não seja servir. É a glória, servir; e a glória de Cristo é servir ao ponto de se aniquilar a si mesmo, ao ponto de morrer, morte de Cruz (cf. *Fl* 2, 8). Jesus é o servo de Israel. O povo de Deus é servo, e quando o povo de Deus se afasta desta atitude de servir é um povo apóstata: afasta-se da vocação que Deus lhe deu. E quando cada um de nós se distancia da vocação de servir, distancia-se do amor de Deus. E constrói a sua vida sobre outros amores, muitas vezes idólatras.

O Senhor escolheu-nos desde o ventre materno. Na vida há quedas: cada um de nós é pecador, pode cair e já caiu. Exceto Nossa Senhora e Jesus: todos os outros caíram, nós somos pecadores. Mas o que importa é a atitude perante o Deus que me elegeu, que me ungiu como servo; é a atitude de um pecador capaz de pedir perdão, como Pedro, que jura "não, Senhor, nunca te negarei, nunca, nunca, nunca", e depois, quando o galo canta, ele chora. Arrepende-se (cf. *Mt* 26, 75). Este é o caminho do servo: quando escorrega, quando cai, pede perdão.

Por outro lado, quando o servo não consegue compreender que caiu, quando a paixão o envolve de tal forma que o leva à idolatria, abre o coração a Satanás, entra na noite: foi o que aconteceu com Judas (cf. *Mt* 27, 3-10).

Hoje pensemos em Jesus, o servo, fiel no serviço. A sua vocação é servir, até à morte e morte de Cruz (cf. *Fl* 2, 5-11). Pensemos em cada um de nós, parte do povo de Deus: somos servos, a nossa vocação é servir, não obter vantagem devido ao lugar que ocupamos na Igreja. Servir. Sempre em serviço.

Peçamos a graça de perseverar no serviço. Por vezes com escorregões, quedas, mas pelo menos com a graça de chorar como fez Pedro.

Quarta-feira, 8 de abril de 2020

Santa Missa[32]

Introdução

Rezemos hoje pelas pessoas que, nesta época de pandemia, faz comércio em desvantagem dos necessitados; aproveitam das necessidades dos outros e vendem-nas: os mafiosos, os usurários e muitos outros. Que o Senhor lhes comova o coração e os converta.

Homilia– Judas, onde estás?

A quarta-feira Santa é também chamada "Quarta-feira da traição", o dia em que a Igreja enfatiza a traição de Judas. Judas vende o Mestre.

Quando pensamos na venda de pessoas, vem-nos à mente o comércio feito com os escravos da África para os levar para a América - uma coisa antiga -, depois o comércio, por exemplo, das jovens yazidis vendidas em Daesh: mas é algo distante, é uma situação... Ainda hoje as pessoas são vendidas. Todos os dias. Há Judas que vendem os seus irmãos e irmãs, explorando-os no trabalho, não pagando o salário justo, não reconhecendo os próprios deveres... Aliás, muitas vezes eles vendem as coisas mais queridas. Penso que, para se sentir mais confortável, um homem é capaz de afastar os seus pais e não voltar a vê-los, colocando-os numa casa de repouso sem os ir visitar... vende. Há um ditado muito conhecido que, falando de pessoas

---

[32] Liturgia da Palavra: *Is* 50, 4-9; *Sl* 68; *Mt* 26, 14-25.

assim, diz que "este é capaz de vender a mãe": e eles vendem-na. Agora estão tranquilos, estão longe: "Ocupai-vos vós deles...".

Hoje o comércio humano é como nos primórdios: faz-se. Porquê? Por que: Jesus disse-o. Ele atribuiu ao dinheiro um senhorio. Jesus disse: «Não podeis servir a Deus e ao dinheiro» (cf. *Lc* 16, 13), a dois senhores. É a única coisa que Jesus coloca no auge e cada um de nós deve escolher: ou serves a Deus e serás livre na adoração e no serviço; ou serves ao dinheiro e serás escravo do dinheiro. Esta é a opção; e muitas pessoas querem servir a Deus e ao dinheiro. E isto não pode ser feito. No final, fingem servir a Deus para servir o dinheiro. Trata-se de exploradores ocultos que são socialmente impecáveis, mas debaixo da mesa negociam, até as pessoas: não importa. A exploração humana consiste na venda do próximo.

Judas foi-se, mas deixou discípulos, que não são seus discípulos, mas do diabo. Não sabemos como foi a vida de Judas. Um jovem normal, talvez, e até com inquietações, pois o Senhor o chamou para ser discípulo. Ele nunca conseguiu ser um discípulo: não tinha boca de discípulo nem coração de discípulo, como lemos na primeira leitura. Era débil no discipulado, mas Jesus amava-o... Depois o Evangelho faz-nos compreender que ele gostava de dinheiro: na casa de Lázaro, quando Maria ungiu os pés de Jesus com aquele perfume caro, ele fez a reflexão e João sublinhou: «Dizia isso não porque ele se interessasse pelos pobres, mas porque era ladrão» (cf. *Jo* 12, 6). O amor ao dinheiro tinha-o afastado das regras: roubar, e de roubar a trair o passo é breve. Quem gosta demasiado de dinheiro trai para ter mais, sempre: é uma regra, é um facto. O jovem Judas, talvez bondoso, com boas intenções, acaba por ser um traidor ao ponto de *ir* ao mercado para vender: «Foi ter com os príncipes dos sacerdotes e disse: "que me quereis dar, eu vo-lo entregarei?"» (cf. *Mt* 26, 14). Na minha opinião, este homem estava fora de si.

Um aspeto que me chama a atenção é que Jesus nunca o chama "traidor"; diz que será traído, mas não o chama "traidor". Nunca diz: "Vai-te embora, traidor". Nunca! Na verdade chama-lhe "Amigo" e beija-o. O mistério de Judas: ... como é o mistério de Judas? Não sei... o sacerdote Primo Mazzolari explicou-o melhor do que eu... Sim, conforta-me contemplar aquele capitel de Vézelay: que fim levou Judas? Não sei. Jesus ameaça vigorosamente, aqui; ele ameaça com veemência: «ai daquele homem por quem o Filho do homem é traído! Bom seria para esse homem se não houvera nascido!» (cf. *Mt* 26, 24). Mas isto significa que Judas está no Inferno? Não sei. Eu olho para o capitel. E ouço a palavra de Jesus: "Amigo".

Mas isto faz-nos pensar noutra coisa, que é mais real, mais do que hoje: o diabo entrou em Judas, foi o diabo que o levou até este ponto. E como terminou a história? O diabo é um mau pagador, não é um pagador de confiança. Ele promete tudo, mostra tudo e no final deixa-te sozinho no teu desespero de enforcado.

O coração de Judas, inquieto, atormentado pela ganância e angustiado pelo amor a Jesus, - um amor que não conseguiu tornar-se amor, - mortificado com este nevoeiro, procura os sacerdotes para lhes pedir perdão e salvação. «Que nos importa? Isso é contigo» (cf. *Mt* 27, 4): o diabo fala assim e deixa-nos no desespero.

Pensemos nos muitos Judas institucionalizados neste mundo, que exploram as pessoas. E pensemos também no *pequeno Judas* que cada um de nós tem dentro de si na hora de escolher: entre lealdade ou interesse. Cada um de nós tem a capacidade de trair, de vender, de escolher pelo próprio interesse. Cada um de nós tem a possibilidade de se deixar atrair pelo amor ao dinheiro, aos bens ou pelo bem-estar futuro. "Judas, onde estás?" Mas faço esta pergunta a cada um de nós: "Tu, Judas, *o pequeno Judas* dentro de mim: onde estás?".

Santa Missa in *Coena Domini*[33]

Homilia - A Eucaristia, o serviço, a unção

Eis a realidade que vivemos hoje, nesta celebração. O Senhor quer ficar connosco na *Eucaristia*, e nós tornamo-nos tabernáculos permanentes do Senhor. Trazemos connosco o Senhor, a ponto de Ele próprio nos dizer que, se não comermos o seu Corpo e não bebermos o seu Sangue, não entraremos no Reino dos Céus. Este é o mistério do Pão e do Vinho, do Senhor connosco, em nós, dentro de nós.

O *serviço*: um procedimento que é condição para entrar no Reino dos Céus. Servir, sim; servir a todos. Mas o Senhor, na troca de palavras que teve com Pedro (cf. *Jo* 13, 6-9), faz-lhe compreender que, para entrar no Reino dos Céus, devemos deixar que o Senhor nos sirva, que o Servo de Deus seja nosso servo. E isto é difícil de compreender. Se não deixo que o Senhor seja o meu servo, que o Senhor me lave, me faça crescer, me perdoe, não entrarei no Reino dos Céus.

E o *sacerdócio*. Hoje quero estreitar a mim os sacerdotes, todos os sacerdotes, desde o último ordenado até ao Papa. Todos somos sacerdotes. Os bispos, todos... Fomos *ungidos*, ungidos pelo Senhor; ungidos para fazer a Eucaristia, ungidos para servir.

Hoje não houve a Missa Crismal (espero que a possa-

---

[33] Liturgia da Palavra: *Êx* 12, 1-8.11-14; *Sl* 115; *1Cor* 11, 23-26, *Jo* 13, 1-15.

mos celebrar antes do Pentecostes; caso contrário, teremos que adiá-la para o próximo ano), mas não posso deixar passar esta Missa sem recordar os sacerdotes. Os sacerdotes, que oferecem a vida pelo Senhor; os sacerdotes que são servos. Nestes dias, aqui na Itália, morreram mais de sessenta, infetados ao prestar cuidados aos doentes nos hospitais e também aos médicos, aos enfermeiros, às enfermeiras... São «os santos de ao pé da porta», sacerdotes que, servindo, deram a vida. E penso naqueles que estão longe. Hoje recebi a carta dum sacerdote, capelão duma prisão, distante, que conta como vive esta Semana Santa com os reclusos. Um franciscano. Sacerdotes que vão levar o Evangelho lá longe; e lá morrem. Dizia um bispo que a primeira coisa que fazia, quando chegava a estes lugares de missão, era ir ao cemitério, ao túmulo dos sacerdotes que lá deixaram a vida, ainda jovens, pela insalubridade local [as doenças locais]: não estavam preparados, eles não tinham os anticorpos. Ninguém sabe o seu nome: os sacerdotes anónimos. Os párocos de aldeia, que são párocos de quatro, cinco, sete paróquias, na montanha, e se deslocam duma para a outra, que conhecem o povo... Uma vez dizia-me um que sabia o nome de todas as pessoas das paróquias. «A sério?» – perguntei-lhe. Retorquiu-me: «Até o nome dos cães»! Conhecem a todos... A proximidade sacerdotal. Bons, bons sacerdotes!

Hoje tenho-vos muito presente no meu coração, e levo-vos ao altar. Sacerdotes caluniados. Nos nossos dias sucede, com frequência, não poderem caminhar pela estrada sem ter de ouvir coisas ruins que lhes dizem, relativas ao drama vivido com a descoberta dos sacerdotes que fizeram coisas ruins. Diziam-me alguns que não podem sair de casa com o cabeção, porque os insultam; e eles continuam. Sacerdotes pecadores, que, juntamente com os bispos pecadores e o Papa pecador, não se esquecem de pedir perdão e aprendem a perdoar, porque sabem que precisam de pedir perdão e de perdoar. Todos somos pecadores. Sacerdotes que sofrem crises, que não sabem como fazer, estão na escuridão...

Hoje todos vós, irmãos sacerdotes, estais comigo no altar; vós, consagrados. Digo-vos apenas uma coisa: não sejais obstinados como Pedro; deixai lavar-vos os pés. O Senhor é o vosso servo; Ele está junto de vós para vos dar força, para vos lavar os pés.

E assim, com esta consciência da necessidade de ser lavados, sede grandes perdoadores! Perdoai! Coração com grande generosidade no perdão. É a medida com que seremos medidos: como tu perdoares, serás perdoado. Será a mesma medida. Não tenhas medo de perdoar. Às vezes surgem-nos dúvidas... Olha para Cristo [contempla o Crucificado]. N'Ele, temos o perdão de todos. Sede corajosos… mesmo no arriscar, no perdoar, para consolar. E se, naquele momento, não puderdes dar um perdão sacramental, pelo menos dai a consolação dum irmão que acompanha e deixa a porta aberta para que [aquela pessoa] volte.

Agradeço a Deus pela graça do sacerdócio; todos nós [agradecemos]. Agradeço a Deus por vós, sacerdotes. Jesus ama-vos! Pede apenas que deixeis lavar-vos os pés.

Vigília Pascal na Noite Santa[34]

Homilia – Acender a misericórdia nas trevas do coração

«Terminado o sábado» (*Mt* 28, 1), as mulheres foram ao sepulcro. O Evangelho desta santa Vigília começa assim: com o sábado. Este é o dia do Tríduo Pascal que mais descuramos, ansiosos de passar da cruz de sexta-feira à *aleluia* de domingo. Este ano, porém, damo-nos conta, mais do que nunca, do sábado santo, o dia do grande silêncio; podemos rever-nos nos sentimentos que tinham as mulheres naquele dia. Como nós, tinham nos olhos o drama do sofrimento, duma tragédia inesperada, que se verificou demasiado rapidamente. Viram a morte e tinham a morte no coração. À amargura, juntou-se o medo: acabariam, também elas, como o Mestre? E depois os receios pelo futuro, carecido todo ele de ser reconstruído. A memória ferida, a esperança sufocada. Para elas, era a hora mais escura, como o é hoje para nós.

Contudo, nesta situação, as mulheres não se deixam paralisar. Não cedem às forças obscuras da lamentação e da lamúria, não se fecham no pessimismo, nem fogem da realidade. Realizam algo simples e extraordinário: nas suas casas, preparam os perfumes para o corpo de Jesus. Não renunciam ao amor: na escuridão do coração, acendem a misericórdia. Nossa Senhora, no sábado – dia que

---

[34] Liturgia da Palavra: *Gn* 1, 1.26-31; *Sl* 103; *Êx* 14, 15-15,1; *Êx* 15, 1-6; *Is* 55, 1-11; *Is* 12, 2-6; *Sl* 117,1; *Rm* 6, 3-11; *Mt* 28, 1-10.

Lhe será dedicado –, reza e espera. No desafio da tristeza, confia no Senhor. Sem o saber, estas mulheres preparavam na escuridão daquele sábado «o romper do primeiro dia da semana» (*Mt* 28,1), o dia que havia de mudar a história. Jesus, como semente na terra, estava para fazer germinar no mundo uma vida nova; e as mulheres, com a oração e o amor, ajudavam a esperança a desabrochar. Quantas pessoas, nos dias tristes que vivemos, fizeram e fazem como aquelas mulheres, disseminando rebentos de esperança com pequenos gestos de solicitude, de carinho, de oração!

Ao amanhecer, as mulheres vão ao sepulcro. Lá diz-lhes o anjo: «*Não tenhais medo*. Não está aqui; ressuscitou» (cf. *Mt* 28, 5-6). Diante dum túmulo, ouvem palavras de vida... E depois encontram Jesus, o autor da esperança, que confirma o anúncio dizendo-lhes: «Não temais» (28, 10). *Não tenhais medo, não temais*: eis *o anúncio de esperança* para nós, hoje. Tais são as palavras que Deus nos repete hoje, na noite que estamos a atravessar.

Nesta noite, conquistamos um direito fundamental, que não nos será tirado: *o direito à esperança*. É uma esperança nova, viva, que vem de Deus. Não é mero otimismo, não é uma palmadinha nas costas nem um encorajamento de circunstância, com o aflorar dum sorriso. Não. É um dom do Céu, que não podíamos obter por nós mesmos. *Tudo correrá bem*: repetimos com tenacidade nestas semanas, agarrando-nos à beleza da nossa humanidade e fazendo subir do coração palavras de encorajamento. Mas, à medida que os dias passam e os medos crescem, até a esperança mais audaz pode desvanecer. A esperança de Jesus é diferente. Coloca no coração a certeza de que Deus sabe transformar tudo em bem, pois até do túmulo faz sair a vida.

O túmulo é o lugar donde, quem entra, não sai. Mas Jesus saiu para nós, ressuscitou para nós, para trazer vida onde havia morte, para começar uma história nova no ponto onde fora colocada uma pedra em cima. Ele, que derrubou a pedra da entrada do túmulo, pode remover as rochas que fecham o coração. Por isso, não cedamos à resignação, não coloquemos uma pedra sobre a esperança. Podemos e devemos esperar, porque Deus é fiel. Não nos deixou sozinhos, visitou-nos: veio a cada uma das nossas situações, no sofrimento, na angústia, na morte. A sua luz iluminou a obscuridade do sepulcro: hoje quer alcançar os cantos mais escuros da vida. Minha irmã, meu irmão, ainda que no coração tenhas sepultado a esperança, não desistas! Deus é maior. A escuridão e a morte não têm a última palavra. Coragem! Com Deus, nada está perdido.

Coragem: é uma palavra que, nos Evangelhos, sai sempre da boca de Jesus. Só uma vez é pronunciada por outros, quando dizem a um mendigo: «Coragem, levanta--te que [Jesus] chama-te» (*Mc* 10, 49). É Ele, o Ressuscitado, que nos levanta a nós, mendigos. Se te sentes fraco e frágil no caminho, se cais, não tenhas medo; Deus estende-te a mão dizendo: «Coragem!» Entretanto poderias exclamar como padre Abbondio: «A coragem, não no-la podemos dar» (*I promessi sposi*, XXV). Não a podes dar a ti mesmo, mas podes recebê-la, como um presente. Basta abrir o coração na oração, basta levantar um pouco aquela pedra colocada à boca do coração, para deixar entrar a luz de Jesus. Basta convidá-Lo: «Vinde, Jesus, aos meus medos e dizei também a mim: *"coragem!"* Convosco, Senhor, seremos provados; mas não turvados. E, seja qual for a tristeza que habite em nós, sentiremos o dever de esperar, porque convosco a cruz desagua na ressurreição, porque Vós estais connosco na escuridão das nossas noites: sois certeza nas nossas incertezas, Palavra nos nossos silêncios e nada poderá jamais roubar-nos o amor que nutris por nós».

Eis o anúncio pascal, anúncio de esperança. Este contém uma segunda parte, *o envio*. «Ide anunciar aos meus irmãos que partam para a Galileia» (*Mt* 28,10): diz Jesus. Ele «vai à vossa frente para a Galileia» (28, 7): diz o anjo. O Senhor precede-nos, precede-nos sempre. É bom saber que caminha diante de nós, que visitou a nossa vida e a nossa morte para nos preceder na Galileia, isto é, no lugar que, para Ele e para os seus discípulos, lembrava a vida diária, a família, o trabalho. Jesus deseja que levemos a esperança lá, à vida de cada dia. Mas, para os discípulos, a Galileia era também o lugar das recordações, sobretudo da primeira chamada. Voltar à Galileia é lembrar-se de ter sido amado e chamado por Deus. Cada um de nós tem a sua própria Galileia. Precisamos de retomar o caminho, lembrando-nos de que nascemos e renascemos a partir duma chamada gratuita de amor, lá, na minha Galileia. Este é o ponto donde recomeçar sempre, sobretudo nas crises, nos tempos de provação: na recordação da minha Galileia.

Mais ainda. A Galileia era a região mais distante de Jerusalém, onde estavam. E não só geograficamente: a Galileia era o lugar mais distante do caráter sacro da Cidade Santa. Era uma região habitada por povos diferentes, que praticavam vários cultos: era a «Galileia dos gentios» (*Mt* 4, 15). Jesus envia para lá, pede para recomeçar de lá. Que nos diz isto? Que o anúncio da esperança não deve ficar confinado nos nossos recintos sagrados, mas ser levado a todos. Porque todos têm necessidade de ser encorajados e, se não o fizermos nós que tocamos com a mão «o Verbo da vida» (*1 Jo* 1, 1), quem o fará? Como é belo ser cristãos que consolam, que carregam os fardos dos outros, que encorajam: anunciadores de vida em tempo de morte! A cada Galileia, a cada região desta humanidade a que pertencemos e que nos pertence, porque todos somos irmãos e irmãs, levemos o cântico da vida! Façamos calar os gritos de morte: de guerras, basta! Pare a produção e o comércio das armas, porque é de pão que precisamos, não de metralhadoras. Cessem os abortos, que matam a vida inocente. Abram-se os corações daqueles que têm, para encher as mãos vazias de quem não dispõe do necessário.

No fim, as mulheres «estreitaram os pés» de Jesus (*Mt* 28, 9), aqueles pés que, para nos encontrar, haviam percorrido um longo caminho até entrar e sair do túmulo. Abraçaram os pés que espezinharam a morte e abriram o caminho da esperança. Hoje nós, peregrinos em busca de esperança, estreitamo-nos a Vós, Jesus ressuscitado. Voltamos as costas à morte e abrimos os corações para Vós, que sois a Vida.

Mensagem *Urbi et Orbi*

Queridos irmãos e irmãs, feliz Páscoa!

Hoje ecoa em todo o mundo o anúncio da Igreja: «Jesus Cristo ressuscitou»; «ressuscitou verdadeiramente»!

Como uma nova chama, se acendeu esta Boa Nova na noite: a noite dum mundo já a braços com desafios epocais e agora oprimido pela pandemia, que coloca a dura prova a nossa grande família humana. Nesta noite, ressoou a voz da Igreja: «Cristo, minha esperança, ressuscitou!» (*Sequência da Páscoa*).

É um «contágio» diferente, que se transmite de coração a coração, porque todo o coração humano aguarda esta Boa Nova. É o contágio da esperança: «Cristo, minha esperança, ressuscitou!» Não se trata duma fórmula mágica, que faça desvanecerem-se os problemas. Não! A ressurreição de Cristo não é isso. Mas é a vitória do amor sobre a raiz do mal, uma vitória que não «salta» por cima do sofrimento e da morte, mas atravessa-os abrindo uma estrada no abismo, transformando o mal em bem: marca exclusiva do poder de Deus.

O Ressuscitado é o Crucificado; e não outra pessoa. Indeléveis no seu corpo glorioso, traz as chagas: feridas que se tornaram frestas de esperança. Para Ele, voltamos o nosso olhar para que sare as feridas da humanidade atribulada.

Hoje penso sobretudo em quantos foram atingidos diretamente pelo coronavírus: os doentes, os que morreram e os familiares que choram a partida dos seus queridos e por vezes sem conseguir sequer dizer-lhes o último adeus.

O Senhor da vida acolha junto de Si no seu Reino os falecidos e dê conforto e esperança a quem ainda está na prova, especialmente aos idosos e às pessoas sem ninguém. Não deixe faltar a sua consolação e os auxílios necessários a quem se encontra em condições de particular vulnerabilidade, como aqueles que trabalham nas casas de cura ou vivem nos quartéis e nas prisões.

Para muitos, é uma Páscoa de solidão, vivida entre lutos e tantos incómodos que a pandemia está a causar, desde os sofrimentos físicos até aos problemas económicos.

Esta epidemia não nos privou apenas dos afetos, mas também da possibilidade de recorrer pessoalmente à consolação que brota dos Sacramentos, especialmente da Eucaristia e da Reconciliação. Em muitos países, não foi possível aceder a eles, mas o Senhor não nos deixou sozinhos! Permanecendo unidos na oração, temos a certeza de que Ele colocou sobre nós a sua mão (cf. *Sl* 139/138, 5), repetindo a cada um com veemência: Não tenhas medo! «Ressuscitei e estou contigo para sempre» (cf. *Missal Romano*).

Jesus, nossa Páscoa, dê força e esperança aos médicos e enfermeiros, que por todo o lado oferecem um testemunho de solicitude e amor ao próximo até ao extremo das forças e, por vezes, até ao sacrifício da própria saúde. Para eles, bem como para quantos trabalham assiduamente para garantir os serviços essenciais necessários à convivência civil, para as forças da ordem e os militares que em muitos países contribuíram para aliviar as dificuldades e tribulações da população, vai a nossa saudação afetuosa juntamente com a nossa gratidão.

Nestas semanas, alterou-se improvisamente a vida de milhões de pessoas. Para muitos, ficar em casa foi uma ocasião para refletir, parar os ritmos frenéticos da vida, permanecer com os próprios familiares e desfrutar da sua companhia. Mas, para muitos outros, é também um momento de preocupação pelo futuro que se apresenta incerto, pelo emprego que se corre o risco de perder e pelas outras consequências que acarreta a atual crise. Encorajo todas as pessoas que detêm responsabilidades políticas a trabalhar ativamente em prol do bem comum dos cidadãos, fornecendo os meios e instrumentos necessários para permitir a todos que levem uma vida digna e favorecer – logo que as circunstâncias o permitam – a retoma das atividades diárias habituais.

Este não é tempo para a indiferença, porque o mundo inteiro está a sofrer e deve sentir-se unido ao enfrentar a pandemia. Jesus ressuscitado dê esperança a todos os pobres, a quantos vivem nas periferias, aos refugiados e aos sem abrigo. Não sejam deixados sozinhos estes irmãos e irmãs mais frágeis, que povoam as cidades e as periferias de todas as partes do mundo. Não lhes deixemos faltar os bens de primeira necessidade, mais difíceis de encontrar agora que muitas atividades estão encerradas, bem como os medicamentos e sobretudo a possibilidade duma assistência sanitária adequada. Em consideração das presentes circunstâncias, sejam abrandadas também as sanções internacionais que impedem os países visados de proporcionar apoio adequado aos seus cidadãos e seja permitido a todos os Estados acudir às maiores necessidades do momento atual, reduzindo – se não mesmo perdoando – a dívida que pesa sobre os orçamentos dos mais pobres.

Este não é tempo para egoísmos, pois o desafio que enfrentamos nos une a todos e não faz distinção de pessoas. Dentre as muitas áreas do mundo afetadas pelo coronavírus, penso de modo especial na Europa. Depois da II Guerra Mundial, este Continente pôde ressurgir graças a um espírito concreto de solidariedade, que lhe permitiu superar as rivalidades do passado. É muito urgente, sobretudo nas circunstâncias presentes, que tais rivalidades não retomem vigor; antes, pelo contrário, todos se reconheçam como parte duma única família e se apoiem mutuamente. Hoje, à sua frente, a União Europeia tem um desafio epocal, de que dependerá não apenas o futuro dela, mas também o do mundo inteiro. Não se perca esta ocasião para dar nova prova de solidariedade, inclusive recorrendo a soluções inovadoras. Como alternativa, resta apenas o egoísmo dos interesses particulares e a tentação dum regresso ao passado, com o risco de colocar a dura prova a convivência pacífica e o progresso das próximas gerações.

Este não é tempo para divisões. Cristo, nossa paz, ilumine a quantos têm responsabilidades nos conflitos, para que tenham a coragem de aderir ao apelo a um cessar-fogo global e imediato em todos os cantos do mundo. Este não é tempo para continuar a fabricar e comercializar armas, gastando somas enormes que deveriam ser usadas para cuidar das pessoas e salvar vidas. Ao contrário, seja o tempo em que finalmente se ponha termo à longa guerra que ensanguentou a amada Síria, ao conflito no Iémen e às tensões no Iraque, bem como no Líbano. Seja este o tempo em que retomem o diálogo israelitas e palestinenses para encontrar uma solução estável e duradoura que permita a ambos os povos viverem em paz. Cessem os sofrimentos da população que vive nas regiões orientais da Ucrânia. Ponha-se termo aos ataques terroristas perpetrados contra tantas pessoas inocentes em vários países da África.

Este não é tempo para o esquecimento. A crise que estamos a enfrentar não nos faça esquecer muitas outras emergências que acarretam sofrimentos a tantas pessoas. Que o Senhor da vida Se mostre próximo das populações da Ásia e da África que estão a atravessar graves crises humanitárias, como na Região de Cabo Delgado, no norte de Moçambique. Acalente o coração das

inúmeras pessoas refugiadas e deslocadas por causa de guerras, seca e carestia. Proteja os inúmeros migrantes e refugiados, muitos deles crianças, que vivem em condições insuportáveis, especialmente na Líbia e na fronteira entre a Grécia e a Turquia. E não quero esquecer a ilha de Lesbos. Faça com que na Venezuela se chegue a soluções concretas e imediatas, destinadas a permitir a ajuda internacional à população que sofre por causa da grave conjuntura política, socioeconómica e sanitária.

Queridos irmãos e irmãs,

Verdadeiramente palavras como indiferença, egoísmo, divisão, esquecimento não são as que queremos ouvir neste tempo. Mais, queremos bani-las de todos os tempos! Aquelas parecem prevalecer quando em nós vencem o medo e a morte, isto é, quando não deixamos o Senhor Jesus vencer no nosso coração e na nossa vida. Ele, que já derrotou a morte abrindo-nos a senda da salvação eterna, dissipe as trevas da nossa pobre humanidade e introduza-nos no seu dia glorioso, que não conhece ocaso.

Com estas reflexões, gostaria de vos desejar a todos uma Páscoa feliz.

13 DE ABRIL DE 2020

SEGUNDA-FEIRA DO ANJO

Santa Missa[35]

Introdução

Rezemos hoje pelos governantes, pelos cientistas, pelos políticos que começaram a estudar uma saída, a pós--pandemia, este "depois" que já começou: que encontrem o caminho certo, sempre a favor das pessoas, sempre a favor dos povos.

Homilia – Escolher o anúncio para não cair nas nossas sepulturas

O Evangelho de hoje apresenta-nos uma opção, uma opção quotidiana, uma opção humana, mas que funciona desde aquele dia: a opção entre a alegria, a esperança da ressurreição de Jesus e a nostalgia da sepultura.

As mulheres vão em frente e levam o anúncio (cf. *Mt* 28, 8): Deus começa sempre pelas mulheres, sempre. Elas abrem caminhos. Não duvidam: sabem, viram--no, tocaram-no. Elas também viram o túmulo vazio. É verdade que os discípulos não podiam acreditar e disseram: «Mas estas mulheres talvez sejam imaginativas demais»... Não sei, eles tinham as suas dúvidas. Mas elas tinham certeza e, no final, continuaram por este caminho até hoje: Jesus ressuscitou, está vivo entre nós (cf. *Mt* 28, 9-10). E depois há outro aspeto: é melhor não viver com

---

[35] Liturgia da Palavra : *At* 2, 14.22-33; *Sl* 15; *Mt* 28, 8-15.

o túmulo vazio. Este túmulo vazio trar-nos-á muitos problemas. E a decisão de esconder o acontecimento. É como sempre: quando não servimos a Deus, ao Senhor, servimos o outro deus, o dinheiro. Recordemos o que Jesus disse: existem dois senhores, o Senhor Deus e o senhor dinheiro. Não se pode servir a ambos. E para sair desta evidência, desta realidade, os sacerdotes, os doutores da Lei escolheram o outro caminho, aquele que lhes ofereceu o deus dinheiro, e pagaram: pagaram o silêncio (cf. *Mt* 28, 12-13). O silêncio das testemunhas. Assim que Jesus morreu, um dos guardas confessou: «Verdadeiramente, este homem era o Filho de Deus!» (*Mc* 15, 39). Aquelas pobres pessoas não compreendiam, tinham medo porque a própria vida estava em jogo... e foram ter com os sacerdotes, com os doutores da Lei. E eles pagaram: pagaram pelo silêncio, e isto, caros irmãos e irmãs, não é um suborno: é pura corrupção, corrupção em estado puro. Se   não confessares Jesus Cristo o Senhor, pensa por quê: pensa onde há o selo do teu túmulo, onde há corrupção. É verdade que muitas pessoas não confessam Jesus porque não o conhecem, porque nós não o anunciamos com coerência e a culpa é nossa. Mas quando, diante das evidências, empreendemos este caminho, é o caminho do diabo, é a estrada da corrupção. Paga-se e cala-se!

Também hoje, diante do próximo - esperemos que seja em breve - fim desta pandemia, existe a mesma opção: ou a nossa aposta será pela vida, pela ressurreição dos povos, ou será pelo deus dinheiro: voltar à sepultura da fome, da escravidão, das guerras, das fábricas de armas, das crianças sem escolas... aqui está a sepultura!

Que o Senhor, tanto na nossa vida pessoal como social, nos ajude sempre a optar pelo anúncio: o anúncio que é horizonte, está sempre aberto; nos leve a escolher o bem das pessoas, sem nunca cair no túmulo do deus dinheiro.

Regina Coeli

Estimados irmãos e irmãs, bom dia!

Hoje, Segunda-Feira do Anjo, ressoa o alegre anúncio da Ressurreição de Cristo. A página do Evangelho (cf. *Mt* 28, 8-15) diz-nos que as mulheres assustadas deixam apressadamente o túmulo de Jesus, que encontraram vazio; mas o próprio Jesus aparece-lhes no caminho e diz-lhes: «Nada receeis; ide dizer a Meus irmãos que partam para a Galileia, e lá Me verão» (v. 10). Com estas palavras, o Ressuscitado confia às mulheres um mandato missionário para os Apóstolos. De facto, deram um admirável exemplo de fidelidade, dedicação e amor a Cristo no tempo da sua vida pública, bem como durante a sua Paixão; agora são recompensadas por Ele com este gesto de atenção e predileção. As mulheres, sempre no início: Maria, no início; as mulheres, no início.

Primeiro as mulheres, depois os discípulos e, em particular, Pedro, veem a realidade da ressurreição. Jesus tinha-lhes anunciado repetidamente que, depois da paixão e da cruz, ele ressuscitaria, mas os discípulos não tinham compreendido, porque ainda não estavam prontos. A sua fé teve que dar um salto qualitativo, que só o Espírito Santo, dom do Ressuscitado, poderia suscitar.

No início do livro dos Atos dos Apóstolos, ouvimos Pedro declarar com ousadia, com coragem, com franqueza: «Foi este Jesus que Deus ressuscitou, do que nós somos testemunhas» (*At* 2, 32). Como se dissesse: "Eu garanto por Ele. Eu dou a minha vida por Ele". E depois dará a vida por

Ele. A partir desse momento, a proclamação de que Cristo ressuscitou propaga-se por toda a parte e chega a todos os cantos da terra, tornando-se a mensagem de esperança para todos. A ressurreição de Jesus diz-nos que a última palavra não cabe à morte, mas à vida. Ao ressuscitar o Filho unigénito, Deus Pai manifestou plenamente o seu amor e misericórdia para com a humanidade de todos os tempos.

Se Cristo ressuscitou, é possível olhar com confiança para cada acontecimento da nossa existência, mesmo para os mais difíceis, cheios de angústia e incerteza. Esta é a mensagem pascal que somos chamados a proclamar, com palavras e, sobretudo, com o testemunho da vida. Que esta notícia ressoe nas nossas casas e nos nossos corações: «Cristo, minha esperança, ressuscitou!» (Sequência pascal). Que esta certeza reforce a fé de cada batizado e encoraje especialmente aqueles que enfrentam maiores sofrimentos e dificuldades.

Que a Virgem Maria, testemunha silenciosa da morte e ressurreição do filho Jesus, nos ajude a acreditar fortemente neste mistério de salvação: acolhido com fé, pode mudar a vida. Este é o desejo da Páscoa que renovo a todos vós. Confio-o a ela, nossa Mãe, a quem agora invocamos com a oração do *Rainha Caeli*.

Depois do Regina Coeli

Amados irmãos e irmãs!

Ouvimos dizer que as mulheres deram aos discípulos o anúncio da ressurreição de Jesus. Hoje gostaria de recordar convosco o que muitas mulheres fazem, mesmo neste momento de emergência de saúde, para cuidar dos outros: mulheres médicas, enfermeiras, agentes da polícia e das prisões, empregadas de lojas de bens de primeira necessidade..., e muitas mães, irmãs e avós que se encontram fechadas nas suas casas com toda a família, com as crianças, os idosos, os deficientes. Por vezes, correm o risco de serem sujeitas a violência, por uma coabitação da qual carregam um fardo demasiado pesado. Rezemos por elas, para que o Senhor lhes dê força e para que as nossas comunidades as apoiem juntamente com as suas famílias. Que o Senhor nos dê a coragem das mulheres para irmos sempre em frente.

Nesta semana da Páscoa, gostaria de recordar com proximidade e afeto todos os países fortemente afetados pelo coronavírus, alguns com grande número de contagiados e mortos, especialmente a Itália, os Estados Unidos da América, a Espanha, a França... a lista é longa. Rezo por todos eles. E não vos esqueçais que o Papa reza por vós, ele está próximo de vós.

Renovo de coração os meus bons-votos de Páscoa a todos. Permaneçamos unidos na oração e no compromisso de nos ajudarmos uns aos outros como irmãos. Bom almoço e até à vista.

Santa Missa[36]

Introdução

Rezemos para que o Senhor nos conceda a graça da unidade entre nós. Que as dificuldades deste tempo nos façam descobrir a comunhão entre nós, a unidade que é sempre superior a qualquer divisão.

Homilia– A graça da fidelidade

A pregação de Pedro no dia de Pentecostes compunge o coração das pessoas: «A quem vós crucificastes, Deus o fez Senhor e Cristo» (cf. *At* 2, 36). «E, ouvindo isto, ficaram compungidos no íntimo do coração coração, e perguntaram a Pedro e aos demais apóstolos: que faremos, irmãos? (*At* 2, 37). E Pedro esclarece: «Arrependei-vos. Convertei-vos. Mudai de vida. Vós que recebestes a promessa de Deus e vós que vos afastastes da Lei de Deus, de muitas coisas, entre ídolos e muitas outras coisas... convertei-vos. Regressai à fidelidade» (cf. *At* 2, 38). Converter-se é isto: voltar a ser fiel. Fidelidade, esta atitude humana que não é tão comum na vida das pessoas, nas nossas vidas. Há sempre ilusões que chamam a atenção, e muitas vezes queremos ir atrás destas ilusões. Fidelidade: nos bons e nos maus momentos. Há um trecho do Segundo Livro das Crónicas que me impressiona muito. Está no início do capítulo 12. «Sucedeu que, havendo Roboão confirmado

---

[36] Liturgia da Palavra: *At* 2, 36-41; *Sl* 32; *Jo* 20, 11-18.

o reino, e tendo-se fortalecido, deixou a lei do Senhor, e com ele todo o Israel» (cf. *2 Cr* 12, 1). Assim diz a Bíblia. É um dado histórico e também um universal. Muitas vezes, quando nos sentimos seguros, começamos a fazer os nossos planos e lentamente afastamo-nos do Senhor; não permanecemos fiéis. E a minha segurança não é a que o Senhor me dá. É um ídolo. Foi isto que aconteceu a Roboão e ao povo de Israel. Sentiu-se seguro - um reino consolidado - afastou-se da lei e começou a adorar os ídolos. Sim, podemos dizer: "Padre, eu não me ajoelho perante os ídolos". Não, talvez não te ajoelhes, mas é verdade que os procuras e que tantas vezes adoras os ídolos no teu coração. Muitas vezes. A própria segurança abre a porta aos ídolos.

Mas é má a própria segurança? Não, é uma graça. Estar certo, mas também ter a certeza de que o Senhor está comigo. Mas quando há segurança e eu estou no centro, afasto-me do Senhor, como o rei Roboão, torno-me infiel. É tão difícil manter a fidelidade. Toda a história de Israel, e depois toda a história da Igreja, está cheia de infidelidades. Repleta. Cheia de egoísmo, cheia das suas próprias certezas que levam o povo de Deus a afastar-se do Senhor, a perder esta fidelidade, a graça da fidelidade. E mesmo entre nós, entre as pessoas, certamente a fidelidade não é uma virtude comum. Muitos talvez não sejam fiéis uns aos outros... «Arrependei-vos, voltai à fidelidade ao Senhor» (cf. *At* 2, 38).

E no Evangelho, o ícone da fidelidade: aquela mulher fiel que nunca esqueceu tudo o que o Senhor tinha feito por ela. Estava lá, fiel, diante do impossível, perante a tragédia, uma fidelidade que também a faz pensar que é capaz de carregar o corpo... (cf. *Jo* 20, 15). Uma mulher fraca mas fiel. O ícone de fidelidade de Maria de Magdala, apóstola dos apóstolos.

Peçamos hoje ao Senhor a graça da fidelidade: de agradecer quando Ele nos dá certezas, mas nunca pensar que são "minhas" certezas e sempre olhar para além das próprias certezas; a graça de sermos fiéis mesmo diante dos túmulos, perante o colapso de tantas ilusões. Fidelidade, que permanece sempre, mas não é fácil mantê-la. Que Ele, o Senhor, a conserve.

QUARTA-FEIRA, 15 DE ABRIL DE 2020

Santa Missa[37]

Introdução

Rezemos hoje pelos idosos, especialmente por aqueles que estão isolados ou em casas de repouso. Eles têm medo, medo de morrer sozinhos. Sentem que esta pandemia é agressiva. Eles são as nossas raízes, a nossa história. Transmitiram-nos a fé, a tradição e o sentimento de pertença a uma pátria. Rezemos para que o Senhor esteja próximo deles neste momento.

Homilia– A nossa fidelidade é resposta à fidelidade de Deus

Ontem refletimos sobre Maria de Magdala como ícone de fidelidade: a fidelidade a Deus. Mas como é essa fidelidade a Deus? A que Deus? Precisamente ao Deus fiel.

A nossa fidelidade nada mais é do que uma resposta à fidelidade de Deus. Deus, fiel à sua palavra, fiel à sua promessa, que caminha com o seu povo levando em frente a promessa próximo do seu povo. Fiel à promessa: Deus, que se faz sentir continuamente como o Salvador do povo, porque é fiel à promessa. Deus, que é capaz de refazer as coisas, de recriar, como fez com o coxo de nascença a quem recriou os pés, curando-o (cf. *At* 3, 6-8), o Deus que cura, o Deus que sempre dá consolo ao seu povo. O Deus que recria. Uma recriação nova: esta é a sua fidelidade a nós. Uma recriação que é mais maravilhosa do que a criação.

---

[37] Liturgia da Palavra: *At* 3, 1-10; *Sl* 104; *Lc* 24, 13-35.

Um Deus que vai em frente e não se cansa de trabalhar - digamos "trabalhar", *"ad instar laborantis"* (cf. Santo Inácio de Loyola, *Exercícios espirituais*, 236), como dizem os teólogos - para levar o povo adiante, sem medo de "se cansar", por assim dizer... Como aquele pastor que, quando volta para casa, nota que lhe falta uma ovelha e volta à procura da ovelha que se perdeu (cf. *Mt* 18, 12-14). O pastor que faz horas extraordinárias, mas por amor, por fidelidade... E o nosso Deus é um Deus que faz horas extraordinárias, não a pagamento: gratuitamente. É a fidelidade da gratuidade, da abundância. E a fidelidade é aquele pai que sobe muitas vezes ao terraço para ver se o filho volta e não se cansa de subir: espera por ele para festejar (cf. *Lc* 15, 21-24). A fidelidade de Deus é uma festa, é alegria, é uma alegria tão grande que nos faz agir como o coxo: ele entrou no templo caminhando, saltando, louvando a Deus (cf. *At* 3, 8-9). A fidelidade de Deus é uma festa, uma festa gratuita. É festa para todos nós.

A fidelidade de Deus é uma fidelidade paciente: tem paciência com o seu povo, escuta-o, guia-o, explica-lhe lentamente e aquece-lhe o coração, como fez com os dois discípulos que iam para longe de Jerusalém: aquece-lhes o coração para que voltem para casa (cf. *Lc* 24, 32-33). A fidelidade de Deus é o que não sabemos: o que aconteceu nesse diálogo, mas foi o Deus generoso que procurou Pedro, que o tinha negado. Só sabemos que o Senhor ressuscitou e apareceu a Simão: o que aconteceu nesse diálogo não sabemos (cf. *Lc* 24, 34). Mas sim, sabemos que foi a fidelidade de Deus que procurou Pedro. A fidelidade de Deus precede-nos sempre, e a nossa fidelidade é uma resposta a essa fidelidade que nos precede. É o Deus que nos precede sempre. A flor da amendoeira, na primavera: é a primeira a florescer.

Ser fiel é louvar esta fidelidade, é ser fiel a esta fidelidade. É uma resposta a esta fidelidade.

Quinta-feira, 16 de abril de 2020

Santa Missa[38]

Introdução

Recentemente fui repreendido porque me esqueci de agradecer a um grupo de pessoas que também trabalham. Agradeci aos médicos, enfermeiros, voluntários... "Mas esqueceu-se dos farmacêuticos": eles trabalham muito para ajudar os doentes a saírem da doença. Rezemos também por eles.

Homilia- Estar cheios de alegria

Naqueles dias, em Jerusalém, as pessoas tinham muitos sentimentos: medo, espanto, dúvida. «E, apegando-se o coxo, que fora curado, a Pedro e João, todo o povo correu atónito para junto deles...» (*At* 3, 11): há um ambiente inquietante porque aconteciam coisas que não se compreendiam. O Senhor foi ter com os seus discípulos. Também eles sabiam que ele tinha ressuscitado, inclusive Pedro, porque tinha falado com ele naquela manhã. Os dois que voltaram de Emaús sabiam, mas quando o Senhor apareceu, ficaram assustados. «Espantados e atemorizados, pensavam que viam algum espírito» (*Lc* 24, 37); tinham tido a mesma experiência no lago quando Jesus caminhou sobre as águas. Naquela ocasião Pedro, ousando, diz: «Senhor, se és tu, manda-me ir ter contigo por cima das águas» (cf. *Mt* 14, 28). Neste dia Pedro estava em silêncio, tinha

---

[38] Liturgia da Palavra: *At* 3, 11-26; *Sl* 8; *Lc* 24, 35-48.

falado com o Senhor naquela manhã, e desse diálogo ninguém sabe o que disseram um ao outro, por isso não falava. Mas eles estavam tão cheios de medo, tão perturbados, que pensaram ter visto um fantasma. E ele diz: «Por que estais perturbados, e por que sobem tais pensamentos aos vossos corações? Vede as minhas mãos e os meus pés...», e mostrou-lhes as chagas (cf. *Lc* 24, 38-39). Este tesouro de Jesus que o levou ao Céu para o mostrar ao Pai e interceder por nós. «Tocai-me e vede, pois um espírito não tem carne nem ossos». E depois segue uma frase que me dá tanto consoloação e, por isso, este trecho do Evangelho é um dos meus preferidos: «Mas, pela alegria, não acreditavam...». (cf. *Lc* 24, 41), cheios de admiração, a alegria impedia-os de acreditar. Havia tanta alegria: "não, isto não pode ser verdade. Esta alegria não é real, é demasiada alegria". E isto impediu-os de acreditar. A alegria. Os momentos de grande alegria. Estavam cheios de alegria, mas paralisados por ela. E a alegria é um dos desejos que Paulo formulou para o seu povo em Roma: «Que o Deus da esperança vos encha de alegria» (cf. *Rm* 15, 13), disse-lhes. Encher-se de alegria, estar repleto de alegria. É a experiência da consolação mais elevada, quando o Senhor nos faz compreender que isto é algo diferente de ser alegre, positivo, luminoso... Não, é algo diferente. Ser alegre... mas cheio de alegria, uma alegria transbordante que realmente nos invade. E é por isso que Paulo deseja aos Romanos que «o Deus da esperança vos encha de alegria». E esta palavra, esta expressão, que vos encha de alegria, é repetida muitas vezes. Por exemplo, quando na prisão Paulo salva a vida do carcereiro que estava prestes a cometer suicídio, porque as portas se abriram com o terramoto, e depois anuncia-lhe o Evangelho, batiza-o, e o carcereiro, diz a Bíblia, estava "cheio de alegria" por ter acreditado (cf. *At* 16, 29-34). O mesmo acontece ao administrador de Candace, quando Filipe o batizou, foi-se embora, seguiu o seu caminho «cheio de alegria» (cf. *At* 8, 39). Sucedeu também no dia da Ascensão: os discípulos voltaram para Jerusalém, diz a Bíblia, «cheios de alegria» (cf. *At* 24, 52-53). É a plenitude da consolação, a plenitude da presença do Senhor. Porque, como diz Paulo aos Gálatas, «a alegria é fruto do Espírito Santo» (cf. *Gl* 5, 22), não é consequência de emoções que irrompem por algo maravilhoso... Não, é mais do que isto. Esta alegria, esta alegria que nos enche, é fruto do Espírito Santo. Sem o Espírito não se pode sentir esta alegria. Receber a alegria do Espírito é uma graça. Vêm-me à mente os últimos números, os últimos parágrafos da Exortação *Evangelii nuntiandi* de Paulo VI (cf. 79-80), quando fala de cristãos alegres, de evangelizadores alegres, e não daqueles que vivem sempre tristes. Hoje é um bom dia para os ler. Cheios de alegria. É isto que a Bíblia nos diz: «Mas, pela alegria, não acreditavam...», era tanta que não acreditavam. Há um trecho do livro de Neemias que nos ajudará hoje nesta reflexão sobre a alegria. O povo voltando a Jerusalém, encontrou o livro da lei, redescobriram-no – pois conheciam a lei de cor, não encontraram o livro da lei - grande festa e todo o povo se reuniu para ouvir o sacerdote Esdras que lia o livro da lei. As pessoas comovidas choraram, choraram de alegria porque tinham encontrado o livro da lei e choraram, estavam alegres, choraram... No final, quando o sacerdote Esdras terminou, Neemias disse ao povo: «Não vos entristeçais; porque a alegria do Senhor é a vossa força» (cf. *Ne* 8, 1-12). Esta palavra do Livro de Neemias ajudar-nos-á hoje. A grande força que temos para transformar, para pregar o Evangelho, para ir em frente como testemunhas de vida é a alegria do Senhor que é fruto do Espírito Santo, e hoje peçamos-Lhe que nos conceda este fruto.

Santa Missa[39]

Introdução

Gostaria que rezássemos hoje pelas futuras mães, pelas mulheres grávidas que se tornarão mães e estão inquietas, preocupadas. E perguntam-se: "Em que mundo viverá o meu filho?". Oremos por elas, a fim de que o Senhor lhes dê a coragem de criar estas crianças com a confiança de que será um mundo certamente diferente, mas será sempre um mundo que o Senhor amará muito.

Homilia– Familiaridade com o Senhor

Os discípulos eram pescadores: Jesus chamou-os precisamente enquanto trabalhavam. André e Pedro trabalhavam com as redes. Deixaram-nas e seguiram Jesus (cf. *Mt* 4, 18-20). Assim como João e Tiago: deixaram o pai e os jovens que trabalhavam com eles e seguiram Jesus (cf. *Mt* 4, 21-22). A chamada teve lugar precisamente na sua profissão de pescadores. E este trecho do Evangelho de hoje, o milagre, esta pesca milagrosa, faz-nos pensar noutra pesca milagrosa, descrita por Lucas (cf. *Lc* 5, 1-11): também aqui aconteceu o mesmo. Tiveram uma boa pesca, quando pensavam que não a teriam. Depois do sermão, Jesus disse: «Fazei-vos ao largo» - «Mas trabalhamos a noite inteira e nada apanhamos» - «Ide». «Mas por causa da tua palavra», disse Pedro, «lançarei as redes». Apa-

---

[39] Liturgia da Palavra: *At* 4, 1-12; *Sl* 117; *Jo* 21, 1-14.

nharam tantos peixes - diz o Evangelho - que «ficaram admirados» (cf. *Lc* 5, 9), diante daquele milagre. Hoje, nesta pesca, não se fala de admiração. Vê-se uma certa naturalidade, vê-se que houve progresso, um caminho percorrido no conhecimento do Senhor, na intimidade com o Senhor; direi a palavra certa: na *familiaridade* com o Senhor. Quando João viu isto, disse a Pedro: «É o Senhor!», e Pedro cingiu-se com a túnica, lançou-se na água e foi ao encontro do Senhor (cf. *Jo* 21, 7). A primeira vez, ajoelhou-se diante d›Ele: «Afasta-te de mim, Senhor, porque sou um pecador» (cf. *Lc* 5, 8). Mas desta vez nada diz, é mais natural. Ninguém perguntou: "Quem és?". Sabiam que era o Senhor, o encontro com o Senhor era natural. A *familiaridade* dos apóstolos com o Senhor tinha crescido.

Também nós, cristãos, no itinerário da nossa vida, estamos a caminho e devemos progredir na *familiaridade* com o Senhor. Diria que o Senhor está um pouco "à mão", mas "à mão" porque caminha connosco, sabemos que é Ele. Ninguém lhe perguntou, "quem és?": sabiam que era o Senhor. A *familiaridade* do cristão com o Senhor é diária. Sem dúvida, juntos comeram o peixe e o pão, e certamente falaram de muitos assuntos com naturalidade.

Esta familiaridade dos cristãos com o Senhor é sempre comunitária. Sim, é íntima, pessoal, mas *em comunidade*. Uma familiaridade sem comunidade, sem Pão, sem Igreja, sem povo, sem sacramentos, é perigosa. Pode-se tornar uma familiaridade - digamos - gnóstica, uma familiaridade só para mim, desligada do povo de Deus. A familiaridade dos apóstolos com o Senhor foi sempre comunitária, sempre *à mesa*, um sinal da comunidade. Sempre com o Sacramento, com o Pão.

Digo isto porque alguém me fez refletir sobre o perigo deste momento que vivemos, desta pandemia, que até nos fez comungar religiosamente através da mídia, dos meios de comunicação social, inclusive nesta Missa, somos todos comunicantes, espiritualmente unidos mas não juntos. Os presentes são poucos. Mas há um grande povo: estamos unidos, mas não estamos juntos. Também hoje tendes o Sacramento, a Eucaristia, mas as pessoas que estão unidas a nós, só têm a Comunhão espiritual. E esta não é a Igreja: é a Igreja de uma situação difícil, que o Senhor permite, mas o ideal de Igreja é estar sempre com o povo e com os sacramentos. Sempre!

Antes da Páscoa, quando saiu a notícia de que eu iria celebrar a Páscoa na praça de São Pedro vazia, um bispo - um bom bispo - escreveu-me e repreendeu-me. "Mas como? São Pedro é tão grande, por que não permitir que entrem pelo menos 30 pessoas, para que se possa ver o povo? Não haverá perigo...". Pensei: "Mas, o que ele pensa para me dizer isto? Não entendi imediatamente. Mas dado que ele é um bom bispo, muito próximo do povo, queria dizer-me algo. Quando o encontrar, vou perguntar-lhe". Depois compreendi. Ele dizia-me: "Cuidado para não *viralizar* a Igreja, para não *viralizar* os sacramentos, para não *viralizar* o povo de Deus. A Igreja, os sacramentos, o povo de Deus são concretos". É verdade que, neste momento, temos que nos familiarizar com o Senhor desta forma, mas para sair do túnel, não para ficar lá. E esta é a familiaridade dos apóstolos: não agnóstica, não *viralizada*, não egoísta para cada um deles, mas uma familiaridade concreta, no povo. Familiaridade com o Senhor na vida quotidiana, familiaridade com o Senhor nos sacramentos, no meio do povo de Deus. Eles percorreram um caminho de maturidade na familiaridade com o Senhor: também nós aprendamos a fazê-lo. Desde o primeiro momento, compreenderam que esta familiaridade era diferente da que imaginavam, e chegaram a esta conclusão. Sabiam que era o Senhor, compartilhavam tudo: a comunidade, os sacramentos, o Senhor, a paz, a festa.

Que o Senhor nos ensine esta intimidade com Ele, esta familiaridade com Ele, mas *na* Igreja, *com* os sacramentos, *com* o povo fiel de Deus.

SÁBADO, 18 DE ABRIL DE 2020

Santa Missa[40]

Introdução

Ontem recebi a carta de uma religiosa, que trabalha como tradutora de língua gestual para surdos-mudos, e ela falou-me sobre o trabalho muito difícil que os profissionais de saúde, os enfermeiros, os médicos têm com os doentes deficientes contagiados de Covid-19. Rezemos por eles, a fim de que estejam sempre ao serviço destas pessoas com habilidades diferentes, mas que não têm as nossas mesmas capacidades.

Homilia– Dom do Espírito Santo: ousadia, coragem, parrésia

Vendo aqueles homens e a ousadia com que falavam, e sabendo que eram pessoas pouco instruídas, talvez nem soubessem escrever, os chefes, os anciãos e os escribas ficavam admirados. Não entendiam: "Isto é algo que não podemos compreender, como estas pessoas são tão corajosas, como têm tanta ousadia" (cf. *At* 4, 13). Trata-se de uma palavra muito importante, que se torna o estilo próprio dos pregadores cristãos, citada inclusive no Livro dos Atos dos Apóstolos: ousadia, coragem. Significa tudo isto. Falar claramente. Ela vem da raiz grega de dizer tudo, e também nós muitas vezes usamos esta palavra, precisamente este termo grego, para indicar isto: parrésia, fran-

---

[40] Liturgia da Palavra: *At* 4, 13-21; *Sl* 117; *Mc* 16, 9-15.

queza, coragem. Viam neles esta franqueza, esta coragem, esta parrésia e não compreendiam.

Ousadia. A coragem e a franqueza com que os primeiros apóstolos pregavam... O Livro dos Atos está cheio de exemplos como este: diz-se que Paulo e Barnabé procuravam explicar o mistério de Jesus aos judeus *com ousadia*, pregavam o Evangelho *com ousadia* (cf. *At* 13, 46).

Gosto muito de um versículo na Carta aos Hebreus, onde o seu autor se dá conta de que na comunidade está a acontecer alguma coisa, que se está a perder algo, que os cristãos estão a ficar tíbios. Não me lembro exatamente a citação... - diz o seguinte: «Lembrai-vos dos primeiros dias, travastes uma luta grande e dura: agora não percais a vossa franqueza» (cf. *Hb* 10, 32-35). "Recuperai", recuperai a vossa franqueza, a coragem cristã de seguir em frente. Não se pode ser cristão sem esta ousadia: se não a tiveres, não serás um bom cristão. Se não tiveres coragem, se para explicares a tua posição acabares em ideologias ou explicações casuísticas, falta-te a franqueza, falta-te o estilo cristão, a liberdade de falar, de dizer tudo. A coragem!

E depois, vemos que os chefes, os anciãos e os escribas são vítimas desta franqueza, porque isto os coloca em dificuldade: não sabem o que fazer. Dando-se conta de que "eram homens sem letras e indoutos, maravilhavam-se e reconheciam-nos como companheiros de Jesus. E, vendo com eles o homem que fora curado, não podiam replicar» (*At* 4, 13-14). Em vez de aceitar a verdade aberta, os seus corações estavam tão fechados que procuravam o caminho da diplomacia, o caminho do compromisso: «Para que esta notícia não se divulgue mais entre o povo, ameacemo-los a fim de que já não falem a ninguém nesse nome» (cf. *At* 4, 16-17). Na verdade, são encurralados precisamente pela franqueza: não sabiam como sair dela. Contudo, não lhes ocorreu dizer: "Mas não será verdade isto?". O coração deles já estava fechado, tinha endurecido: o coração corrompeu-se. Este é um dos dramas: o poder do Espírito Santo, que se manifesta nesta franqueza da pregação, nesta loucura da pregação, não pode entrar em corações corruptos. Por isso, tenhamos cuidado: pecadores sim, corruptos nunca. E jamais cheguemos a esta corrupção, que se manifesta de tantas formas...

Mas estavam encurralados e não sabiam o que dizer. E no final, encontraram um compromisso: "Ameacemo-los e assustemo-los um pouco", convidaram-nos, chamaram-nos de novo e ordenaram-lhes, exortaram-nos a não falar em momento algum, a não ensinar em nome de Jesus. «Façamos a paz: ide em paz, mas não faleis em nome de Jesus, não ensineis» (cf. *At* 4, 18). Conhecemos Pedro: não era um corajoso nato. Era pusilânime, negou Jesus. Mas o que aconteceu agora? Eles responderam: «Julgai-o vós mesmos se é justo, diante de Deus, ouvir-vos mais a vós do que a Deus; pois não podemos deixar de falar do que vimos e ouvimos» (*At* 4, 19-20). Mas de onde vem esta coragem, a este pusilânime que negou o Senhor? O que aconteceu no coração deste homem? O dom do Espírito Santo: a ousadia, a coragem e a parrésia são um dom, uma graça que o Espírito Santo concedeu no dia de Pentecostes. Logo após receber o Espírito Santo, foram pregar: com um pouco mais de coragem, algo novo para eles. Isto é coerência, o sinal do cristão, do verdadeiro cristão: é corajoso, diz toda a verdade porque é coerente.

E no envio o Senhor chama a ter esta coerência. Depois desta síntese que Marcos faz no Evangelho: «Ressuscitado de manhã...» (16, 9) - uma síntese da ressurreição

- «censurou-lhes a incredulidade e dureza de coração, por não terem acreditado naqueles que o tinham visto ressuscitado» (v. 14). Mas com o poder do Espírito Santo - é a saudação de Jesus: «Recebei o Espírito Santo» (*Jo* 20, 22) - disse-lhes: «Ide pelo mundo inteiro e anunciai o Evangelho a toda a criatura» (*Mc* 16, 15). Ide com coragem, com franqueza, não tenhais medo. Retomando o versículo da Carta aos Hebreus - «agora não percais a vossa franqueza, este dom do Espírito Santo» (cf. *Hb* 10, 35). A missão nasce precisamente daqui, deste dom que nos torna corajosos, ousados na proclamação da palavra.

Que o Senhor nos ajude a ser sempre assim: corajosos, não imprudentes: não, não! Corajosos. A coragem cristã é sempre prudente, mas é coragem!

19 DE ABRIL DE 2020

SEGUNDO DOMINGO DE PÁSCOA

(OU DA DIVINA MISERICÓRDIA) (A)

Santa Missa[41]

Homilia– A misericórdia de Deus levanta-nos sempre de novo

No domingo passado, celebramos a ressurreição do Mestre, hoje assistimos à ressurreição do discípulo. Passou uma semana; semana esta, que os discípulos, apesar de ter visto o Ressuscitado, transcorreram cheios de medo, mantendo «as portas fechadas» (*Jo* 20, 26), sem conseguir sequer convencer da ressurreição o único ausente, Tomé. Que faz Jesus perante esta incredulidade medrosa? Regressa, coloca-Se na mesma posição, «no meio» dos discípulos, e repete a mesma saudação: «A paz esteja convosco!» (*Jo* 20, 19.26). Começa de novo. A ressurreição do discípulo começa daqui, desta *misericórdia fiel e paciente*, da descoberta que Deus não Se cansa de estender-nos a mão para nos levantar das nossas quedas. Quer que O vejamos assim: não como um patrão com quem devemos ajustar contas, mas como o nosso Papá, que sempre nos levanta. Na vida, caminhamos tateando, como uma criança que começa a andar, mas cai; dá alguns passos e cai novamente; cai e volta a cair, mas sempre o pai a levanta. A mão que nos levanta sempre é a misericórdia: Deus sabe que, sem misericórdia, ficamos caídos no chão; ora, para caminhar, precisamos de ser postos de pé.

---

[41] Liturgia da Palavra: *At* 2, 42-47; *Sl* 117; *1Pe* 1, 3-9; *Jo* 20, 19-31.

Podes objetar: «Mas, eu não paro mais de cair»! O Senhor sabe disso, e está sempre pronto a levantar-te de novo. Não quer ver-nos a pensar continuamente nas nossas quedas, mas que olhemos para Ele, que, nas quedas, vê filhos a levantar; nas misérias, vê filhos a amar com misericórdia. Hoje, nesta igreja que se tornou santuário da misericórdia em Roma, no domingo que São João Paulo II dedicou à Misericórdia Divina há vinte anos, acolhamos confiadamente esta mensagem. A Santa Faustina, disse Jesus: «Eu sou o amor e a misericórdia em pessoa; não há miséria que possa superar a minha misericórdia» (*Diário*, 14/IX/1937). Outra vez, quando a Santa confidenciava feliz a Jesus que Lhe oferecera toda a sua vida, tudo o que tinha, ouviu d'Ele uma resposta que a surpreendeu: «Não me ofereceste aquilo que é verdadeiramente teu». Que teria então guardado para si a santa freira? Diz-lhe amavelmente Jesus: «Filha, dá-me *a tua miséria*» (*Diário*, 10/X/1937). Podemos, também nós, interrogar-nos: «Dei a minha miséria ao Senhor? Mostrei-Lhe as minhas quedas, para que me levante?» Ou há algo que conservo ainda dentro de mim? Um pecado, um remorso do passado, uma ferida que trago dentro, rancor contra alguém, mágoa contra uma pessoa em particular... O Senhor espera que Lhe levemos as nossas misérias, para nos fazer descobrir a sua misericórdia.

Voltemos aos discípulos... Durante a Paixão, tinham abandonado o Senhor e sentiam-se em culpa. Mas Jesus, ao encontrá-los, não lhes prega um longo sermão. A eles, que estavam feridos dentro, mostra as suas chagas. Tomé pode tocá-las, e descobre o amor: descobre quanto Jesus sofrera por ele, que O tinha abandonado. Naquelas feridas, toca com mão a terna proximidade de Deus. Tomé, que chegara atrasado, quando abraça a misericórdia, ultrapassa os outros discípulos: não acredita só na ressurreição, mas também no amor sem limites de Deus. E faz a profissão de fé mais simples e mais bela: «Meu Senhor e meu Deus!» (*Jo* 20, 28). Eis a ressurreição do discípulo: realiza-se quando a sua humanidade, frágil e ferida, entra na de Jesus. Aqui dissolvem-se as dúvidas; aqui Deus torna-Se *o meu Deus*; aqui recomeça a aceitar-se a si mesmo e a amar a própria vida.

Queridos irmãos e irmãs, na provação que estamos a atravessar, também nós, com os nossos medos e as nossas dúvidas como Tomé, nos reconhecemos frágeis. Precisamos do Senhor, que, mais além das nossas fragilidades, vê em nós uma beleza indelével. Com Ele, descobrimo-nos preciosos nas nossas fragilidades. Descobrimos que somos como belíssimos cristais, simultaneamente frágeis e preciosos. E se formos transparentes diante d'Ele como o cristal, a sua luz – a luz da misericórdia – brilhará em nós e, por nosso intermédio, no mundo. Eis aqui o motivo para exultarmos «de alegria – como diz a primeira Carta de Pedro –, se bem que, por algum tempo, [tenhamos] de andar aflitos por diversas provações» (1, 6).

Nesta festa da Divina Misericórdia, o anúncio mais encantador chega através do discípulo mais atrasado. Só faltava ele, Tomé. Mas o Senhor esperou por ele. A misericórdia não abandona quem fica para trás. Agora, enquanto pensamos numa recuperação lenta e fadigosa da pandemia, é precisamente este perigo que se insinua: esquecer quem ficou para trás. O risco é que nos atinja um vírus ainda pior: o da *indiferença egoísta*. Transmite-se a partir da ideia que a vida melhora se vai melhor para mim, que tudo correrá bem se correr bem para mim. Começando daqui, chega-se a selecionar as pessoas, a descartar os pobres, a imolar no altar do progresso quem fica para trás.

Esta pandemia, porém, lembra-nos que não há diferenças nem fronteiras entre aqueles que sofrem. Somos todos frágeis, todos iguais, todos preciosos. Oxalá mexa connosco dentro o que está a acontecer: é tempo de remover as desigualdades, *sanar a injustiça* que mina pela raiz a saúde da humanidade inteira! Aprendamos com a comunidade cristã primitiva, que recebera misericórdia e vivia usando de misericórdia, como descreve o livro dos Atos dos Apóstolos: os crentes «possuíam tudo em comum. Vendiam terras e outros bens e distribuíam o dinheiro por todos, de acordo com as necessidades de cada um» (*At* 2, 44-45). Isto não é ideologia; é cristianismo.

Naquela comunidade, depois da ressurreição de Jesus, apenas um ficara para trás e os outros esperaram por ele. Hoje parece dar-se o contrário: uma pequena parte da humanidade avançou, enquanto a maioria ficou para trás. E alguém poderia dizer: «São problemas complexos, não cabe a mim cuidar dos necessitados; outros devem pensar neles». Depois de encontrar Jesus, Santa Faustina escreveu: «Numa alma sofredora, devemos ver Jesus Crucificado e não um parasita nem um fardo... [Senhor], dais-nos a possibilidade de nos exercitarmos nas obras de misericórdia, e nós exercitamo-nos nas murmurações» (*Diário*, 06/IX/1937). Mas, um dia, ela própria se lamentou com Jesus dizendo que, para ser misericordiosa, passava por ingénua: «Senhor, muitas vezes abusam da minha bondade». E Jesus retorquiu: «Não importa, minha filha! Não te preocupes! Tu sê sempre misericordiosa para com todos» (*Diário*, 24/XII/1937). Para com todos: não pensemos só nos nossos interesses, nos interesses parciais. Aproveitemos esta prova como uma oportunidade para preparar o amanhã de todos, sem descartar ninguém. De todos. Porque, sem uma visão de conjunto, não haverá futuro para ninguém.

Hoje, o amor desarmado e convincente de Jesus ressuscita o coração do discípulo. Também nós, como o apóstolo Tomé, acolhamos a misericórdia, que é a salvação do mundo. E usemos de misericórdia para com os mais frágeis: só assim reconstruiremos um mundo novo.

Regina Coeli

Caros irmãos e irmãs,

Neste segundo domingo de Páscoa, foi significativo celebrar a Eucaristia aqui, na Igreja do Espírito Santo em Sassia, que São João Paulo II quis como o Santuário da Divina Misericórdia. A resposta dos cristãos nas tempestades da vida e da história só pode ser misericórdia: amor compassivo entre nós e para com todos, especialmente aqueles que mais sofrem, aqueles que mais lutam, aqueles que estão mais abandonados... Não o pietismo, não a assistência, mas a compaixão, que vem do coração. E a misericórdia divina vem do Coração de Cristo, do Cristo Ressuscitado. Ela nasce da ferida sempre aberta do seu lado, aberta para nós, que precisamos sempre de perdão e conforto. A misericórdia cristã também inspira uma partilha justa entre as nações e as suas instituições, a fim de enfrentar a presente crise de solidariedade.

Desejo aos irmãos e irmãs das Igrejas Orientais que hoje celebram a Páscoa. Juntos anunciamos: "Verdadeiramente o Senhor ressuscitou!" (*Lc* 24,34). Sobretudo neste tempo de provação, sintamos que grande dádiva é a esperança que advém de ter ressuscitado com Cristo! Em particular, regozijo-me com as comunidades católicas orientais que, por razões ecuménicas, celebram a Páscoa juntamente com as ortodoxas: que esta fraternidade seja um conforto onde os cristãos são uma pequena minoria.

Com alegria pascal voltamo-nos agora para a Virgem Maria, Mãe de Misericórdia.

Santa Missa[42]

Introdução

Rezemos hoje pelos homens e mulheres que têm uma vocação política: a política é uma forma elevada de caridade. Oremos pelos partidos políticos nos vários países para que, neste momento de pandemia, possam procurar juntos o bem do país e não o bem do próprio partido.

Homilia– Nascer do Espírito

Nicodemos é um chefe dos judeus, um homem influente; sentiu a necessidade de ir ter com Jesus. Foi à noite, porque tinha que o fazer com alguma cautela, pois aqueles que iam falar com Jesus não eram bem vistos (cf. *Jo* 3, 2). É um fariseu justo, pois nem todos os fariseus são maus: não, não; havia também fariseus justos. Este é um fariseu justo. Ele sentiu inquietação, era um homem que tinha lido os profetas e sabia que quanto Jesus fez fora anunciado pelos profetas. Sentiu inquietação e foi falar com Jesus. «Rabi, sabemos que és um Mestre vindo de Deus» (v. 2): é uma confissão, até a um certo ponto. «Ninguém pode fazer estes milagres que Tu fazes, se Deus não estiver com ele» (v. 2). E detém-se diante do "portanto": se digo isto... *portanto*... e Jesus respondeu. Respondeu misteriosamente, como Nicodemos não esperava. Respondeu com a figura do nascimento: «Em

---

[42] Liturgia da Palavra: *At* 4, 23-31; *Sl* 2; *Jo* 3, 1-8.

verdade, em verdade te digo: quem não nascer de novo, não poderá ver o Reino de Deus» (v. 3). E Nicodemos sente-se confuso, não compreende e toma *ad litteram* a resposta de Jesus: «Como pode um homem nascer de novo, sendo velho?» (cf. v. 4) Nascer do alto, nascer do Espírito. É o salto que a confissão de Nicodemos deve dar, mas ele não sabe como fazer isto. Pois o Espírito é imprevisível. É interessante a definição do Espírito que Jesus dá aqui: «O vento sopra onde quer; ouves o seu ruído, mas não sabes de onde vem, nem para onde vai; assim acontece com aquele nasceu do Espírito» (v. 8), ou seja, *livre*. Quem se deixa levar de um lado para o outro pelo Espírito Santo: esta é a *liberdade* do Espírito. Quem faz isto é uma pessoa dócil, e aqui referimo-nos à docilidade ao Espírito.

Ser cristão não é apenas cumprir os Mandamentos: eles devem ser cumpridos, é verdade; mas se parares aqui, não serás um bom cristão. Ser cristão é deixar o Espírito entrar em ti e levar-te para onde Ele quiser. Na nossa vida cristã muitas vezes paramos como Nicodemos, antes do "portanto", não sabemos que passo dar, não sabemos como o fazer ou não temos a confiança em Deus para dar este passo e deixar o Espírito entrar. Nascer de novo é deixar o Espírito entrar em nós e que seja o Espírito a guiar-me e não eu, e assim: *livre*, com esta liberdade do Espírito que nunca saberás onde irás parar.

Os Apóstolos, que estavam no Cenáculo quando desceu o Espírito, saíram para pregar com coragem, com audácia (cf. *At* 2, 1-13)... não sabiam que isto teria acontecido; e fizeram-no porque o Espírito os guiava. O cristão nunca deve limitar-se apenas ao cumprimento dos Mandamentos: é preciso cumpri-los, mas ir além, rumo a este novo nascimento, que é o nascimento no Espírito, que dá a liberdade do Espírito.

Foi o que aconteceu com a comunidade cristã citada na primeira leitura, depois que João e Pedro foram interrogados pelos sacerdotes. Foram ter com os irmãos na comunidade e relataram o que os chefes dos sacerdotes e os anciãos lhes disseram. E ao ouvir isto, a comunidade, todos juntos, ficaram um pouco assustados (cf. *At* 4, 23). E o que fizeram? Rezaram. Não se limitaram a medidas prudentes, "não, agora façamos isto, tenhamos um pouco mais de cuidado...": não! Rezaram. Para que o Espírito lhes indicasse o que fazer. Elevaram a voz a Deus, dizendo: «Senhor» (v. 24) e rezaram. A bonita oração de um momento difícil, de um momento em que é preciso tomar decisões e não se sabe o que fazer. Queriam nascer do Espírito, abriram o coração ao Espírito: que seja Ele a dizê-lo... E pediram: «Senhor, Herodes e Pôncio Pilatos com as nações e os povos de Israel fizeram uma aliança contra o vosso Espírito Santo e Jesus» (cf. v. 27); contam a história e dizem: "Senhor, fazei algo". «E agora, Senhor, dirigi o vosso olhar para as suas ameaças - as do grupo dos sacerdotes - e concedei aos vossos servos que proclamem com toda a franqueza a vossa palavra» (v. 29), pedem a ousadia, a coragem, para não ter medo: «Estendei a vossa mão para que as curas, os sinais e as maravilhas se realizem em nome de Jesus» (v. 30). «E quando terminaram a oração, o lugar onde estavam reunidos tremeu, e todos ficaram cheios do Espírito Santo e anunciaram a Palavra de Deus com intrepidez» (v. 31). Aqui aconteceu um segundo Pentecostes.

Diante das dificuldades, perante uma porta fechada, quando não sabem como avançar, vão ao encontro do Senhor, abrem o coração e o Espírito desce e concede-lhes o que precisam e eles saem para pregar com coragem, e vão em frente. Isto significa nascer do Espírito, sem parar no "portanto", no "portanto" das coisas que sempre fiz, no "portanto" depois dos Mandamentos, no "portanto" após os hábitos religiosos: não! Isto é nascer de novo. E como nos preparamos para nascer de novo? Através da oração. É a oração que abre a porta ao Espírito e nos dá esta liberdade, esta franqueza, esta coragem do Espírito Santo. E nunca saberás para onde isto te levará. Mas é o Espírito!

Que o Senhor nos ajude a estar sempre abertos ao Espírito, porque é Ele quem nos levará em frente na nossa vida de serviço ao Senhor.

Santa Missa[43]

Introdução

Neste período há muito silêncio. Também se pode ouvir o silêncio. Este silêncio, que é quase uma novidade nos nossos hábitos, nos ensine a ouvir, nos faça crescer na capacidade de escutar. Rezemos por isto.

Homilia– O Espírito Santo, mestre da harmonia

«Nascer de novo» (*Jo* 3, 7) significa nascer com o poder do Espírito Santo. Não podemos reter o Espírito Santo para nós; só podemos deixar que Ele nos transforme. A nossa docilidade abre a porta ao Espírito Santo: é Ele quem realiza a mudança, a transformação, o renascimento do alto. É a promessa de Jesus, de enviar o Espírito Santo (cf. *At* 1, 8). O Espírito Santo é capaz de fazer maravilhas, coisas que nem sequer podemos imaginar.

Um exemplo é a primeira comunidade cristã, que não é uma fantasia; eis o que nos dizem aqui: é um modelo, que podemos alcançar se formos dóceis e deixarmos que o Espírito Santo entre em nós e nos transforme. Uma comunidade - digamos assim - "ideal". É verdade que imediatamente depois começarão os problemas, mas o Senhor mostra-nos até onde podemos ir, se estivermos abertos ao Espírito Santo, se formos dóceis. Nesta comunidade há harmonia (cf. *At* 4, 32-37). O Espírito Santo

---

[43] Liturgia da Palavra: *At* 4, 32-37; *Sl* 92; *Jo* 3, 7-15.

é o mestre da harmonia, é capaz de criá-la e fê-lo aqui. Deve suscitá-la nos nossos corações, mudar muitas coisas em nós, mas deve criar a harmonia: pois Ele próprio é harmonia. Também harmonia entre o Pai e o Filho: Ele é amor pela harmonia. E com a harmonia Ele faz maravilhas, como esta comunidade tão harmoniosa. Mas em seguida, a história fala-nos - o mesmo Livro dos Atos dos Apóstolos - de tantos problemas na comunidade. Este é um modelo: o Senhor permitiu este modelo de comunidade quase "celestial", para nos mostrar onde devemos chegar.

Mas depois começaram as divisões na comunidade. No capítulo 2 da sua Carta, o Apóstolo Tiago diz: «Que a vossa fé "seja imune ao favoritismo pessoal"» (cf. *Tg* 2, 1): porque isto existia! "Não discrimineis": os Apóstolos devem sair e admoestar. E no capítulo 11 da Primeira Carta aos Coríntios, Paulo queixa-se: «Ouvi dizer que há divisões entre vós» (cf. *1 Cor* 11, 18): começam as divisões internas nas comunidades. Este "ideal" deve ser alcançado, mas não é fácil: há muitas coisas que dividem uma comunidade, quer ela seja uma comunidade cristã, paroquial, diocesana, presbiteral, de religiosos ou de religiosas... muitas coisas concorrem para dividir a comunidade.

Observando quais são os motivos que dividiram as primeiras comunidades cristãs, encontro três: primeiro, o dinheiro. Quando o Apóstolo Tiago diz que não deve haver favoritismo pessoal, dá um exemplo: «Se na vossa igreja, na vossa assembleia, entrar um homem com o anel de ouro, vós levai-lo imediatamente à frente, e o pobre é deixado de lado» (cf. *Tg* 2, 2). O dinheiro. Paulo diz a mesma coisa: «Os ricos trazem comida e nutrem-se, e os pobres ficam em pé» (cf. *1 Cor* 11, 20-22), deixamo-los ali,

como se lhes disséssemos: "Arranjai-vos como puderdes".
O dinheiro divide, o amor ao dinheiro divide a comunidade, divide a Igreja.

Muitas vezes, na história da Igreja, onde há desvios doutrinários - nem sempre, mas muitas vezes - o dinheiro está por detrás disto: dinheiro do poder, tanto do poder político como dinheiro vivo, mas é dinheiro. O dinheiro divide a comunidade. Por esta razão, a pobreza é a mãe da comunidade, a pobreza é o muro que protege a comunidade. O dinheiro, o interesse pessoal, divide. Até nas famílias: quantas famílias acabaram divididas por uma herança? Quantas? E deixaram de falar uns com os outros... Quantas famílias... Uma herança... Divide, o dinheiro divide!

Outro motivo de divisão da comunidade é a vaidade, o desejo de se sentir melhor do que os outros. «Agradeço-vos, Senhor, porque não sou como os outros» (cf. *Lc* 18, 11): a oração do fariseu. Vaidade, sentir-se melhor... E também a vaidade de me mostrar, a vaidade nos modos, nas roupas: quantas vezes - nem sempre, mas muitas vezes - a celebração do sacramento é um exemplo de vaidade, alguns vão com a roupa mais cara, outros fazem isto e aquilo... Vaidade... para a maior festa... Há vaidade também nisto. E a vaidade divide. Porque a vaidade te leva a ser um pavão e onde há um pavão, há divisão, sempre.

O terceiro motivo de divisão da comunidade é a tagarelice: não é a primeira vez que o digo, mas é a realidade. É a realidade! Aquilo que o diabo insinua em nós, como necessidade de falar mal dos outros. "Como aquela pessoa é boa... Sim, sim, mas...": imediatamente o "mas": é uma pedra lançada para desqualificar o outro; digo algo que ouvi e assim *humilho* um pouco o outro.

Mas o Espírito vem sempre com a sua força para nos salvar desta mundanidade do dinheiro, da vaidade e da tagarelice, porque o Espírito não é o mundo: é contra o mundo. Ele é capaz de realizar estes milagres, estas maravilhas.

Peçamos ao Senhor esta docilidade ao Espírito, para que nos converta e transforme as nossas comunidades, as nossas comunidades paroquiais, diocesanas, religiosas: que as transforme, a fim de podermos ir sempre em frente na harmonia que Jesus deseja para a comunidade cristã.

Santa Missa[44]

Introdução

Neste tempo em que é necessária muita unidade entre nós, entre as nações, rezemos hoje pela Europa: para que a Europa consiga alcançar esta unidade, a unidade fraterna com a qual os pais fundadores da União Europeia sonhavam.

Homilia– Deixemos entrar em nós a luz de Deus para não sermos como morcegos na escuridão

Este excerto do Evangelho de João, capítulo 3 (cf. 16-21), o diálogo entre Jesus e Nicodemos, é um verdadeiro tratado de teologia: ele contém tudo. O querigma, a catequese, a reflexão teológica, a parénese... este capítulo contém tudo. E cada vez que o lemos, encontramos mais riqueza, mais explicações, mais aspetos que nos fazem compreender a revelação de Deus. Seria bom lê-lo muitas vezes, para nos aproximarmos do mistério da redenção. Hoje abordarei apenas dois pontos de tudo isto, dois pontos que estão no trecho de hoje.

O primeiro é a revelação do amor de Deus. Deus ama-nos, e ama-nos - como diz um santo - como uma *loucura*: o amor de Deus parece uma *loucura*. Ele ama-nos: «amou de tal modo o mundo que deu o seu Filho único» (*Jo* 3, 16). Deu o seu Filho, enviou o seu Filho e enviou-o

---

44 Liturgia da Palavra: *At* 5, 17-26; *Sl* 33; *Jo* 3, 16-21.

para morrer na cruz. Sempre que olhamos para o crucifixo, encontramos este amor. O crucifixo é precisamente
o grande livro do amor de Deus. Não é um objeto para
colocar aqui ou ali, mais bonito, não tão bonito, mais antigo, mais moderno... não. É precisamente a expressão
do amor de Deus. Deus amou-nos desta forma: enviou o
seu Filho, aniquilou-se a si mesmo até morrer na cruz por
amor. «Deus amou de tal modo o mundo, que lhe deu o
seu Filho» (cf. v. 16).

Quantas pessoas, quantos cristãos passam o tempo
a olhar para o crucifixo... e ali encontram tudo, porque
compreenderam, o Espírito Santo fez com que compreendessem, que ali está toda a ciência, todo o amor de Deus,
toda a sabedoria cristã. Paulo fala disto, explicando que
todo o raciocínio humano que ele faz é útil até certo ponto,
mas o verdadeiro raciocínio, a melhor maneira de pensar,
mas também o que mais explica tudo é a cruz de Cristo,
é «Cristo crucificado que é escândalo» (cf. *1 Cor* 1, 23) e
loucura, mas é o caminho. E este é o amor de Deus. Deus
«amou de tal modo o mundo que deu o seu Filho único»
(*Jo* 3,16). E porquê? «Para que quem n›Ele crê não pereça,
mas tenha vida eterna» (v. 3, 16). O amor do Pai que quer
os seus filhos com ele.

Olhar para o crucificado em silêncio, olhar para as
chagas, olhar para o coração de Jesus, olhar para o todo:
Cristo crucificado, o Filho de Deus, aniquilado, humilha-
do... por amor. Este é o primeiro ponto que este tratado de
teologia nos faz ver hoje, o diálogo de Jesus com Nicodemos.

O segundo ponto também nos ajudará: «Que a luz
veio ao mundo, e os homens amaram mais as trevas do
que a luz, porque as suas obras eram más» (*Jo* 3, 19). Jesus
também retoma isto da luz. Há pessoas - mesmo nós, mui-

tas vezes - que não conseguem viver na luz porque estão habituadas às trevas. A luz ofusca-as, elas não conseguem ver. São *morcegos humanos*: só sabem mover-se durante a noite. E também nós, quando estamos em pecado, estamos neste estado: não toleramos a luz. É mais confortável para nós viver na escuridão; a luz bofeteia-nos, faz-nos ver o que não queremos ver. Mas o pior é que os olhos, os olhos da alma de tanto viver na escuridão habituam-se a isso a tal ponto que acabam por ignorar o que é a luz. Perdem o sentido da luz, porque se habituam mais à escuridão. E tantos escândalos humanos, tantas corrupções indicam isso. Os corruptos não sabem o que é luz, não a conhecem. Também nós, quando estamos em estado de pecado, em estado de afastamento do Senhor, ficamos cegos e senti-mo-nos melhor na escuridão e continuamos assim, sem ver, como os cegos, movendo-nos como podemos.

Deixemos que o amor de Deus, que enviou Jesus para nos salvar, entre em nós e «a luz que Jesus traz» (cf. 19), a luz do Espírito entre em nós e nos ajude a ver as coisas com a luz de Deus, com a verdadeira luz e não com as trevas que o senhor das trevas nos dá.

Duas coisas hoje: o amor de Deus em Cristo, no crucificado, na vida quotidiana. E a pergunta diária que podemos fazer a nós mesmos: "Caminho na luz ou na escuridão? Sou filho de Deus ou acabei por ser um *pobre morcego*?".

Santa Missa[45]

Introdução

Em muitos lugares, sente-se um dos efeitos desta pandemia: tantas famílias necessitadas, famintas, infelizmente são "ajudadas" pelo grupo de usurários. Esta é outra pandemia. A pandemia social: famílias de pessoas que têm um emprego diário, ou infelizmente clandestino, que não podem trabalhar, não têm comida... e com filhos. E depois os usurários pegam no pouco que elas têm. Rezemos. Oremos por estas famílias, pelas muitas crianças destas famílias, pela dignidade destas famílias, e rezemos também pelos usurários: que o Senhor comova o seu coração e os converta.

Homilia– Jesus reza por nós perante o Pai, mostrando as suas chagas

A primeira Leitura dá continuidade à história que começou com a cura do coxo na Porta Formosa do Templo. Os Apóstolos foram levados perante o sinédrio, e em seguida aprisionados; depois, um anjo libertou-os. E naquela manhã, exatamente naquela manhã, deveriam sair da prisão para ser julgados, mas foram libertados pelo anjo e pregavam no Templo (cf. *At* 5, 17-25). «Então foi o comandante com os seus guardas e conduziram os Apóstolos. E, levando-os, apresentaram-nos ao sinédrio» (cf. vv. 26-27). E lá, o sumo sacerdote repreendeu-os: «Não

---

[45] Liturgia da Palavra: *At* 5, 27-33; *Sl* 33; *Jo* 3, 31-36.

vos admoestamos expressamente que não ensinásseis nesse nome?» (v. 28) - isto é, em nome de Jesus - e eis que «enchestes Jerusalém desta vossa doutrina, e quereis fazer recair sobre nós o sangue deste homem» (v. 28). Porque os Apóstolos, sobretudo Pedro e João, criticaram os líderes, os sacerdotes, por terem matado Jesus. E então Pedro, com os Apóstolos, respondeu com esta expressão: «Importa obedecer antes a Deus do que aos homens. O Deus de nossos pais ressuscitou a Jesus, a quem vós matastes» (cf. *At* 5, 29-31). Ele acusa, mas com tanta coragem e franqueza, que alguém se pergunta: "Terá sido Pedro que negou Jesus? Aquele Pedro que tinha tanto medo, aquele Pedro que era pusilânime? Como chegou a isto?". E Pedro concluiu, dizendo: «Nós somos testemunhas destas palavras, nós e o Espírito Santo, que Deus concedeu àqueles que lhe obedecem» (cf. v. 32). Qual foi o caminho percorrido por Pedro para chegar a este ponto, a esta coragem e franqueza, a expor-se? Pois poderia ter cedido a compromissos e dito aos sacerdotes: "Estai tranquilos, nós iremos, falaremos um pouco mais baixo, nunca vos acusaremos em público, mas deixai-nos em paz...", cedendo a compromissos.

Na história, a Igreja teve que fazer isto muitas vezes para salvar o povo de Deus. E muitas vezes também o fez para se salvar a si mesma - não a Santa Igreja, mas os seus líderes. Os compromissos podem ser bons e maus. Mas através de um compromisso os Apóstolos podiam salvar-se. Não! E com coragem Pedro disse: «Não há compromisso. Vós sois culpados» (cf. v. 30).

E como Pedro chegou a este ponto? Porque era entusiasta, um homem que amava com força, também um homem medroso, aberto a Deus a tal ponto que Deus lhe revela que Jesus é Cristo, Filho de Deus, mas pouco - imediatamente - depois deixou-se cair na tentação de dizer a Jesus: "Não, Senhor, por este caminho, não: vamos pelo outro": redenção sem cruz. E Jesus diz-lhe: «Satanás!» (cf. *Mc* 8, 31-33). Pedro passou da tentação para a graça, Pedro foi capaz de se ajoelhar diante de Jesus e de dizer: «Afasta-te de mim, que sou pecador» (cf. *Lc* 5, 8); depois Pedro tenta escapar, sem ser visto, e nega Jesus para não acabar na prisão (cf. *Lc* 22, 54-62). Um Pedro instável, pois era muito generoso mas também muito fraco. Qual é o segredo, que força teve Pedro para chegar a este ponto? Há um versículo que nos ajudará a compreender isto. Antes da Paixão, Jesus disse aos Apóstolos: «Eis que Satanás vos reclamou para vos joeirar como o trigo» (*Lc* 22, 31). É o tempo da tentação: "Sereis assim, como o trigo". E a Pedro diz: «Rezarei por ti, "para que a tua fé não desfaleça"» (v. 32). Eis o segredo de Pedro: a oração de Jesus. Jesus reza por Pedro, para que a sua fé não desfaleça e possa - diz Jesus - confirmar os irmãos na fé. Jesus reza por Pedro.

E o que Jesus fez com Pedro, faz com todos nós. Jesus reza por nós; reza diante do Pai. Estamos habituados a orar a Jesus para que nos conceda esta ou outra graça, para que nos ajude, mas não estamos habituados a contemplar Jesus que mostra as chagas ao Pai; a Jesus, o intercessor, a Jesus que reza por nós. E Pedro foi capaz de percorrer este caminho, passando de pusilânime para corajoso, com o dom do Espírito Santo graças à oração de Jesus. Pensemos nisto. Dirijamo-nos a Jesus, dando graças a Ele porque reza por nós. Jesus pede por cada um de nós. Jesus é o intercessor. Jesus quis levar consigo as chagas para que o Pai as pudesse ver. É o preço da nossa salvação. Devemos ter mais confiança; mais do que nas nossas orações, na prece de Jesus. "Senhor, reza por mim" - "Mas eu sou Deus, posso conceder-te isto..." - "Sim, mas reza por mim, porque Tu és o intercessor". Eis o segredo de Pedro: «Pedro, rezarei por ti "para que a tua fé não desfaleça"» (*Lc* 22, 32).

Que o Senhor nos ensine a pedir-lhe a graça de rezar por cada um de nós.

Santa Missa[46]

Introdução

Rezemos hoje pelos professores que têm de trabalhar muito para dar aulas através da Internet e de outros canais de comunicação social, e oremos também pelos alunos que devem fazer os exames de uma maneira com a qual não estão habituados. Acompanhemo-los com a oração.

Homilia– Cristo forma o coração dos pastores para a proximidade com o povo de Deus

A frase deste trecho do Evangelho faz-nos pensar: «Mas falava assim para o experimentar, pois bem sabia o que havia de fazer» (*Jo* 6, 6). Era isto que Jesus tinha em mente quando disse a Filipe: «Onde compraremos pão, para que eles tenham o que comer?» (*Jo* 6, 5). Mas disse isto para o experimentar. Ele sabia. Aqui vemos a atitude de Jesus para com os apóstolos. Colocava-os continuamente à prova para os ensinar e, quando se afastavam da função que deviam desempenhar, detinha-os e ensinava-os.

O Evangelho está cheio destes gestos de Jesus para fazer crescer os seus discípulos e para os tornar pastores do povo de Deus, neste caso bispos: pastores do povo de Deus. Uma das coisas que Jesus mais amava era estar com a multidão, porque este é também um símbolo da universalidade da redenção. E uma das coisas que os após-

---

[46] Liturgia da Palavra: *At* 5, 34-42; *Sl* 26; *Jo* 6, 1-15.

tolos não apreciavam era a multidão, porque preferiam estar perto do Senhor, ouvir tudo o que o Ele dizia. Nessa ocasião foram ali para um dia de descanso – também as versões dos outros Evangelhos o afirmam, pois os quatro falam sobre isto... talvez tenha havido duas multiplicações de pães - eles vinham de uma missão e o Senhor disse: «Vinde à parte e descansai um pouco» (*Mc* 6, 31), e foram para lá. As pessoas viram para onde eles iam pelo mar, caminharam ao longo da costa e esperaram por eles... E os discípulos não ficaram contentes, porque a multidão tinha arruinado o "passeio": não podiam passar aquele momento com o Senhor. No entanto, Jesus começou a ensinar, eles ouviram e depois falaram uns com os outros... as horas passavam, Jesus falava e as pessoas estavam felizes. Mas os apóstolos diziam: "...a nossa festa está arruinada, o nosso descanso está arruinado".

Mas o Senhor buscava a proximidade com o povo e procurava formar o coração dos pastores para a proximidade com o povo de Deus, a fim de o servir. Mas os apóstolos, compreende-se, sentiam-se eleitos, sentiam-se quase como um círculo privilegiado, uma classe privilegiada, uma "aristocracia", digamos assim, perto do Senhor, que os corrigia muitas vezes com gestos. Por exemplo, pensemos nas crianças. Eles preservavam o Senhor: "Não, não, não deixeis que as crianças se aproximem, pois molestam, perturbam... Não, as crianças fiquem com os pais". E Jesus? «Deixai vir a mim as criancinhas» (cf. *Mc* 10, 13-16). E eles não compreendiam. Mais tarde entenderam. Pensemos no caminho para Jericó, naquele que gritou: «Jesus, filho de David, tem piedade de mim» (cf. *Lc* 18, 38). E os apóstolos: "Mas cala-te, cala-te, é o Senhor que passa, não o incomodes". E Jesus diz: «Mas quem é? Deixai que se aproxime» (cf. *Lc* 18, 35-43). Mais uma vez o Senhor [os corrige]. E assim ensinava-os a estar perto do povo de Deus.

É verdade que o povo de Deus faz cansar o pastor: quando há um bom pastor, as tarefas multiplicam-se e, por um motivo ou por outro, as pessoas vão sempre ter com o bom pastor. Um grande pároco de um bairro simples e humilde da minha diocese tinha a habitação como uma casa normal, como as outras, e as pessoas batiam à porta ou à janela a qualquer hora... E certo dia ele disse-me: "Tenho vontade de murar a porta e a janela para que me deixem descansar". Contudo, sabia que era pastor e tinha que estar com o povo! Jesus forma, ensina aos discípulos, aos apóstolos, esta atitude pastoral, que é a proximidade ao povo de Deus. E o povo de Deus cansa, porque nos pede sempre coisas concretas; pede-nos sempre algo concreto, talvez de forma errada, mas coisas concretas. E o pastor tem de se ocupar disto.

A versão dos outros Evangelistas sobre este episódio mostra que as horas passaram e o povo teve que partir porque a noite caía... e os apóstolos diziam: «Despede a multidão para que, indo aos lugares e aldeias ao redor, se agasalhem e encontrem o que comer», justamente no momento da escuridão, quando a noite caía... (cf. *Lc* 9, 12-13) Mas o que pensavam? Pelo menos para celebrar a sós, aquele *egoísmo* não malvado, mas compreende-se, para estar com o pastor, com Jesus, que é o grande Pastor, mas para os testar Jesus responde: «Dai-lhes vós mesmos de comer» (cf. v. 13). E é isto que Jesus diz também hoje a todos os pastores: "Dai-lhes vós mesmos de comer. Estão angustiados? Dai-lhes consolo. Estão perdidos? Dai-lhes uma saída. São enganados? Dai-lhes ajuda para resolver os problemas... Dai-lhes, dai-lhes vós mesmos...". E o pobre apóstolo sente que deve dar, dar, dar... mas de quem recebe? Jesus ensina-nos: d'Aquele de quem o próprio Jesus recebia. Depois deste evento, despede os apóstolos e vai rezar, vai ter com o Pai na oração. É esta *dupla proximidade* do pastor que Jesus procura levar os apóstolos a entender, para que se tornem grandes pastores.

Mas muitas vezes a multidão erra e aqui cometeu um erro, não é verdade? «Vendo, pois, aqueles homens o milagre que Jesus tinha feito, diziam: "Este é verdadeiramente o profeta que devia vir ao mundo". Sabendo, pois, Jesus que tinham vindo arrebatá-lo, para o fazer rei, voltou a retirar-se sozinho para o monte» (*Jo* 6, 14-15). Talvez, talvez, mas... o Evangelho não o diz, alguns dos apóstolos talvez lhe tenham dito: "Mas Senhor, aproveitemos isto e tomemos o poder". Outra tentação. E Jesus mostra-lhes que aquele não era o caminho. O poder do pastor é o serviço, ele não tem outro poder e quando comete um erro ao tomar outro poder danifica a sua vocação e torna-se, talvez, gestor de *empreendimentos pastorais*, mas não pastor. A *estrutura* não faz pastoral: é o coração do pastor que desempenha o trabalho pastoral. E o coração do pastor é o que Jesus nos ensina agora.

Peçamos hoje ao Senhor pelos pastores da Igreja, para que fale sempre com eles, porque os ama muito: fale sempre connosco, diga-nos como está o mundo, explique-nos e sobretudo ensine-nos a não ter medo do povo de Deus, a não ter receio de estar perto d'Ele.

Santa Missa[47]

Introdução

Rezemos hoje pelas pessoas que prestam serviços funerários. É muito doloroso e triste o que fazem, eles sentem muita próxima a dor desta pandemia. Oremos por eles.

Homilia– A fé deve ser transmitida, oferecida, sobretudo através do testemunho

Hoje a Igreja celebra São Marcos, um dos quatro evangelistas, muito próximo do apóstolo Pedro. O Evangelho de Marcos foi o primeiro a ser escrito. É simples, um estilo direto, muito próximo. Se tiverdes algum tempo hoje, lede-o, não é longo. E é um prazer ler a simplicidade com que Marcos narra a vida do Senhor.

E no Evangelho que lemos agora - o final do Evangelho de Marcos - há o envio do Senhor. O Senhor revelou-se como Salvador, como o único Filho de Deus; Ele revelou-se a todo Israel, ao povo, de modo mais minucioso especialmente aos apóstolos, aos discípulos. Este trecho narra a despedida do Senhor, que está para partir: «Foi recebido no céu e está sentado à direita de Deus» (*Mc* 16, 19). Mas antes de partir, quando apareceu aos Onze, disse-lhes: «Ide por todo o mundo, anunciai o evangelho a toda a criatura» (*Mc* 16, 15). É a missionariedade da fé. A fé, ou é missionária ou não é fé. A fé não é algo só para

---

[47] Liturgia da Palavra: *1Pe* 5, 5-14; *Sl* 88; *Mc* 16, 15-20.

mim, para que eu possa crescer na fé: esta é uma heresia gnóstica. A fé leva-nos sempre para fora de nós mesmos. Sair. A transmissão da fé; a fé deve ser transmitida, deve ser oferecida, especialmente com o testemunho: «Ide, para que as pessoas possam ver como viveis» (cf. v. 15).

Alguém, um sacerdote europeu, de uma cidade europeia, disse-me: "Há tanta incredulidade, tanto agnosticismo nas nossas cidades, porque os cristãos não têm fé. Se a tivessem, certamente transmiti-la-iam ao povo". Falta missionariedade. Porque na origem há uma carência de convicção: "Sim, sou cristão, sou católico...". Como se se tratasse de uma atitude social. No documento de identidade chamamo-nos assim ou assado... e "sou cristão" é um dado do documento de identidade. Isto não é fé! Trata-se de um aspeto cultural. A fé leva-nos necessariamente a sair, faz-nos doar: essencialmente, a fé deve ser transmitida. Não é quieta. "Ah, o senhor quer dizer, padre, que todos temos de ser missionários e partir para países distantes?". Não, isso faz parte da missionariedade. Quero dizer que, se tiveres fé, necessariamente tens de *sair de ti* mesmo e mostrar a fé socialmente. A fé é social, é para todos: «Ide por todo o mundo e anunciai o Evangelho a toda a criatura» (v. 15). E isto não significa fazer proselitismo, como se fosse uma equipe de futebol, ou um clube de caridade. Não, a fé é: "Nada de proselitismo", é mostrar a revelação, para que o Espírito Santo possa agir nas pessoas através do testemunho: como testemunha, com serviço. O serviço é um modo de viver. Se digo que sou cristão e vivo como pagão, não está bem! Não convence ninguém. Se digo que sou cristão e vivo como cristão, atraio. É o testemunho!

Uma vez, na Polónia, um estudante universitário perguntou-me: "Na universidade, tenho muitos compa-

nheiros ateus. O que devo dizer-lhes para os convencer?"
- "Nada, amigo, nada! A última coisa que é preciso fazer
é dizer algo. Começa a viver, e quando virem o teu testemunho, perguntar-te-ão: Por que vives assim?". A fé tem
de ser transmitida: não para convencer, mas para oferecer
um tesouro. "Está ali, vedes?". E esta é também a humildade da qual São Pedro falou na primeira Leitura: «Re-
vesti-vos de humildade, porque Deus resiste aos soberbos,
mas concede a graça aos humildes» (*1 Pe* 5, 5). Quantas vezes na Igreja, na história, houve movimentos, agregações,
de homens ou mulheres que quiseram convencer sobre a
fé, converter... Verdadeiros "proselitistas". E como acabaram? Na corrupção.

É tão terno este trecho do Evangelho! Mas onde está
a segurança? Como posso ter a certeza de que, ao sair de
mim, serei frutuoso na transmissão da fé? «Anunciai o
Evangelho a toda a criatura» (*Mc* 16, 15), fareis maravilhas (cf. vv. 17-18). E o Senhor estará connosco até ao fim
do mundo. Acompanhar-nos-á. Na transmissão da fé, o
Senhor está sempre connosco. Na transmissão da ideologia haverá professores, mas quando tenho uma atitude de
fé que deve ser transmitida, o Senhor acompanha-me. Na
transmissão da fé nunca estou sozinho. É o Senhor presente em mim que transmite a fé. Ele prometeu: «Estarei convosco todos os dias, até ao fim do mundo» (cf. *Mt* 28, 20).

Oremos ao Senhor para que nos ajude a viver a fé
desta forma: uma fé de portas abertas, uma fé transparente, não "proselitista", mas que mostre: "Sou assim". E,
com curiosidade saudável, ajude as pessoas a receber esta
mensagem que as salvará.

26 DE ABRIL DE 2020

TERCEIRO DOMINGO DE PÁSCOA (A)

Santa Missa[48]

Introdução

Rezemos hoje, nesta Missa, por todas as pessoas que sofrem de tristeza, porque estão sozinhas, porque não sabem que futuro as espera ou porque não podem ir em frente com as suas famílias, dado que não têm dinheiro, pois estão desempregadas. Tantas pessoas sofrem de tristeza. Hoje rezemos por elas.

Homilia– Jesus é o nosso companheiro de peregrinação

Muitas vezes ouvimos dizer que o cristianismo não é apenas uma doutrina, não só é uma forma de comportamento, uma cultura. Sim, é tudo isto, mas o que é mais importante, acima de tudo, é um encontro. Uma pessoa é cristã porque encontrou Jesus Cristo, deixou-se encontrar por Ele.

Este excerto do Evangelho de Lucas fala-nos de um encontro, para podermos compreender bem como o Senhor age e como é a nossa forma de agir. Nascemos com uma *semente de inquietação*. Deus quis assim: a ansiedade de encontrar plenitude, de encontrar Deus, muitas vezes inclusive sem saber que temos esta inquietação. O nosso coração está inquieto, o nosso coração está sedento: tem

---

[48] Liturgia da Palavra *At* 2, 14.22-33; *Sl* 15; *1Pe* 1, 17-21; *Lc* 24, 13-35.

sede do encontro com Deus. Procurando-o, muitas vezes por caminhos errados: perdendo-se, depois volta, procura-o... Por outro lado, Deus tem sede do encontro, a tal ponto que enviou Jesus para nos encontrar, para vir ao encontro desta inquietação.

Como age Jesus? Neste trecho do Evangelho (cf. *Lc* 24, 13-35) vemos bem que Ele respeita, respeita a nossa situação, não invade. Só algumas vezes, com pessoas teimosas, pensemos em Paulo quando o faz cair do cavalo. Mas normalmente Ele vai devagar, respeitando os nossos tempos. É o Senhor da paciência. Quanta paciência o Senhor tem connosco, com cada um de nós!

O Senhor caminha ao nosso lado, como vimos aqui com estes dois discípulos. Ele escuta as nossas inquietações, conhece-as e, numa certa altura, diz-nos algo. O Senhor gosta de ouvir como falamos, de nos compreender bem e de dar a resposta certa a esta ansiedade. O Senhor não acelera o passo, Vai sempre ao nosso ritmo, muitas vezes lento, mas a sua paciência é assim.

Há uma antiga regra de peregrinação, que diz que o verdadeiro peregrino deve ir ao ritmo da pessoa mais lenta. E Jesus é capaz disto, faz isto, não acelera, espera que demos o primeiro passo. E quando chega o momento, faz-nos a pergunta. Neste caso, é claro: «De que estais a falar?» (cf. v. 17). Faz-se de ignorante para nos impelir a falar. Gosta que falemos. Gosta de ouvir, gosta que falemos, ouçamos e respondamos, faz-nos falar. Como se fosse ignorante, mas com muito respeito. E depois responde, explica até ao ponto necessário. «Aqui diz: "Porventura não convinha que Cristo padecesse estas coisas e entrasse na sua glória?" E, começando por Moisés e por todos os profetas, explicava-lhes o que dele se achava em todas as

Escrituras» (v. 26). Explica, esclarece. Confesso que tenho a curiosidade de saber como Jesus explicou, para fazer o mesmo. Foi uma catequese muito boa!

E depois, o próprio Jesus que nos acompanhou, que se aproximou de nós, finge ir além, para ver a medida da nossa inquietação: «Não. Vem, fica um pouco connosco!» (cf. v. 29). E é assim que se realiza o encontro. Contudo, o encontro não é apenas o momento de partir o pão, mas todo o caminho. Encontramos Jesus na escuridão das nossas dúvidas, até na dúvida horrível dos nossos pecados, Ele está lá para nos ajudar, nas nossas inquietações... Está sempre connosco!

O Senhor acompanha-nos porque quer encontrar--nos. É por isso que dizemos que o núcleo do cristianismo é um encontro: o encontro com Jesus. "Por que és cristão? Por que és cristã?". E muitas pessoas não sabem responder. Alguns, por tradição. Outros não sabem dizer porque encontraram Jesus, mas não se aperceberam de que era realmente um encontro com Jesus. Jesus está sempre à nossa procura. Sempre. E nós temos a nossa inquietação. No momento em que a nossa inquietação encontra Jesus, começa a vida da graça, a vida da plenitude, a vida do caminho cristão!

Que o Senhor conceda a todos nós a graça de encontrar Jesus todos os dias; de conhecer, de saber que Ele caminha connosco em todos os nossos momentos. Ele é o nosso companheiro de peregrinação.

Regina Coeli

Estimados irmãos e irmãs, bom dia!

O Evangelho de hoje, ambientado no dia de Páscoa,

narra o episódio dos dois discípulos de Emaús (cf. *Lc* 24, 13-35). É uma história que começa e acaba *a caminho*. Na verdade, há a viagem de ida dos discípulos que, tristes devido ao epílogo da vicissitude de Jesus, deixam Jerusalém e voltam para casa, para Emaús, percorrendo cerca de onze quilómetros. É uma viagem feita de dia, com grande parte do percurso em declive. E há a viagem de regresso: mais onze quilómetros, mas percorrida ao cair da noite, com parte do caminho em subida, após o cansaço da viagem de ida e o dia inteiro. Duas viagens: uma fácil, de dia, e outra cansativa, de noite. E no entanto, a primeira tem lugar na tristeza; a segunda, na alegria. Na primeira, há o Senhor que caminha ao lado deles, mas não o reconhecem; na segunda, já não o veem, mas sentem-no próximo. Na primeira estão desanimados e sem esperança; na segunda, correm a levar aos outros a boa notícia do encontro com Jesus Ressuscitado.

Os dois caminhos diferentes daqueles primeiros discípulos dizem-nos, a nós discípulos de Jesus hoje, que na vida temos à nossa frente dois rumos opostos: há o caminho de quem, como aqueles dois na ida, se deixa paralisar pelas desilusões da vida e vá em frente com tristeza; e há o caminho de quem não se coloca em primeiro lugar a si próprio e os seus problemas, mas Jesus que nos visita, e os irmãos que esperam a sua visita, ou seja, os irmãos que nos esperam para que cuidemos deles. Eis o momento decisivo: deixar de orbitar em torno de si próprio, das desilusões do passado, dos ideais não realizados, das muitas coisas negativas que aconteceram na vida. Muitas vezes somos levados a orbitar, orbitar... Deixemos isto e vamos em frente, olhando para a maior e mais verdadeira realidade da vida: *Jesus está vivo, Jesus ama-me*. Esta é a maior realidade. E eu posso fazer algo pelos outros. É uma realidade boa, positiva, solar, bela! Eis a inversão de marcha: passar dos *pensamentos sobre o meu eu* para a *realidade do meu Deus;* passar - com outro jogo de palavras - *do "se" para o "sim"*. Do "se" para o "sim". O que significa? "Se Ele nos tivesse libertado, se Deus me tivesse ouvido, se a vida tivesse corrido como eu queria, se eu tivesse isto e aquilo...", em tom de queixa. Este "se" não ajuda, não é fecundo, não ajuda nem a nós nem aos outros. Eis os nossos "se", semelhantes aos dos dois discípulos. Mas eles passam para o sim: "Sim, o Senhor está vivo, Ele caminha connosco. Sim, agora, não amanhã, voltamos a percorrer o caminho para o anunciar". "Sim, posso fazer isto para que as pessoas sejam mais felizes, para que as pessoas sejam melhores, para ajudar muitas pessoas. Sim, sim, eu posso". Do "se" para o "sim", da lamentação para a alegria e a paz, pois quando nos queixamos, não estamos na alegria; estamos na melancolia, na consternação, no ar cinzento da tristeza. E isto não ajuda, e nem sequer nos faz crescer bem. Do "se" para o "sim", da lamentação para a alegria do serviço.

Como se verificou nos discípulos esta mudança de passo, do eu para Deus, do "se" para o "sim"? *Encontrando Jesus:* os dois de Emaús primeiro abrem-lhe o coração; em seguida, ouvem-no explicar-lhes as Escrituras; depois, convidam-no para sua casa. São três passos que também nós podemos dar na nossa casa: *primeiro*, abrir o coração a Jesus, confiando-lhe os pesos, os cansaços, as desilusões da vida, confiando-lhe os "se"; e depois, *segundo* passo, ouvir Jesus, pegar no Evangelho, ler hoje este trecho, no capítulo vinte e quatro do Evangelho de Lucas; *terceiro*, rezar a Jesus, com as mesmas palavras daqueles discípulos: «Senhor, fica connosco» (v. 29). Senhor, fica comigo. Senhor, fica com todos nós, pois precisamos de ti para encontrar o caminho. E sem ti, não há noite!

Prezados irmãos e irmãs, na vida estamos sempre a caminho. E tornamo-nos aquilo rumo ao que caminhamos. Escolhamos a vereda de Deus, não a do eu; o caminho do "sim", não o do "se". Descobriremos que não há imprevisto, não há subida, não há noite que não se possa enfrentar com Jesus. Que Nossa Senhora, Mãe do Caminho que, acolhendo a Palavra, fez de toda a sua vida um "sim" a Deus, nos indique a senda.

Depois do Regina Coeli

Queridos irmãos e irmãs!

Ontem celebrou-se o Dia Mundial das Nações Unidas contra a malária. Enquanto combatemos a pandemia do coronavírus, devemos dar continuidade também ao nosso compromisso para prevenir e curar a malária, que ameaça biliões de pessoas em muitos países. Estou próximo de todos os doentes, daqueles que os curam e de quantos trabalham para garantir que todas as pessoas tenham acesso a bons serviços básicos de saúde.

Dirijo também uma saudação a todos aqueles que hoje, na Polónia, participam na "Leitura Nacional da Sagrada Escritura". Já vos disse muitas vezes e gostaria de o repetir novamente, como é importante adquirir o hábito de ler o Evangelho, alguns minutos, todos os dias. Tenhamo-lo no bolso, na bolsa. Que esteja sempre perto de nós, inclusive fisicamente, e leiamos um pouco todos os dias.

Daqui a alguns dias terá início o mês de maio, dedicado de forma especial à Virgem Maria. Com uma breve

Carta - publicada ontem - convidei todos os fiéis a recitar este mês o Santo Rosário juntos, em família ou sozinhos, e a rezar uma das duas orações que coloquei à disposição de todos. A nossa Mãe ajudar-nos-á a enfrentar com mais fé e esperança o tempo de provação que estamos a atravessar.

Desejo a todos um bom mês de maio e um bom domingo. Por favor, não vos esqueçais de rezar por mim. Bom almoço e até à vista!

Santa Missa[49]

Introdução

Rezemos hoje pelos artistas, que têm esta grande capacidade de criatividade e através da via da beleza mostram-nos o caminho a seguir. Que o Senhor nos conceda a todos a graça da criatividade neste momento.

Homilia- Voltar sempre ao primeiro encontro

O povo que ouviu Jesus ao longo do dia, e depois obteve a graça da multiplicação dos pães e viu o poder de Jesus, queria fazê-lo rei. Foram primeiro ter com Jesus para ouvir a palavra e também para pedir a cura dos doentes. Ficaram o dia inteiro a ouvir Jesus sem se aborrecer, sem se cansar: estavam lá, felizes. Então, quando viram que Jesus lhes dava de comer, o que não esperavam, pensaram: "Mas Ele seria um bom governante para nós e certamente poderá libertar-nos do poder dos romanos e levar o país em frente". E, entusiasmados, queriam fazê-lo rei. A sua intenção mudou, porque viram e pensaram: "Bem... uma pessoa que realiza este milagre, que alimenta o povo, pode ser um bom governante" (cf. *Jo* 6, 1-15). Mas naquele momento tinham esquecido o entusiasmo que a palavra de Jesus suscitara nos seus corações.

Jesus afastou-se para rezar (cf. v. 15). Aquelas pessoas ficaram lá e no dia seguinte estavam à procura de Jesus,

---

[49] Liturgia da Palavra: *At* 6, 8-15; *Sl* 118; *Jo* 6, 22-29.

"Ele deve estar aqui", disseram, pois viram que não tinha embarcado com os outros. E lá havia um barco... (cf. *Jo* 6, 22-24). Mas não sabiam que Jesus tinha ido ao encontro dos outros caminhando sobre as águas (cf. vv. 16-21). Então decidiram ir para o outro lado do Mar de Tiberíades à procura de Jesus e, quando o viram, a primeira palavra que lhe disseram foi: «Rabi, quando chegaste aqui?» (v. 25), como se dissessem: "Não entendemos, isto parece estranho".

E Jesus fá-los voltar ao primeiro sentimento, ao que tinham antes da multiplicação dos pães, quando ouviram a palavra de Deus: «Em verdade, em verdade vos digo que me buscais, não pelos sinais que vistes - como no princípio, os sinais da palavra, que os entusiasmavam, os sinais da cura - mas porque comestes dos pães e ficastes saciados» (v. 26). Jesus revela a intenção deles e diz: "Mas é assim, mudastes de atitude". E eles, em vez de se justificar: "Não, Senhor, não...", foram humildes. Jesus continua: «Trabalhai, não pela comida que perece, mas pela comida que permanece para a vida eterna, a qual o Filho do homem vos dará; porque nela Deus Pai imprimiu o seu sinal» (*Jo* 6, 27). E aquelas pessoas boas disseram: «Que faremos para praticar as obras de Deus?» (v. 28). «A obra de Deus é esta: que acrediteis n'Aquele que Ele enviou» (v. 29). Este é um caso em que Jesus corrige a atitude das pessoas, da multidão, porque a meio do caminho se desviou um pouco do primeiro momento, da primeira consolação espiritual, e empreendeu um caminho que não era certo, uma via mais mundana do que evangélica.

Isto faz-nos pensar que muitas vezes na vida começamos a seguir Jesus, a ir atrás de Jesus, com os valores do Evangelho, e no meio do caminho mudamos de ideia, vemos alguns sinais, afastamo-nos e conformamo-nos com algo mais temporal, mais material, mais mundano - talvez - e perdemos a memória daquele primeiro entusiasmo que tivemos quando ouvimos Jesus falar. O Senhor faz-nos regressar sempre ao primeiro encontro, ao primeiro momento em que Ele olhou para nós, em que nos falou e fez nascer em nós o desejo de o seguir. É uma graça a pedir ao Senhor, porque nós, na vida, teremos sempre esta tentação de nos afastar porque vemos outra coisa: "Isto vai correr bem, essa ideia é boa...". Assim afastamo-nos. A graça de voltar sempre à primeira chamada, ao primeiro momento: não esqueçamos, não esqueçamos a nossa história, quando Jesus olhou para nós com amor e disse: "Este é o teu caminho"; quando Jesus, através de tantas pessoas, me fez entender qual é o caminho do Evangelho e não outros caminhos um pouco mundanos, com outros valores. Voltemos ao primeiro encontro.

Impressionou-me sempre - daquilo que Jesus diz na manhã da Ressurreição - a sua afirmação: «Ide dizer aos meus irmãos que vão à Galileia, pois é lá que me verão» (cf. *Mt* 28, 10); a Galileia foi o lugar do primeiro encontro. Lá eles tinham encontrado Jesus. Cada um de nós tem dentro si a sua "Galileia", o momento em que Jesus se aproximou de cada um de nós e disse: "Segue-me". Na vida acontece o que ocorreu àquelas pessoas - boas, porque depois lhe dizem: "Mas o que devemos fazer?" e obedecem imediatamente - acontece que nos afastamos e procuramos outros valores, outras hermenêuticas, outras coisas e perdemos o frescor da primeira chamada. Também o autor da Carta aos Hebreus nos remete para isto: «Lembrai-vos dos primeiros dias» (cf. *Hb* 10, 32). A memória, a memória do primeiro encontro, a memória da "minha Galileia", quando o Senhor olhou para mim com amor e me disse: "Segue-me"!

Santa Missa[50]

Introdução

Neste tempo, em que começamos a ter orientações para sair da quarentena, peçamos ao Senhor que conceda ao seu povo, a todos nós, a graça da prudência e da obediência às disposições, para que a pandemia não se agrave.

Homilia– O pequeno linchamento diário da tagarelice

Na primeira leitura destes dias, ouvimos o martírio de Estêvão: um evento simples, como aconteceu. Os doutores da Lei não toleravam a clareza da doutrina, e assim que ela foi proclamada, foram perguntar a alguém que disse ter ouvido uma pessoa narrar que Estêvão blasfemava contra Deus, contra a Lei (cf. *At* 6, 11-14). E depois disso, foram contra ele e apedrejaram-no: assim, simplesmente (cf. *At* 7, 57-58). É a primeira estrutura de ação: eles fizeram o mesmo com Jesus (cf. *Mt* 26, 60-62). As pessoas que lá estavam procuravam convencer que era um blasfemador e gritavam: «Crucifica-o!» (*Mc* 15, 13). Trata-se de uma irracionalidade. Uma agressão, começar pelos falsos testemunhos para chegar a "fazer justiça". Este é o esquema. Também na Bíblia há casos como este: fizeram o mesmo a Susana (cf. *Dt* 13, 1-64), a Nabote fizeram o mesmo (cf. *1 Rs* 21, 1-16), então Hamã procurou fazer o mesmo com o povo de Deus (cf. *Est* 3, 1-14). Falsas notícias, calúnias que

---

[50] Liturgia da Palavra: *At* 7, 51-8,1; *Sl* 30; *Jo* 6, 30-35.

inflamam o povo e exigem justiça. É um linchamento, um verdadeiro linchamento.

E assim, levam-no ao juiz, para que dê forma jurídica: mas já tinha sido julgado; o juiz deve ser muito, muito corajoso para ir contra um julgamento "tão popular", feito de propósito, preparado. É o caso de Pilatos: Pilatos viu claramente que Jesus era inocente, mas vendo o povo, lavou as mãos (cf. *Mt* 27, 24-26). É uma forma de fazer jurisprudência. Ainda hoje vemos isto: em alguns países, quando se quer fazer um golpe de Estado ou "eliminar" algum político para que não vá a eleições, faz-se isto: falsa notícia, calúnia, depois confia-se a um juiz daqueles que gostam de criar jurisprudência com este positivismo "situacionalista" que está na moda, e depois condena-se. É um linchamento social. E assim procederam com Estêvão, assim foi feito o julgamento de Estêvão: levam a julgamento alguém já julgado pelo povo enganado.

Isto também acontece com os mártires de hoje: os juízes não têm qualquer hipótese de fazer justiça porque já foram julgados. Pensemos em Asia Bibi, por exemplo, que vimos: dez anos na prisão porque foi julgada por uma calúnia e por um povo que quer a sua morte. Perante esta avalanche de falsas notícias que criam opinião, muitas vezes nada pode ser feito: nada pode ser feito.

Penso muito, nisto, no Shoah. O Shoah é um destes casos: a opinião foi criada contra um povo e depois era normal: «Sim, sim: têm de ser mortos, têm de ser mortos». Uma forma de proceder para "eliminar" pessoas que estão a assediar, que incomodam.

Todos sabemos que isto não é bom, mas o que não sabemos é que há um pequeno linchamento diário que procura condenar as pessoas, criar uma má fama para as pessoas, descartá-las, condená-las: o pequeno linchamento diário da tagarelice que cria uma opinião; muitas vezes ouve-se a conversa de alguém e diz-se: "Mas não, esta pessoa é justa!" - "Não, não: dizem que ...", e com esse "*dizem que*" se cria uma opinião para acabar com uma pessoa. A verdade é outra: a verdade é o testemunho do verdadeiro, das coisas que uma pessoa crê; a verdade é clara, é transparente. A verdade não tolera pressões. Olhemos para Estêvão, mártir: primeiro mártir depois de Jesus. Primeiro mártir. Pensemos nos apóstolos: todos deram o seu testemunho. E pensemos nos muitos mártires, também naquele que hoje celebramos, São Pedro Chanel: a tagarelice fez acreditar que ele era contra o rei... cria-se uma fama, e teve que ser eliminado. E pensemos em nós, na nossa língua: muitas vezes nós, com os nossos comentários, começamos um linchamento deste género. E nas nossas instituições cristãs, vimos tantos linchamentos diários que nasceram da tagarelice.

Que o Senhor nos ajude a sermos justos nos nossos julgamentos, a não começar nem seguir esta condenação maciça provocada pela tagarelice.

Santa Missa[51]

Introdução

Hoje é a festa de Santa Catarina de Sena, Doutora da Igreja, Padroeira da Europa. Rezemos pela Europa, pela unidade da Europa, pela unidade da União Europeia: que todos juntos possamos seguir em frente como irmãos.

Homilia– A realidade e a simplicidade dos pequeninos

Na primeira Carta de São João apóstolo há muitos contrastes: luz e trevas, mentira e verdade, pecado e inocência (cf. *1 Jo* 1, 5-7). Mas o apóstolo chama sempre à realidade, à verdade, e diz-nos que não podemos estar em comunhão com Jesus e caminhar nas trevas, porque Ele é luz. Ou uma coisa ou outra: o cinzento é ainda pior, porque o cinzento faz-nos acreditar que caminhamos na luz, porque não estamos na escuridão, e isto tranquiliza-nos. O cinzento é muito traiçoeiro. Ou uma coisa ou outra.

O apóstolo continua: «Se dissermos que não temos pecado, enganamo-nos a nós mesmos, e não há verdade em nós» (*1 Jo* 1, 8), porque todos pecamos, somos todos pecadores. E aqui há algo que nos pode enganar: dizendo "somos todos pecadores", como quem diz "bom dia", "boa tarde", uma expressão habitual, um costume social, não temos uma verdadeira consciência de pecado. Não: *eu* sou pecador por isto, isso e aquilo. A realidade. A realidade da

---

[51] Liturgia da Palavra: *1 Jo* 1, 5-2,2; *Sl* 102; *Mt* 11, 25-30.

verdade: a verdade é sempre real; as mentiras são etéreas, são como o ar, não se pode pegar nele. A verdade é concreta. E não podes ir confessar os teus pecados de uma forma abstrata: "Sim, eu... sim, uma vez perdi a paciência, outra vez...", coisas abstratas. "Eu sou pecador». A realidade: "Fiz isto. Pensei isso. Disse aquilo". A realidade é o que me faz sentir um verdadeiro pecador e não "pecador no ar".

Jesus diz no Evangelho: «Graças te dou, ó Pai, Senhor do céu e da terra, que ocultaste estas coisas aos sábios e entendidos, e as revelaste aos pequeninos» (*Mt* 11, 25). A realidade dos pequeninos. É bom ouvir os pequeninos quando se confessam: não dizem coisas estranhas, "no ar"; dizem coisas concretas, e por vezes demasiado concretas porque têm aquela simplicidade que Deus dá aos pequeninos. Lembro-me sempre de uma criança que uma vez me veio contar que estava triste porque tinha discutido com a tia... Depois continuou. Eu disse: "O que fizeste?" - "Bem, eu estava em casa, queria ir jogar futebol - era um menino – mas dado que a mãe não estava em casa, a tia disse: "Não, tu não sais: primeiro tens de fazer os deveres de casa". Palavra vai, palavra vem, e no final mandei-a àquele sítio". Era uma criança de grande cultura geográfica... Disse-me até o nome do lugar para onde tinha mandado a sua tia! São assim: simples, concretas.

Também nós devemos ser simples, concretos: a concretude leva-nos à humildade, porque a humildade é concreta. "Somos todos pecadores" é uma expressão abstrata. Não: "*Eu* sou pecador por isto, isso e aquilo", e esta atitude leva-me à vergonha de olhar para Jesus: "Perdoa-me". A verdadeira atitude do pecador. «Se dissermos que não temos pecado, enganamo-nos a nós mesmos, e não há verdade em nós» (*1 Jo* 1, 8). Esta atitude abstrata é uma forma de dizer que estamos sem pecado: "Sim, somos pecadores, sim, perdi a paciência uma vez...", mas "tudo no ar". Não percebo a realidade dos meus pecados. "Mas, o senhor sabe, todos, todos nós fazemos estas coisas, lamento, lamento... causa-me sofrimento, já não o quero fazer, já não o quero dizer, não quero pensar mais nisso". É importante dar um nome aos pecados que temos dentro de nós. A realidade. Porque se "permanecermos no ar", acabaremos nas trevas. Tornemo-nos como os pequeninos, que dizem o que sentem, o que pensam: ainda não aprenderam a arte de dizer as coisas um pouco embrulhadas para que entendam mas não as digam. Esta é uma arte dos adultos, que muitas vezes não nos faz bem.

Ontem recebi uma carta de um jovem de Caravaggio. O seu nome é Andrea. Contou-me coisas sobre ele: as cartas dos adolescentes, dos jovens, são muito bonitas, pela realidade. E disse-me que tinha assistido à Missa na televisão e que me queria "repreender" por uma coisa: que eu digo "a paz esteja convosco", "e tu não podes dizer isto porque com a pandemia não nos podemos abraçar". "Não vê que [aqui na igreja] inclinais a cabeça e não vos tocais". Mas ele tem a liberdade de dizer as coisas como são.

Também nós, com o Senhor, devemos ter a liberdade de dizer as coisas como são: "Senhor, estou em pecado: ajudai-me". Como Pedro depois da primeira pesca milagrosa: «Senhor, afasta-te de mim, porque sou pecador» (*Lc* 5, 8). Tenhamos esta sabedoria da realidade. Porque o diabo quer que vivamos na tibieza, indolentes, no cinzento: nem bom nem mau, nem branco nem preto: cinzento. Uma vida que não agrada ao Senhor. O Senhor não gosta dos tíbios. Realidade. Não ser mentiroso. «Se confessarmos os nossos pecados, ele é fiel e justo para nos perdoar»

(*1 Jo* 1, 9). Ele perdoa-nos quando somos concretos. A vida espiritual é tão simples, tão simples; mas complicamo-la com estas nuances e, no final, nunca concluímos nada...

Peçamos ao Senhor a graça da simplicidade e que Ele nos conceda essa graça que dá às pessoas simples, às crianças, aos jovens que dizem o que sentem, que não escondem o que sentem. Mesmo que seja uma coisa errada, eles dizem-no. Também com Ele, dizer tudo: transparência. Não viver uma vida que não é uma coisa nem outra. A graça da liberdade para dizer estas coisas e também a graça de saber bem quem somos perante Deus.

Santa Missa[52]

Introdução

Rezemos hoje pelos defuntos, aqueles que morreram devido à pandemia; e também, de uma forma especial, pelos defuntos - digamos - anónimos: vimos as fotografias das valas comuns. Muitos... muitos...

Homilia- Sem testemunho e oração não se pode fazer pregação apostólica

«Ninguém pode vir a mim, se o Pai que me enviou o não trouxer» (*Jo* 6, 44): Jesus recorda que os profetas também predisseram isto: «E serão todos ensinados por Deus» (*Jo* 6, 45). É Deus quem nos leva ao conhecimento do Filho. Sem isto, não se pode conhecer Jesus. Sim, pode-se estudar, também estudar a Bíblia, até saber como nasceu, o que fez. Mas conhecê-lo por dentro, conhecer o mistério de Cristo, é apenas para aqueles que são atraídos pelo Pai.

Foi isto que aconteceu ao ministro da economia da Rainha da Etiópia. Podemos ver que era um homem piedoso e que, no meio dos seus negócios, dedicou tempo para ir adorar a Deus. Um crente. E voltou para a sua pátria lendo o profeta Isaías (cf. *At* 8, 27-28). O Senhor chamou Filipe, enviou-o para aquele lugar e depois disse-lhe: «Aproxima-te desse carro e acompanha-o» (v. 29), e ouviu

---

[52] Liturgia da Palavra: *At* 8, 26-40; *Sl* 65; *Jo* 6, 44-51.

que o ministro lia Isaías. Aproxima-se dele e faz-lhe uma pergunta: «Compreendes»? - «Como poderia entender se ninguém me está a orientar?» (v. 31), e pergunta: «De quem fala o profeta»? «Por favor, entre no carro», e durante a viagem - não sei quanto tempo, penso que pelo menos algumas horas - Filipe explicou-lhe: explicou Jesus (vv. 26-35).

A inquietação que aquele senhor sentia ao ler o profeta Isaías era precisamente do Pai, que atrai para Jesus (cf. *Jo* 6, 44): tinha-o preparado, tinha-o trazido da Etiópia para Jerusalém a fim de adorar a Deus e depois, com essa leitura, preparou o seu coração para revelar Jesus, a ponto de, logo que viu a água, disse: «Posso ser batizado» (cf. v. 36). E ele acreditou.

E isto - que ninguém pode conhecer Jesus sem que o Pai o atraia (cf. v. 44) - é válido para o nosso apostolado, para a nossa missão apostólica como cristãos. Penso também nas missões. "Que vais fazer nas missões?" - "Eu, converter pessoas" - "Mas repara, tu não estás a converter ninguém! Será o Pai que atrairá esses corações a reconhecerem Jesus". Ir em missão é dar *testemunho* da própria fé; sem testemunho nada farás. Ir em missão - e os missionários são bons! - não significa edificar grandes estruturas, coisas... e ficar por aí. Não: as estruturas devem ser testemunhos. Podes construir uma estrutura hospitalar, educacional de grande perfeição, de grande desenvolvimento, mas se uma estrutura estiver sem testemunho cristão, o seu trabalho lá não será uma obra de testemunho, uma obra de verdadeira pregação de Jesus: será uma sociedade de beneficência, muito boa - muito boa! - mas nada mais.

Se eu quiser ir em missão, e digo isto se eu quiser fazer apostolado, tenho que ir com a vontade do Pai para atrair pessoas para Jesus, e é isto que o testemunho faz. O próprio Jesus disse o mesmo a Pedro quando confessou que é o Messias: «Tu és feliz, Simão Pedro, porque o Pai te revelou isto» (cf. *Mt* 16, 17). É o Pai que atrai, e também atrai com o nosso testemunho. "Farei muitas obras, aqui e ali, de educação, disto e daquilo...", mas sem testemunho são coisas boas, mas não são o anúncio do Evangelho, não são lugares que dão a possibilidade de que «o Pai atraia ao conhecimento de Jesus» (cf. *Jo* 6, 44). Trabalho e testemunho.

"Mas o que posso fazer para que o Pai providencie para atrair essas pessoas?". *Oração*. E esta é a oração para as missões: rezar para que o Pai atraia as pessoas para Jesus. *O testemunho e a oração* caminham juntos. Sem o testemunho e a oração não se pode fazer pregação apostólica, não se pode fazer anúncio. Será um bom sermão moral, farás muitas coisas boas, todas positivas. Mas o Pai não terá a possibilidade de atrair as pessoas para Jesus. E este é o centro: este é o centro do nosso apostolado, para que «o Pai possa atrair pessoas para Jesus» (cf. *Jo* 6, 44). O nosso testemunho abre as portas ao povo e a nossa oração abre as portas ao coração do Pai, para que ele atraia as pessoas. Testemunho e oração. E isto não é apenas para as missões, é também para o nosso trabalho como cristãos. Será que dou testemunho da vida cristã, realmente, com o meu modo de vida? Será que rezo para que o Pai atraia pessoas para Jesus?

Esta é a grande regra para o nosso apostolado, em todo lugar, e especialmente para as missões. Ir em missão não é fazer proselitismo. Certa vez, uma senhora - bondosa, podia-se ver que ela era de boa vontade – aproximou--se de mim com dois jovens, um rapaz e uma moça, e disse-me: "Este rapaz, padre, era protestante e converteu-se: convenci-o. E esta moça era..." - Não sei, animista, não me lembro o que ela me disse - "e eu converti-a". E a senhora era bondosa. Mas errava. Perdi um pouco a paciência e disse: "Mas escuta, não converteste ninguém: foi Deus que moveu o coração das pessoas. E não te esqueças: testemunho, sim; proselitismo, não".

Peçamos ao Senhor a graça de viver o nosso trabalho com testemunho e oração, para que Ele, o Pai, possa atrair as pessoas a Jesus.

Santa Missa[53]

Introdução

Hoje é a festa de São José Operário e o Dia do Trabalhador. Rezemos por todos os trabalhadores. Por todos. Para que não falte trabalho a ninguém e que todos sejam pagos com justiça e beneficiem da dignidade do trabalho e da beleza do descanso.

Homilia- O trabalho é a vocação do homem

«E Deus criou» (*Gn* 1, 27). Um Criador. Criou o mundo, criou o homem, e deu ao homem uma missão: administrar, trabalhar, continuar a criação. A Bíblia usa *trabalho* para descrever esta atividade de Deus: «Tendo Deus acabado no sétimo dia a *obra* que fizera, descansou de todo o seu *trabalho*» (*Gn* 2, 2). E confia esta atividade ao homem: «Tendes de fazer isto, conservar aquilo, trabalhar para criar comigo - como se tivesse dito assim - este mundo, para que continue» (cf. *Gn* 2, 15.19-20). A tal ponto que o trabalho é apenas a continuação da obra de Deus: o trabalho humano é a vocação do homem recebida de Deus no fim da criação do universo.

É o trabalho que torna o homem semelhante a Deus, pois com o trabalho o homem é criador, é capaz de criar, de criar muitas coisas; até mesmo de criar uma família para seguir em frente. O homem é criador e cria com o

---

[53] Liturgia da Palavra: *Gn* 1, 26-2,3; *Sl* 89; *Mt* 13, 54-58.

trabalho. Esta é a vocação. E a Bíblia diz: «Viu Deus que tudo quanto tinha feito era muito bom» (*Gn* 1, 31). Ou seja, o trabalho tem em si uma bondade e cria a harmonia das coisas - beleza, bondade - e envolve o homem em tudo: no seu pensamento, na sua atuação, em tudo. O homem participa no trabalho. É a primeira vocação do homem: trabalhar. E isto dá dignidade ao homem. É a dignidade que o faz assemelhar-se a Deus. A dignidade do trabalho.

Certa vez, numa Cáritas, a um homem que não tinha trabalho e fora à procura de algo para a família, um empregado dessa entidade [deu-lhe algo para comer e] disse: "Pelo menos podes levar o pão para casa" - "Mas isto não me basta, não me é suficiente", foi a resposta: "Quero *ganhar o pão* a fim de o levar para casa". Faltava-lhe a dignidade, a dignidade de "fazer" o próprio pão, com o seu trabalho, e de o levar para casa. A dignidade do trabalho, que infelizmente é tão espezinhada.

Na história, lemos a brutalidade que fizeram com os escravos: foram levados da África para a América - penso nesta história, que diz respeito à minha terra - e nós dizemos: "Quanta barbárie!". Mas ainda hoje há muitos escravos, muitos homens e mulheres que não são *livres* para trabalhar: são obrigados a trabalhar para sobreviver, nada mais. São escravos: o trabalho forçado... Existe o trabalho forçado, injusto, mal pago e que leva o homem a viver com a dignidade espezinhada. Há muitos, muitos no mundo. Muitos! Nos jornais, há alguns meses, lemos que num país da Ásia, um homem espancou até à morte um dos seus empregados que ganhava menos de meio dólar por dia, porque tinha feito algo de errado. A escravatura de hoje é a nossa "indignidade", porque tira a dignidade dos homens, das mulheres, de todos nós. "Não, eu trabalho, tenho a minha dignidade". Sim, mas os teus irmãos, não. "Sim, padre, é verdade, mas isto está tão longe, para mim é difícil compreendê-lo. Mas aqui onde estamos...". Também aqui, no nosso lugar. Aqui, entre nós. Pensa nos trabalhadores, nos diaristas, que tu fazes trabalhar por um salário mínimo e não oito, mas 12, 14 horas por dia: isto acontece hoje, aqui. Em todo o mundo, mas também aqui. Pensa na empregada doméstica que não recebe um salário justo, não tem assistência da segurança social e nem sequer a possibilidade de se aposentar: isto não acontece apenas na Ásia. Também aqui.

Toda a injustiça que se faz a uma pessoa que trabalha, espezinha a dignidade humana; inclusive a dignidade daquele que comete a injustiça: abaixa-se o nível e acaba-se naquela tensão de ditador-escravo. Ao contrário, a vocação que Deus nos dá é tão bonita: criar, recriar, trabalhar. Mas isto pode ser feito quando as condições são adequadas e a dignidade da pessoa é respeitada.

Unamo-nos hoje a muitos homens e mulheres, crentes e não-crentes, que comemoram o Dia do Trabalhador, o Dia do Trabalho, por aqueles que lutam pela justiça no trabalho, por aqueles - bons empresários - que realizam o trabalho com justiça, mesmo que tenham prejuízo. Há dois meses ouvi ao telefone um empresário, aqui na Itália, que me pedia para rezar por ele porque não queria despedir ninguém e disse: "Pois despedir um deles é despedir-me". A consciência de tantos bons empresários, que amparam os trabalhadores como se fossem filhos! Rezemos também por eles. E peçamos a São José - com este ícone [uma imagem colocada junto do altar] tão bonito, com as ferramentas do trabalho nas mãos - que nos ajude a lutar pela dignidade do trabalho, a fim de que haja trabalho para todos e que seja um trabalho digno. Não trabalho escravo. Que esta seja a oração de hoje!

SÁBADO, 2 DE MAIO DE 2020

Santa Missa[54]

Introdução

Rezemos hoje pelos governantes que têm a responsabilidade de cuidar dos seus povos nestes tempos de crise: chefes de Estado, presidentes de governo, legisladores, presidentes de câmaras municipais, presidentes de região... Para que o Senhor os ajude e lhes dê força, pois o seu trabalho não é fácil. E que, quando existirem diferenças entre eles, compreendam que nos momentos de crise devem estar muito unidos para o bem do povo, pois a unidade é superior ao conflito.

Hoje, sábado 2 de maio, 300 grupos de oração unem-se a nós em prece. Trata-se dos chamados *"madrugadores"*: aqueles que se levantam cedo para rezar, que se levantam de madrugada precisamente para a oração. Hoje, neste momento, eles unem-se a nós.

Homilia– Aprender a viver os momentos de crise

A primeira Leitura começa assim: «Naqueles dias a Igreja estava em paz por toda a Judeia, Galileia e Samaria. Fortalecia-se caminhando no temor do Senhor e, com a consolação do Espírito Santo, crescia em número» (*At* 9, 31). Tempo de paz. E a Igreja cresce. A Igreja está tranquila, tem o conforto do Espírito Santo, está em consolação. Bons tempos... Segue-se a cura de Eneias, depois Pedro

---

[54] Liturgia da Palavra: *At* 9, 31-42; *Sl* 115; *Jo* 6, 60-69.

ressuscita Gazela, Tabita... coisas que se fazem em paz.

Mas na Igreja primitiva nem sempre é tempo de paz: há tempos de perseguição, tempos difíceis, tempos que colocam os crentes em crise. Tempos de crise. E um tempo de crise é o que nos narra hoje o Evangelho de João (cf. 6, 60-69). Esta passagem do Evangelho é o fim de toda uma série, que começou com a multiplicação dos pães, quando queriam fazer Jesus rei, Jesus retira-se para rezar, no dia seguinte não o encontram, vão à sua procura, e Jesus repreende-os porque o procuram para que lhes dê de comer, e não pelas palavras de vida eterna... E toda aquela história termina aqui. Dizem: "Dai-nos deste pão", e Jesus explica que o pão que dará é o seu corpo e o seu sangue.

«Naquele tempo, muitos dos discípulos de Jesus, ouvindo-o, disseram: "Isto é muito difícil! Quem o pode seguir?"» (v. 60). Jesus disse que quem não tivesse comido o seu corpo e sangue, não teria a vida eterna. Jesus disse também: «Se comerdes o meu corpo e beberdes o meu sangue, ressuscitareis no último dia» (cf. v. 54), disse Jesus. «Isto é muito difícil!» (v. 60) [os discípulos pensam]. "É demasiado difícil. Algo aqui não funciona. Este homem foi longe demais". E este é um momento de crise. Houve momentos de paz e momentos de crise. Jesus sabia que os discípulos murmuravam. Aqui há uma distinção entre os discípulos e os apóstolos: os discípulos eram aqueles setenta e dois ou mais, os apóstolos eram os Doze. «Porque desde o princípio Jesus sabia quais eram os que não acreditavam e quem o havia de trair» (v. 64). E perante esta crise, recorda-lhes: «Foi por isso que vos disse: "Ninguém pode vir a mim, se o meu Pai não lho conceder"» (v. 65). E recomeça a falar do que significa ser atraído pelo Pai: o Pai atrai-nos a Jesus. É assim que se resolve a crise.

E «a partir daquele momento, muitos dos seus discípulos se retiraram e já não andavam com Ele» (v. 66). Distanciaram-se. "Este homem é um pouco perigoso, um pouco... Mas estas doutrinas... Sim, ele é um homem bom, prega e cura, mas quando começa com estas coisas estranhas... Por favor, vamos embora" (cf. v. 66). Assim fizeram os discípulos de Emaús, na manhã da Ressurreição: "Bem, sim, uma coisa estranha: as mulheres que dizem que o túmulo... Mas isto cheira mal, diziam, vamos embora depressa, porque os soldados virão e nos crucificarão" (cf. *Lc* 24, 22-24). Os soldados que guardavam o túmulo fizeram o mesmo: tinham visto a verdade, mas depois preferiram vender o seu segredo: "Tenhamos cuidado: não entremos nestas histórias, pois são perigosas" (cf. *Mt* 28, 11-15).

Um momento de crise é um momento de escolha, que nos coloca à frente das decisões que temos de tomar. Todos na vida tivemos e teremos momentos de crise: crise familiar, crise matrimonial, crise social, crise laboral, muitas crises... Esta pandemia é também um momento de crise social.

Como reagir neste momento de crise? «A partir daquele momento, muitos dos seus discípulos se retiraram e já não andavam com Ele» (v. 66). Jesus tomou a decisão de interrogar os apóstolos: «Então, Jesus perguntou aos Doze: "Quereis vós também retirar-vos?"» (v. 67). Tomai uma decisão. E Pedro faz a segunda confissão: «Simão Pedro respondeu-lhe: "Senhor, a quem iremos? Tu tens palavras de vida eterna. E nós acreditamos e sabemos que Tu és o Santo de Deus!"» (vv. 68-69). Pedro confessa, em nome dos Doze, que Jesus é o Santo de Deus, o Filho de Deus. A primeira confissão - «Tu és Cristo, o Filho do Deus vivo» - e logo depois, quando Jesus começou a explicar a paixão que viria, impediu-o: "Não, não, Senhor, isto não", e Jesus repreendeu-o (cf. *Mt* 16, 16-23). Mas Pedro amadureceu um pouco e aqui não censura. Não entende o que Jesus diz, "comer a carne, beber o sangue" (cf. 6, 54-56), não entende, mas confia no Mestre. Confia. E faz esta segunda confissão: "Mas a quem iremos? Por favor, Tu tens palavras de vida eterna" (cf. v. 68).

Isto ajuda-nos todos a viver a crise. Na minha terra há um ditado que diz: "Quando vais a cavalo e deves atravessar um rio, por favor não troques o cavalo no meio do rio". Em tempos de crise, sejamos deveras firmes na convicção da fé. Aqueles que foram embora, que "trocaram o cavalo", procuraram outro mestre que não fosse tão "duro", como lhe diziam. Nos momentos de crise deve haver perseverança, silêncio; fiquemos onde estamos, imóveis. Este não é o momento de fazer alterações. É o momento da fidelidade, da fidelidade a Deus, da fidelidade às coisas [decisões] que tomamos antes. É também o momento da conversão, pois esta fidelidade irá inspirar-nos a fazer algumas mudanças para o bem, não a distanciar-nos do bem.

Momentos de paz e momentos de crise. Nós, cristãos, temos de aprender a enfrentar ambos. Ambos. Alguns padres espirituais dizem que o momento de crise é como atravessar o fogo para se tornar forte. Que o Senhor nos envie o Espírito Santo para sabermos resistir às tentações nos momentos de crise, para sabermos ser fiéis às primeiras palavras, com a esperança de viver depois os momentos de paz. Pensemos nas nossas crises: crises familiares, crises de vizinhança, crises de trabalho, crises sociais do mundo, do país... Muitas crises, tantas crises.

Que o Senhor nos dê a força - em tempos de crise - para não vendermos a fé.

3 DE MAIO DE 2020

QUARTO DOMINGO DE PÁSCOA (A)

Santa Missa[55]

Introdução

Três semanas após a Ressurreição do Senhor, a Igreja celebra hoje, no quarto domingo de Páscoa, o domingo do Bom Pastor, Jesus Bom Pastor. Isto faz-me pensar em tantos pastores no mundo que dão a vida pelos fiéis, também nesta pandemia, muitos, aqui em Itália já morreram mais de 100. E penso também noutros pastores que se preocupam com o bem do povo: os médicos. Falamos de médicos, daquilo que fazem, mas devemos saber que, só na Itália, faleceram 154 médicos durante o serviço. Que o exemplo destes pastores sacerdotes e "pastores médicos" nos ajude a cuidar do santo povo fiel de Deus.

Homilia– A mansidão e ternura do Bom Pastor

A Primeira Carta do Apóstolo Pedro, que ouvimos, é um excerto de serenidade (cf. 2, 20-25). Fala de Jesus. Ele diz: «Assumindo ele mesmo no seu corpo os nossos pecados sobre o madeiro, para que, mortos para os pecados, pudéssemos viver para a justiça; e pelas suas feridas fostes sarados. Porque éreis como ovelhas desgarradas; mas agora fostes reconduzidos ao pastor e guardião das vossas almas» (vv. 24-25).

---

[55] Liturgia da Palavra: *At* 2, 14.36-41; *Sl* 22; *1Pe* 2, 20-25; *Jo* 10, 1-10.

Jesus é o pastor - assim o vê Pedro - que vem para salvar, para salvar as ovelhas errantes: éramos nós. E no salmo 22 que lemos depois desta leitura, repetimos: «O Senhor é meu pastor: nada me faltará» (v. 1). A presença do Senhor como pastor, como pastor do rebanho. E Jesus, no capítulo 10 de João, que lemos, apresenta-se como pastor. De facto, não só o pastor, mas a "porta" por onde se entra no rebanho (cf. v. 8). Todos aqueles que vieram e não entraram por aquela porta eram ladrões e assaltante ou queriam aproveitar-se do rebanho: os falsos pastores. E na história da Igreja tem havido muitos destes que exploraram o rebanho. Eles não estavam interessados no rebanho, mas apenas em fazer carreira, ou política ou dinheiro. Mas o rebanho conhecia-os, sempre os conheceu e ia à procura de Deus pelo seu caminho.

Mas quando há um bom pastor que leva em frente, há o rebanho que vai em frente. O bom pastor ouve o rebanho, guia o rebanho, cura o rebanho. E o rebanho sabe distinguir os pastores, não erra: o rebanho confia no bom pastor, confia em Jesus. Só o pastor que se assemelha a Jesus dá confiança ao rebanho, porque Ele é *a porta*. O estilo de Jesus deve ser o estilo do pastor, não há outro. Mas até Jesus, o bom pastor, como diz Pedro na primeira leitura, «pois também Cristo padeceu por nós, deixando-nos o exemplo, para que sigais as suas pisadas: o qual não cometeu pecado, nem na sua boca se achou engano; o qual, quando o injuriavam, não injuriava, e quando padecia não ameaçava» (*1 Pe* 2, 21-23). Ele era manso. Um dos sinais do bom Pastor é *a mansidão*. O bom pastor é manso. Um pastor que não é manso não é um bom pastor. Ele tem algo escondido, porque a mansidão se mostra como é, sem se defender. Pelo contrário, o pastor é terno, tem essa *ternura da proximidade*, conhece todas as ovelhas pelo nome e cuida de cada uma como se fosse a única, a ponto que, ao chegar a casa depois de um dia de trabalho, cansado, percebe que lhe falta uma, sai para trabalhar outra vez para a procurar e [encontrá-la] leva-a consigo, carrega-a sobre os ombros (cf. *Lc* 15, 4-5). Este é o bom pastor, este é Jesus, que nos acompanha a todos no caminho da vida. E esta ideia do pastor, esta ideia do rebanho e das ovelhas, é uma ideia pascal. A Igreja, na primeira semana da Páscoa, canta aquele lindo hino para os recém-batizados: "Estes são os novos cordeiros", o hino que ouvimos no início da Missa. É uma ideia de comunidade, de ternura, de bondade, de mansidão. É a Igreja que Jesus quer, e Ele salvaguarda esta Igreja.

Este é um domingo bonito, é um domingo de paz, é um domingo de ternura, de mansidão, porque o nosso Pastor cuida de nós. «O Senhor é meu pastor, nada me faltará» (*Sl* 22, 1).

Regina Coeli

Estimados irmãos e irmãs, bom dia!

O quarto domingo de Páscoa, que hoje celebramos, é dedicado a Jesus, Bom Pastor. O Evangelho diz: « As ovelhas *ouvem a sua voz*: e chama pelo nome as suas ovelha » (*Jo* 10, 3). O Senhor chama-nos pelo nome, chama-nos porque nos ama. Mas, diz novamente o Evangelho, há *outras vozes*, que não se devem seguir: as de estranhos, ladrões e assaltantes que querem o mal das ovelhas.

Estas diferentes vozes ressoam dentro de nós. Há a voz de Deus, que fala amavelmente à consciência, e há a voz tentadora que induz ao mal. Como podemos reconhecer a voz do bom pastor e a do ladrão, como podemos distinguir a inspiração de Deus da sugestão do maligno? Podemos aprender a discernir estas duas vozes: elas falam duas línguas diferentes, ou seja, têm formas opostas de bater ao nosso coração. Falam línguas diferentes. Tal como sabemos distinguir uma língua da outra, também sabemos distinguir a voz de Deus da voz do Maligno. A voz de Deus nunca obriga: Deus *propõe-se*, Ele não se *impõe*. Ao contrário, a voz maligna seduz, agride, força: suscita ilusões deslumbrantes, emoções tentadoras, mas transitórias. No início lisonjeia-nos, faz-nos acreditar que somos omnipotentes, mas depois deixa-nos vazios por dentro e acusa-nos: "Tu não vales nada". A voz de Deus, pelo contrário, corrige-nos, com muita paciência, mas encoraja-nos sempre, consola-nos: alimenta-nos sempre de esperança. A voz de Deus é uma voz que tem um horizonte, enquanto que, a voz do maligno leva-te a um muro, põe-te de lado.

Outra diferença. A voz do inimigo distrai-nos do presente e quer que nos concentremos nos receios do futuro ou nas tristezas do passado - o inimigo não quer o presente -: faz ressurgir as amarguras, as recordações das injustiças sofridas, daqueles que nos magoaram..., muitas recordações negativas. Mas, a voz de Deus fala ao presente: "Agora podes fazer o bem, agora podes exercer a criatividade do amor, agora podes renunciar aos arrependimentos e remorsos que mantêm o teu coração prisioneiro". Anima-nos, faz-nos ir em frente, mas fala no presente: agora.

Mais uma vez: as duas vozes levantam em nós questões diferentes. A que vem de Deus será: "O que é bom para mim?". Ao contrário, o tentador insistirá noutra questão: "O que me apetece fazer". O que me apetece: a voz maligna gira sempre em torno do ego, dos seus impulsos, das suas necessidades, de *tudo e já*. É como os caprichos das crianças: tudo e agora. A voz de Deus, pelo contrário, nunca promete alegria a um preço baixo: convida-nos a ir além do nosso ego para encontrar o verdadeiro bem, a paz. Lembremo-nos: o mal nunca nos dá paz, ao contrário provoca inquietação e depois deixa amargura. Este é o estilo do mal.

Por fim, a voz de Deus e a do tentador falam em diferentes "ambientes": o inimigo prefere a escuridão, a falsidade, os mexericos; o Senhor ama a luz do sol, a verdade, a transparência sincera. O inimigo dir-nos-á: "Fecha-te em ti, porque ninguém te entende nem te ouve, não confies!". Ao contrário, o bem convida-nos a abrir-nos, a ser claros e a confiar em Deus e nos outros. Amados irmãos e irmãs, neste momento, tantos pensamentos e preocupações nos levam a reentrar em nós mesmos. Prestemos atenção às vozes que chegam aos nossos corações. Perguntemo-nos de onde vêm. Peçamos a graça de reconhecer e seguir a voz do bom Pastor, que nos faz sair do espaço do egoísmo e nos conduz aos pastos da verdadeira liberdade. Que Nossa Senhora, Mãe do Bom Conselho, guie e acompanhe o nosso discernimento.

Depois do Regina Coeli

Amados irmãos e irmãs!

Celebramos hoje o *Dia Mundial de Oração pelas Vocações*. A existência cristã é sempre uma resposta à chamada de Deus, em qualquer estado de vida. Este dia recorda-nos o que Jesus disse certa vez, que a messe do Reino de Deus requer muito trabalho, e devemos rezar ao Pai para que envie trabalhadores para a sua messe (cf. *Mt* 9, 37-38). O sacerdócio e a vida consagrada exigem coragem e perseverança; e sem oração não continuaremos por este caminho. Convido todos a invocar do Senhor o dom de bons trabalhadores para o seu Reino, com o coração e as mãos abertas ao seu amor.

Mais uma vez, gostaria de expressar a minha solidariedade com os doentes da Covid-19, com aqueles que se dedicam aos seus cuidados, com quantos, de alguma forma, sofrem com a pandemia. Ao mesmo tempo, gostaria de apoiar e encorajar a colaboração internacional que está a ter lugar com várias iniciativas, a fim de responder de forma adequada e eficaz à grave crise que estamos a atravessar. Com efeito, é importante unir as capacidades científicas, de forma transparente e desinteressada, para encontrar vacinas e tratamentos e garantir o acesso universal a tecnologias essenciais que permitam que as pessoas contagiadas, em todas as partes do mundo, recebam os cuidados de saúde necessários.

Dirijo um pensamento especial à Associação "Meter", promotora do Dia Nacional das crianças vítimas de violência, exploração e indiferença. Encorajo os responsáveis e os operadores a prosseguirem a sua ação de prevenção e de sensibilização ao lado das diversas agências educativas. E agradeço às crianças da Associação que me enviaram uma *colagem* com centenas de margaridas por elas coloridas. Obrigado!

Acabou de iniciar maio, o mês mariano por excelência, durante o qual os fiéis gostam de visitar os Santuários dedicados a Nossa Senhora. Este ano, devido à situação de saúde, dirijamo-nos espiritualmente a estes lugares de fé e devoção, para colocar no coração da Santíssima Virgem as nossas preocupações, expectativas e planos para o futuro.

E porque a oração é um valor universal, aceitei a proposta do Alto Comité para a Fraternidade Humana a fim de que, no próximo dia 14 de maio, os crentes de todas as religiões se unam espiritualmente num dia de oração, jejum e obras de caridade, para implorar a Deus que ajude a humanidade a superar a pandemia do coronavírus. Lembrai-vos: a 14 de maio, todos os crentes juntos, crentes de diferentes tradições, para orar, jejuar e fazer obras de caridade.

Desejo-vos a todos bom domingo. Por favor, não vos esqueçais de rezar por mim. Bom almoço e até à vista.

Santa Missa[56]

Introdução

Rezemos hoje pelas famílias. Neste tempo de quarentena, a família, fechada em casa, procura fazer muitas coisas novas, ter tanta criatividade com as crianças, com todos, para seguir em frente. E às vezes existe também outra situação: a violência doméstica. Rezemos pelas famílias, para que continuem em paz, com criatividade e paciência, nesta quarentena.

Homilia– Todos nós temos um único Pastor: Jesus

Quando Pedro subiu a Jerusalém, os fiéis repreenderam-no (cf. *At* 11, 1-8). Eles reprovaram-no porque entrou na casa de homens não circuncidados e comeu com eles, com os gentios: isto não se podia fazer, era um pecado. A pureza da lei não o permitia. Mas Pedro fê-lo porque o Espírito o conduziu ali. Na Igreja há sempre - e muito na Igreja primitiva, porque isto ainda não era claro - o espírito do "nós somos justos, os outros são pecadores". Este "nós e os outros", "nós e os outros", as divisões: "Assumimos a posição correta perante Deus". Mas, há "os outros"; diz-se também: "Eles são os já condenados". E esta é uma *doença* da Igreja, uma enfermidade que deriva de ideologias ou de partidos religiosos... Pensemos que na época de Jesus havia pelo menos quatro partidos religiosos: o partido dos

---

[56] Liturgia da Palavra: *At* 11, 1-18; *Sl* 41 e 42; *Jo* 10, 11-18.

fariseus, dos saduceus, dos zelotas e dos essénios, e cada um interpretava a lei de acordo com "a ideia" que tinha. E esta ideia é uma escola "fora da lei", quando é uma forma de pensar, de sentir, mundana que se faz intérprete da lei. Também criticaram Jesus por entrar na casa dos publicanos - que, segundo eles, eram pecadores - e por comer com eles, com pecadores, porque a pureza da lei não o permitia (cf. *Mt* 9, 10-11); Ele não lavou as mãos antes do almoço (cf. *Mt* 15, 2.20). É esta repreensão que causa sempre a divisão: este é o aspeto importante que eu gostaria de enfatizar.

Há ideias, posições que provocam divisão, a ponto de a divisão ser mais importante do que a unidade. A minha ideia é mais importante do que o Espírito Santo que nos guia. Há um cardeal "emérito" que vive aqui no Vaticano, um pastor bom, que dizia aos seus fiéis: "Sabeis que a Igreja é como um rio? Alguns estão mais deste lado, outros do outro, mas o importante é que todos estejam dentro do rio". Tal é a unidade da Igreja. Ninguém fora, todos dentro. Depois, com as peculiaridades: isto não divide, não é ideologia, é lícito. Mas por que a Igreja tem esta amplidão de rio? Porque o Senhor assim o quer.

No Evangelho, o Senhor diz-nos: «Ainda tenho outras ovelhas, que não são deste aprisco; também as devo conduzir, e elas ouvirão a minha voz, e haverá um só rebanho e um só pastor» (*Jo* 10, 16). O Senhor diz: "Tenho ovelhas por toda a parte e sou o pastor de todas". Em Jesus, este *todas* é muito importante. Pensemos na parábola da festa de casamento (cf. *Mt* 22, 1-10), quando os convidados não queriam participar: um porque tinha comprado um campo, outro porque se casara... todos deram uma razão para não ir. E o senhor zangou-se e disse: «Ide, pois, às encruzilhadas e convidai para as bodas todos os que encontrardes» (v. 9). Todos. Grandes e pequenos, ricos e pobres, bons e maus. Todos. Este "todos" é um pouco a visão do Senhor que veio para todos e morreu por todos. "Mas será que Ele também morreu por aquele miserável que me tornou a vida impossível?". Morreu também por ele. "E por aquele bandido?". Morreu por ele. Por todos. E também pelas pessoas que não acreditam nele ou são de outra religião: morreu por todos. Isto não significa que devemos fazer proselitismo: não. Mas Ele morreu por todos, justificou todos.

Aqui em Roma havia uma senhora, uma mulher bondosa, a professora [Maria Grazia] Mara, que quando estava em dificuldade por muitos motivos, e quando havia divisões, dizia: "Cristo morreu por todos: vamos em frente!". A capacidade construtiva. Temos apenas um Redentor, só uma unidade: Cristo morreu por todos. Ao contrário, a tentação... Paulo também a sofreu: "Eu sou de Paulo, eu sou de Apolo, eu sou deste, eu sou do outro..." (cf. *1 Cor* 3, 1-9). E pensemos em nós, há cinquenta anos, no pós-Concílio: as divisões que a Igreja sofreu. "Eu sou deste lado, penso assim, tu pensas de outro modo...". Sim, é legítimo pensar assim, mas *na unidade da Igreja,* sob o Pastor Jesus.

Duas considerações. A repreensão dos apóstolos a Pedro, porque entrou na casa de pagãos e Jesus que diz: "Eu sou pastor de todos". Eu sou pastor de todos. E que diz: «Ainda tenho outras ovelhas que não são deste aprisco; também as devo conduzir, e elas ouvirão a minha voz, e haverá um só rebanho» (cf. *Jo* 10, 16). É a oração pela unidade de todos os homens, porque *todos,* homens e mulheres, todos nós temos um só Pastor: Jesus.

Que o Senhor nos livre daquela psicologia da divisão, da separação, e nos ajude a ver isto em Jesus, este grande aspeto de Jesus, pois nele somos todos irmãos e Ele é o pastor de *todos*. Que hoje, esta palavra: *todos, todos,* nos acompanhe ao longo do dia.

Santa Missa[57]

Introdução

Rezemos hoje pelas pessoas que morreram devido à pandemia. Faleceram sozinhas, sem a carícia dos seus entes queridos, e muitas nem sequer tiveram o funeral. Que o Senhor as receba na glória.

Homilia– Atitudes que impedem de conhecer Cristo

Jesus estava no templo e aproximava-se a festa da Dedicação (cf. *Jo* 10, 22-30). Também os judeus o rodearam e disseram: « Até quando nos deixarás na incerteza? Se Tu és Cristo, di-lo abertamente » (v. 24). Faziam perder a paciência, mas Jesus respondeu-lhes com muita mansidão: « Já vo-lo disse, mas não credes » (v. 25). Acrescentaram: "És tu? És tu?" - "Sim, disse-o, mas não credes!". « Mas não credes porque não sois das minhas ovelhas » (v. 26). E isto talvez levante uma dúvida: creio e faço parte das ovelhas de Jesus. Mas se Jesus nos dissesse: "Não podeis crer, pois não fazeis parte": existe uma fé prévia no encontro com Jesus? No que consiste este *fazer parte* da fé de Jesus? O que me detém à frente da porta que é Jesus?

Há atitudes que precedem a confissão de Jesus. Também para nós, que fazemos parte do rebanho de Jesus. São como "antipatias prévias", que não nos deixam ir em frente no conhecimento do Senhor. A primeira de todas são *as*

---

[57] Liturgia da Palavra: *At* 11, 19-26; *Sl* 86; *Jo* 10, 22-30.

riquezas. Muitos de nós, que entramos pela porta do Senhor, paramos e não continuamos porque vivemos presos nas riquezas. O Senhor era severo em relação às riquezas: foi muito duro, deveras severo. A ponto de dizer que era mais fácil um camelo passar pelo fundo de uma agulha do que um rico entrar no reino dos Céus (cf. *Mt* 19, 24). Isto é duro! A riqueza é um impedimento para ir em frente. Mas será necessário cair no pauperismo? Não! Mas não sejamos escravos da riqueza, não vivamos para a riqueza, pois a riqueza é um senhor, é o senhor deste mundo e não podemos servir a dois senhores (cf. *Lc* 16, 13). As riquezas aprisionam-nos!

Outra atitude que nos impede de ir em frente no conhecimento de Jesus, na pertença de Jesus, é a *rigidez:* a rigidez do coração. Também a rigidez na interpretação da Lei. Jesus repreende os fariseus, os doutores da Lei, por causa desta rigidez (cf. *Mt* 23, 1-36). Isto não é fidelidade: a fidelidade é sempre um dom a Deus; a rigidez é uma segurança para mim. Lembro-me que, certa vez, entrei na paróquia e uma senhora - uma senhora bondosa - aproximou-se de mim e disse: "Padre, um conselho..." - "Diga-me..." - "Na semana passada, sábado, não ontem, no sábado passado, fomos a um casamento de família: celebrado com uma missa. Era sábado à tarde, e pensamos que com aquela missa tínhamos cumprido o preceito do domingo. Mas depois, a caminho de casa, pensei que as leituras para aquela missa não eram as de domingo. E assim percebi que estou em pecado mortal, porque no domingo não fui à missa, dado tinha ido no sábado, mas a uma missa *que não era verdadeira*, porque as leituras não eram *verdadeiras*". Esta rigidez... E aquela senhora pertencia a um movimento eclesial... Rigidez. Isto afasta-nos da sabedoria de Jesus, da sabedoria de Jesus; tira a liberdade. Muitos pastores fazem crescer esta rigidez na alma dos fiéis, e esta rigidez não nos deixa entrar pela porta de Jesus (cf. *Jo* 10, 7). Será mais importante observar a lei tal como está escrita, ou como eu a interpreto, que é a liberdade de ir em frente seguindo Jesus?

Outra atitude que não nos deixa ir em frente no conhecimento de Jesus é a *preguiça*. Aquele cansaço... pensemos naquele homem na piscina: 38 anos ali (cf. *Jo* 5, 1-9). Preguiça. Tira-nos a vontade de continuar e tudo se resume em "sim, mas... não, agora não, mas...", isto leva-nos à tibieza, torna-nos tíbios. A preguiça... é outra atitude que nos impede de continuar.

Outra atitude que já é suficientemente negativa é a *clericalista*. O clericalismo coloca-se no lugar de Jesus, dizendo: "Não, isto deve ser assim e assado..." - "Mas, o Mestre..." - "Deixa o Mestre em paz. Isto é assim e assado, se não fizeres isto assim, não podes entrar". Um clericalismo que tira a liberdade de fé dos crentes. É uma doença terrível na Igreja: a atitude clericalista.

Depois, outra atitude que nos impede de ir em frente, de entrar para conhecer Jesus e confessar Jesus, é o *espírito mundano*. Quando a observância da fé, a prática da fé acaba na mundanidade. E tudo é mundano. Pensemos na celebração de alguns sacramentos em certas paróquias: quanta mundanidade existe! E a graça da presença de Jesus não é bem compreendida.

Estas são as causas que nos impedem de fazer parte das ovelhas de Jesus. Somos "ovelhas" [no seguimento] de todas estas atitudes: das riquezas, da preguiça, da rigidez, da mundanidade, do clericalismo, das modalidades, das ideologias, das formas de vida. Não há liberdade. E não se

230

pode seguir Jesus sem liberdade. "Mas às vezes a liberdade vai além e alguém escorrega": sim, é verdade. É verdade! Podemos escorregar, caminhando com liberdade. Mas o pior é escorregar *antes* de partir, com estas atitudes que impedem de começar a caminhar.

Que o Senhor nos ilumine para ver dentro de nós se existe a liberdade de passar pela porta, que é Jesus, e de ir além de Jesus para ser rebanho, para ser ovelhas do seu rebanho.

Santa Missa[58]

Introdução

Rezemos hoje pelos homens e mulheres que trabalham nos meios de comunicação social. Nesta época de pandemia, arriscam tanto e o trabalho é muito. Que o Senhor os ajude nesta obra de transmitir, sempre, a verdade.

Homilia– Ter a coragem de ver as nossas trevas, para que a luz do Senhor entre e nos salve

Este excerto do Evangelho de João (cf. *Jo* 12, 44-50) mostra-nos a intimidade de Jesus com o Pai. Jesus fazia o que o Pai lhe disse. E por isso afirma: «Quem crê em mim, crê, não em mim, mas naquele que me enviou» (v. 44). Depois especifica a sua missão: «Eu sou a luz que veio ao mundo, para que todo aquele que crê em mim não permaneça nas trevas» (v. 46). Apresenta-se como *luz*. A missão de Jesus é iluminar: a luz. Ele próprio disse: «Eu sou a luz do mundo» (*Jo* 8, 12). O profeta Isaías tinha profetizado esta luz: «O povo que andava nas trevas viu uma grande luz» (*Mt* 4, 16; cf. *Is* 9, 1). A promessa da luz que iluminará o povo. E a missão dos apóstolos também é levar a luz. Paulo disse isto ao rei Agripa: «Fui escolhido para iluminar, para levar a luz - que não é minha, é de outrem - mas para levar a luz» (cf. *At* 26, 18). É a missão de Jesus: levar a luz. E a missão dos apóstolos é levar a luz de Jesus. *Iluminar*. Porque o mundo estava nas trevas.

---

[58] Liturgia da Palavra: *At* 12, 24-13,5; *Sl* 66; *Jo* 12, 44-50.

Mas o drama, é que a luz de Jesus foi rejeitada. Já no início do Evangelho, João o diz claramente: «Veio para o que era seu, e os seus não o receberam. Eles amavam mais as trevas do que a luz» (cf. *Jo* 1, 9-11). Habituar-se às trevas, viver na escuridão: não sabem aceitar a luz, não podem; são escravos das trevas. E esta será a luta de Jesus, que continua: iluminar, levar a luz que nos mostra tudo como é, como está; mostra-nos a liberdade, a verdade, o caminho por onde ir, com a luz de Jesus.

Paulo viveu esta experiência da passagem das trevas para a luz, quando o Senhor o encontrou no caminho de Damasco. Ficou cego. Cegou. A luz do Senhor cegou-o. E então, alguns dias depois, com o batismo, ele recuperou a luz (cf. *At* 9, 1-19). Ele teve esta experiência da passagem da escuridão em que estava, para a luz. É também a nossa passagem, que sacramentalmente recebemos no batismo: por isso o batismo foi chamado, nos primeiros séculos, *Iluminação* (cf. São Justino, *Apologia*, 1, 61, 12), porque oferecia a luz, "fazia entrar". Por isso na cerimónia de batismo damos uma vela acesa, um círio aceso ao pai e à mãe, para que o menino, a menina, seja iluminado, iluminada.

Jesus traz a luz. Mas o povo, as pessoas, o seu povo não o recebeu. Está tão habituado às trevas que a luz o ofusca, não sabe como caminhar (cf. *Jo* 1, 10-11). E este é o drama do nosso pecado: o pecado cega-nos e nós não conseguimos tolerar a luz. Os nossos olhos estão doentes. E Jesus diz claramente, no Evangelho de Mateus: «Se, porém, os teus olhos forem maus, o teu corpo será tenebroso. Se, portanto, a luz que em ti há são trevas, quão grandes serão tais trevas!» (cf. *Mt* 6, 22-23). As trevas... E a conversão é passar das trevas para a luz.

Mas quais são as coisas que adoecem os olhos, os olhos da fé? Os nossos olhos estão doentes: quais são as coisas que "os fazem adoecer", que os cegam? Os *vícios*, o *espírito mundano*, a *soberba*. Os vícios que "te derrubam" e também, estas três atitudes - os vícios, a soberba, o espírito mundano - levam-te a asociar-te com os outros para permaneceres seguro nas trevas. Falamos frequentemente das máfias; é isto. Mas há "máfias espirituais", há "máfias domésticas", sempre à procura de outra pessoa para se proteger e permanecer na escuridão. Não é fácil viver na luz. A luz faz-nos ver tantas coisas negativas dentro de nós que não queremos ver: vícios, pecados... Pensemos nos nossos vícios, na nossa soberba, no nosso espírito mundano: estas coisas cegam-nos, afastam-nos da luz de Jesus.

Mas se começarmos a pensar nestas atitudes, não encontraremos uma parede, não: encontraremos uma saída, porque o próprio Jesus diz que Ele é a luz: «Vim, não para condenar o mundo, mas para o salvar» (cf. *Jo* 12, 46-47). Jesus, a luz, diz: «Tende coragem: deixai-vos iluminar, deixai-vos ver pelo que tendes dentro, porque sou eu quem vos conduz para a frente, quem vos salva. Não condeno. Eu salvo-vos» (cf. v. 47). O Senhor salva-nos da escuridão que temos dentro, das trevas da vida quotidiana, da vida social, da vida política, da vida nacional e internacional... há muitas trevas dentro de nós. E o Senhor salva-nos. Mas pede-nos que *as vejamos* primeiro; que tenhamos a coragem de ver as nossas trevas, para que a luz do Senhor entre e nos salve.

Não tenhamos medo do Senhor: é muito bom, é manso, está próximo de nós. Ele veio para nos salvar. Não tenhamos medo da luz de Jesus.

Santa Missa[59]

Introdução

Ontem recebi uma carta de um grupo de artistas: agradeciam a oração que fizemos por eles. Gostaria de pedir ao Senhor que os abençoe porque os artistas nos fazem compreender o que é *a beleza* e sem a beleza o Evangelho não pode ser compreendido. Rezemos mais uma vez pelos artistas.

Homilia– Ser cristão significa pertencer ao povo de Deus

Quando Paulo foi convidado para falar na sinagoga em Antioquia [na Pisídia] para explicar esta nova doutrina, ou seja, explicar Jesus, proclamar Jesus, ele começa da história da salvação (cf. *At* 13, 13-21). Paulo levantou-se e falou: «O Deus deste povo de Israel escolheu a nossos pais, e exaltou o povo, sendo eles estrangeiros na terra do Egito; e com braço poderoso os tirou dela» (*At* 13, 17)... e [relatou] toda a salvação, a história da salvação. Estêvão fez o mesmo antes do martírio (cf. *At* 7, 1-54), e também Paulo, noutro momento. O autor da Carta aos Hebreus faz o mesmo quando conta a história de Abraão e de «todos os nossos pais» (cf. *Hb* 11, 1-39). Nós hoje cantamos o mesmo: «Hei de cantar para sempre o amor do Senhor, e hei de anunciar a Sua lealdade pelas gerações» (*Sl* 88, 2). Cantamos a história de David: «Encontrei David, meu ser-

---

[59] Liturgia da Palavra: *At* 13, 13-25; *Sl* 88; *Jo* 13, 16-20.

vo» (v. 21). Mateus (cf. 1, 1-14) e Lucas (cf. 3, 23-38) fazem o mesmo: quando começam a falar de Jesus, citam a sua genealogia.

O que está por detrás de Jesus? Há uma história. Uma história de graça, uma história de eleição, uma história de promessa. O Senhor escolheu Abraão e caminhou com o seu povo. No início da Missa, no canto inicial, dissemos: «Quando avançastes, Senhor, diante do vosso povo e abristes o caminho e caminhastes ao lado do vosso povo, perto do vosso povo». Há uma história de Deus com o seu povo. E é por isso que quando pediram a Paulo que explicasse o porquê da fé em Jesus Cristo não começa a partir de Jesus Cristo: começa com a história. O cristianismo é uma doutrina, sim, mas não só. Não são apenas as coisas em que acreditamos: é uma história que carrega esta doutrina que é a promessa de Deus, a aliança de Deus, ser eleito por Deus. O cristianismo não é apenas uma ética. Sim, de facto, tem princípios morais, mas não se é cristão apenas com uma visão de ética. É mais do que isso. O cristianismo não é uma "elite" de pessoas escolhidas pela verdade. Este sentido elitista que depois vai em frente na Igreja, não é? Por exemplo, eu pertenço a esta instituição, pertenço a este movimento que é melhor do que o vosso. Este, aquele. É um sentido elitista. Não, o Cristianismo não é isto: o Cristianismo é *pertença* a um povo, a um povo escolhido livremente por Deus. Se não tivermos esta consciência de pertença a um povo seremos cristãos ideológicos, com uma pequena doutrina de afirmação da verdade, uma ética, uma moral - está bem - ou uma elite. Sentimo-nos parte de um grupo escolhido por Deus - os cristãos - os outros irão para o inferno ou se forem salvos é pela misericórdia de Deus, mas eles são os descartados... E assim por diante.

Se não tivermos a consciência de pertença a um povo, não somos verdadeiros cristãos.

É por isso que Paulo explica Jesus desde o início, começando pela pertença a um povo. E muitas vezes, muitas, caímos nestas parcialidades, sejam elas dogmáticas, morais ou elitistas, não é verdade? O sentido da elite é o que nos faz muito mal e perdemos o sentido de pertencer ao santo povo fiel de Deus, que Deus elegeu em Abraão e prometeu, a grande promessa, Jesus, e o fez prosseguir com esperança, fazendo aliança com ele. Consciência de povo.

Impressiona-me sempre o trecho do Deuteronómio, acho que é o capítulo 26, quando diz: «Uma vez por ano, quando fores apresentar as tuas oferendas ao Senhor, as primícias, e quando o teu filho te perguntar: "Pai, por que fazes isto?", não lhe deves dizer: "Porque Deus mandou", não: "Éramos um povo, éramos assim, e o Senhor nos libertou..."» (cf. *Dt* 26, 1-11). Contar a história, como fez Paulo. Transmitir a história da nossa salvação. O próprio Senhor no Deuteronómio aconselha: «Quando chegares à terra que não conquistaste, que eu conquistei, e comeres os frutos que não plantaste, e habitares as casas que não construíste, quando deres a oferta» (cf. *Dt* 26, 1), recita - o famoso credo deuteronómico -: «Arameu, prestes a perecer, foi meu pai, e desceu ao Egito» (*Dt* 26, 5). Permaneceu ali durante 400 anos, depois o Senhor libertou-o, levou-o adiante. Canta a história, *a memória de povo*, de ser um povo.

E nesta história do povo de Deus, até Jesus Cristo, havia santos, pecadores e muitas pessoas comuns e boas, com virtudes e pecados, todos. A famosa "multidão" que seguia Jesus, que tinha a *intuição* de pertencer a um povo. Um cristão auto-intitulado que não tem esta intuição não é um verdadeiro cristão; é um pouco particular e sente-se justificado sem o povo. Pertencer a um povo, ter memória do povo de Deus. E isto foi ensinado por Paulo, Estêvão, outra vez Paulo, os Apóstolos... E o conselho do autor da Carta aos Hebreus: «Lembrai-vos dos vossos antepassados» (cf. *Hb* 11, 2), isto é, daqueles que nos precederam neste caminho de salvação.

Se alguém me perguntasse: "Na sua opinião qual é o desvio dos cristãos hoje e sempre? Qual é o desvio mais perigoso dos cristãos", diria sem dúvida: a falta de memória de pertença a um povo. Quando falta isto, surgem os dogmatismos, os moralismos, os eticismos, os movimentos elitistas. Falta o povo. Um povo pecador sempre, todos somos, mas que em geral não errado, que tem a intuição de ser povo eleito, que caminha atrás de uma promessa e que estabeleceu uma aliança que talvez não cumpra, mas tem consciência dela.

Pedir ao Senhor esta consciência de povo, que Nossa Senhora cantou tão lindamente no seu Magnificat (cf. *Lc* 1, 46-56), que Zacarias cantou tão bem no seu *Benedictus* (cf. vv. 67-79), cânticos que rezamos todos os dias, de manhã e à noite. Consciência de povo: nós somos o povo santo e fiel de Deus que, na sua maioria, como diz o Concílio Vaticano I, e depois o II, tem a intuição da fé e é infalível nesta forma de acreditar.

Santa Missa[60]

Introdução

Hoje é o Dia Mundial da Cruz Vermelha e da Meia-Lua Vermelha. Rezemos pelas pessoas que trabalham nestas instituições beneméritas: que o Senhor abençoe o seu trabalho, feito de modo tão bom.

Homilia– A sua consolação está próxima, é verdadeira e abre as portas da esperança

Este diálogo de Jesus com os discípulos tem lugar à mesa, na hora da ceia (cf. *Jo* 14, 1-6). Jesus está triste, todos estão tristes: Jesus disse que seria traído por um deles (cf. *Jo* 13, 21) e todos sentem que algo de mau aconteceria. Jesus começa a consolar os seus, pois uma das funções, das "atividades" do Senhor, é *consolar*. O Senhor consola os seus discípulos e aqui vemos qual é a sua maneira de consolar. Há muitas formas de consolar, desde as mais autênticas, das mais próximas, até às mais formais, como aqueles telegramas de condolências: "Profundamente triste por...". Não consola ninguém, é uma farsa, é a consolação da formalidade. Mas como consola o Senhor? É importante saber isto, porque também nós, quando na nossa vida temos de passar por momentos de tristeza, aprendemos a sentir qual é a verdadeira consolação do Senhor.

---

[60] Liturgia da Palavra: *At* 13, 26-33; *Sl* 2; *Jo* 14, 1-6.

E neste trecho do Evangelho vemos que o Senhor consola sempre na *proximidade*, com a *verdade* e na *esperança*. São as três caraterísticas da consolação do Senhor. *Na proximidade*, nunca distante: estou aqui. Que bonita expressão: "Estou aqui". "Estou aqui convosco". E muitas vezes em *silêncio*. Mas sabemos que Ele está presente. Ele está sempre presente. A proximidade, que é o estilo de Deus, também na Encarnação, significa que está próximo de nós. O Senhor consola na proximidade. E não usa palavras vazias, aliás, prefere o silêncio. A força da proximidade, da presença. Ele fala pouco. Mas está próximo.

Uma segunda caraterística da proximidade de Jesus, da sua maneira de consolar, é a *verdade:* Jesus é verdadeiro. Não profere palavras formais, que são mentiras: "Não, não te preocupes, tudo passará, nada acontecerá, passará, as coisas passam...". Não! Ele diz a verdade. Não esconde a verdade. Porque neste trecho Ele mesmo diz: «Eu sou a verdade!» (cf. *Jo* 14, 6). E a verdade é: "Vou-me embora", ou seja: "Morrerei" (cf. *Jo* 2-3). Estamos perante a morte. É a verdade. E Ele diz isto de forma simples e também com mansidão, sem ferir: estamos diante da morte. Ele não esconde a verdade.

E eis a terceira caraterística: Jesus consola na *esperança*. Sim, é um momento difícil. Mas «não se perturbe o vosso coração; (...) crede também em mim» (v. 1). Assim diz Jesus: «Na casa de meu Pai há muitas moradas; (...) Vou preparar-vos um lugar (v. 2). Ele será o primeiro a abrir as portas; as portas daquele lugar por onde todos nós passaremos, assim espero: «Voltarei e levar-vos-ei comigo, para que onde Eu estiver estejais também vós» (v. 3). O Senhor volta sempre que um de nós está a caminho para partir deste mundo. «Virei e levar-vos-ei»: a esperança. Ele virá, pegar-nos-á pela mão e levar-nos-á. Ele não diz: "Não, não sofrerás, não é nada…". Não! Diz a verdade: "Estou próximo de vós, esta é a verdade: é um mau momento, de perigo, de morte. Não se perturbe o vosso coração, permanecei na paz, naquela paz que é a base de toda a consolação, pois virei e vos levarei pela mão para onde Eu estiver".

Não é fácil deixar-se *consolar* pelo Senhor. Muitas vezes, nos maus momentos, ficamos zangados com o Senhor e não permitimos que Ele nos fale assim, com esta doçura, com esta proximidade, com esta mansidão, com esta verdade, com esta esperança.

Peçamos a graça de aprender a deixar-nos consolar pelo Senhor. A consolação do Senhor é verdadeira, não engana. Não se trata de anestesia, não. Mas ela está próxima, é verdadeira e abre-nos as portas da esperança.

Santa Missa[61]

Introdução

Hoje comemora-se Santa Luísa de Marillac [a memória litúrgica é celebrada no dia 15 de março mas, tendo aquele dia coincidido com o tempo de Quaresma, foi transferida para hoje]. Rezemos pelas irmãs vicentinas que dirigem este ambulatório, este "hospital", há quase 100 anos [trata-se do *Dispensário Pediátrico Santa Marta*, gerido pelas religiosas da Congregação das Filhas da Caridade], e trabalham aqui, em Santa Marta, para este "hospital". Que o Senhor abençoe as irmãs!

Homilia– O Espírito Santo faz a harmonia da Igreja, o espírito maligno destrói

No Salmo recitamos: «Cantai ao Senhor um cântico novo, porque fez maravilhas; a sua mão e o seu santo braço alcançaram-lhe a vitória. O Senhor deu a conhecer a sua salvação, manifestou a sua justiça perante os povos» (*Sl* 97, 1-2). Isto é verdade. O Senhor fez maravilhas. Mas quanto esforço! Quantos esforços, para as comunidades cristãs, levar adiante estas maravilhas do Senhor!

Na passagem dos Atos dos Apóstolos (cf. 13, 44-52) sentimos alegria: toda a cidade de Antioquia está reunida para ouvir a palavra do Senhor porque Paulo e os após-

---

[61] Liturgia da Palavra: *At* 13, 44-52; *Sl* 97; *Jo* 14, 7-14.

tolos pregavam com vigor, e o Espírito ajudava-os. «Então os judeus, vendo a multidão, encheram-se de inveja e, blasfemando, contradiziam o que Paulo pregava» (v. 45). Por um lado, há o Senhor, há o Espírito Santo que faz a Igreja crescer, e cresce cada vez mais, isto é verdade. Mas, por outro, há o espírito maligno que procura destruir a Igreja. Foi sempre assim, é sempre assim. Continua-se, mas depois vem o inimigo que tenta destruir. A longo prazo o balanço é sempre positivo, mas quanto esforço, quanta dor, quanto martírio!

Isto aconteceu em Antioquia, e acontece em toda a parte no Livro dos Atos dos Apóstolos. Pensemos, por exemplo, em Listra, quando chegaram e curaram [um paralítico] e todos acreditavam que eram deuses e queriam fazer sacrifícios, e todo o povo estava com eles (cf. *At* 14, 8-18). Depois vieram os outros e convenceram-nos de que não era assim. E como acabaram Paulo e o seu companheiro? Apedrejados (cf. *At* 14, 19). Sempre uma luta. Pensemos no mago Élimas, e no modo como agiu para impedir que o Evangelho chegasse ao procônsul (cf. *At* 13, 6-12). Pensemos nos senhores daquela jovem vidente: exploravam-na, porque ela "lia as mãos" e recebia o dinheiro que depois ia parar nos bolsos dos senhores. E quando Paulo e os apóstolos demonstraram que aquilo era mentira, que não era bom, revoltaram-se imediatamente contra eles (cf. *At* 16, 16-24). Pensemos nos artesãos da deusa Artemis [em Éfeso], que perderam o comércio porque não podiam vender as estatuetas, pois as pessoas já não as compravam, porque se tinham convertido. E assim, um após o outro. Por um lado, a Palavra de Deus que convoca, que faz crescer; por outro, a perseguição, a grande perseguição que acaba por os afastar, pois espancavam-nos...

E qual é o instrumento do diabo para destruir a proclamação do Evangelho? *A inveja.* O Livro da Sabedoria diz claramente: «Pela inveja do diabo o pecado entrou no mundo» (cf. 2, 24) - inveja, ciúme. Sempre este sentimento amargo, amargo. Estas pessoas viram como o Evangelho foi pregado e ficaram zangadas, isto roía-lhes o fígado de raiva. E esta raiva impeliu-os: é a raiva do diabo, a raiva que destrói, a raiva daquele *"crucifica, crucifica!"*, daquela tortura de Jesus. Ele quer destruir. Sempre, sempre!

Vendo esta luta, aplica-se também a nós o belo ditado: «A Igreja prossegue entre as consolações de Deus e as perseguições do mundo» (cf. Santo Agostinho, *De Civitate Dei*, XVIII, 51, 2). A uma Igreja que não enfrenta qualquer dificuldade falta algo. O diabo está demasiado calmo. E se o diabo está calmo, as coisas não correm bem. Sempre a dificuldade, a tentação, a luta... O ciúme que destrói. O Espírito Santo faz a harmonia da Igreja, e o espírito maligno destrói. Até hoje, até hoje. Sempre esta luta. Um instrumento deste ciúme, desta inveja, são os poderes temporais. Aqui diz-se que «os judeus instigaram algumas mulheres religiosas e honestas» (*At* 13, 50). Foram ter com aquelas mulheres e disseram: "Eles são revolucionários, expulsai-os!". As mulheres falaram com as outras e expulsaram-nos: eram as "mulheres piedosas" da nobreza e também as notáveis da cidade (cf. v. 50). Recorreram ao poder temporal, pois o poder temporal pode ser bom: as pessoas podem ser boas, mas o poder enquanto tal é sempre perigoso. O poder do mundo contra o poder de Deus move tudo isto; e por trás, por detrás do poder está sempre o dinheiro.

O que acontece na Igreja primitiva: o trabalho do Espírito para construir a Igreja, para harmonizar a Igreja, e o trabalho do espírito maligno para a destruir, e o uso de poderes temporais para impedir a Igreja, para destruir a Igreja, é apenas uma continuação do que aconteceu na manhã da Ressurreição. Vendo aquele triunfo, os soldados foram ter com os sacerdotes, e os sacerdotes "compraram" a verdade que assim foi "silenciada" (cf. *Mt* 28, 11-15). Desde a primeira manhã da Ressurreição, triunfo de Cristo, está presente esta traição, este "silenciar" a palavra de Cristo, "silenciar" o triunfo da Ressurreição com o poder temporal: os chefes dos sacerdotes e o dinheiro.

Tenhamos cuidado, tenhamos cuidado com a pregação do Evangelho: nunca caiamos na confiança dos poderes temporais e do dinheiro. A confiança dos cristãos é Jesus Cristo e o Espírito Santo por Ele enviado! E o Espírito Santo é o fermento, a força que faz crescer a Igreja! Sim, a Igreja vai em frente, em paz, com resignação, jubilosa: entre as consolações de Deus e as perseguições do mundo.

10 DE MAIO DE 2020

QUINTO DOMINGO DE PÁSCOA (A)

Santa Missa[62]

Introdução

Nestes últimos dois dias, houve duas comemorações: o 70º aniversário da Declaração de Robert Schuman, que deu início à União Europeia, e também a comemoração do fim da guerra. Hoje peçamos ao Senhor pela Europa, para que cresça unida, na unidade da fraternidade que faz com que todos os povos cresçam em unidade na diversidade.

Homilia-Orar é caminhar com Jesus para o Pai que nos dará tudo

Neste trecho do Evangelho (cf. *Jo* 14, 1-14), discurso de despedida de Jesus, Ele diz que vai para o Pai. Diz que estará com o Pai e que também quem acredita nele «fará também as obras que Eu faço, e ainda maiores do que estas, porque vou para junto do Pai. E tudo o que pedirdes ao Pai em meu nome, vo-lo farei, para que o Pai seja glorificado no Filho. Qualquer coisa que pedirdes ao Pai em meu nome, vo-lo farei» (vv. 12-14). Podemos dizer que este excerto do Evangelho de João é a declaração de ascensão ao Pai.

O Pai esteve sempre presente na vida de Jesus, e Jesus falava sobre isto. Jesus anunciava o Pai. Falou muitas vezes do Pai que cuida de nós, como cuida dos passari-

---

[62] Liturgia da Palavra: *At* 2, 36-41; *Sl* 32; *1Pe* 2, 4-9; *Jo* 20, 11-18.

nhos, dos lírios do campo... o Pai. E quando os discípulos queriam aprender a orar, Jesus ensinou-os a rezar ao Pai: «*Pai nosso*» (*Mt* 6, 9). Ele vai [dirige-se] sempre ao Pai. Mas neste trecho é muito forte; é como se abrisse as portas da *omnipotência da oração*. «Porque estou no Pai, e o Pai em mim: pedi e Eu farei tudo, mas porque o Pai o fará comigo» (cf. *Jo* 14, 11). Confiança no Pai: confiança no Pai, que é capaz de fazer tudo. Esta coragem de rezar, porque rezar exige coragem! É preciso a mesma coragem, a mesma franqueza para pregar: a mesma. Pensemos no nosso pai Abraão, quando ele - creio que se diz - "negociava" com Deus para salvar Sodoma (cf. *Gn* 18, 20-33): "E se houvesse menos e menos e menos?...". Realmente, ele sabia "negociar". Mas sempre com coragem: "Perdoa-me, Senhor, mas dá-me um desconto: um pouco menos, um pouco menos...". Sempre a coragem de lutar na oração, porque rezar é *lutar:* lutar com Deus. E então, Moisés: as duas vezes que o Senhor quis destruir o povo (cf. *Êx* 32, 1-35; cf. *Nm* 11, 1-3) e fazê-lo líder de outro povo, Moisés disse: "Não!". Disse não ao Pai! Com *coragem!* Mas se fores e rezares assim - [sussurra uma oração tímida] - isto é falta de respeito! Orar é caminhar com Jesus para o Pai que te dará tudo. Coragem na oração, franqueza na oração. A mesma que é necessária para a pregação.

E na primeira leitura ouvimos este conflito nos primeiros tempos da Igreja (cf. *At* 6, 1-7), porque os cristãos de origem grega murmuravam - murmuravam, fazia-se isto já naquela altura: pode-se ver que é um hábito da Igreja... - murmuravam porque as suas viúvas, os seus órfãos não eram bem tratados; os apóstolos não tinham tempo para fazer muitas coisas. E Pedro [com os apóstolos], iluminado pelo Espírito Santo, "inventou", por assim dizer, os diáconos. «Escolhei, pois, irmãos, dentre vós, sete homens de boa reputação, cheios do Espírito Santo e de sabedoria, aos quais confiaremos este importante ofício» (cf. *At* 6, 2-4). O diácono é o guardião do serviço na Igreja. «De modo que estas pessoas, que têm motivos para reclamar, sejam bem atendidas nas suas necessidades, e nós - diz Pedro, nós ouvimos - perseveraremos na oração e no ministério da palavra» (cf. v. 5). Esta é a tarefa do bispo: *rezar e pregar*. Com esta força que ouvimos no Evangelho: o bispo é o primeiro que vai ao Pai, com a confiança que Jesus deu, com a coragem, com a parrésia, para lutar pelo seu povo. A primeira tarefa de um bispo é rezar. Pedro disse: "Perseveraremos na oração e no ministério da palavra".

Conheci um sacerdote, um santo pároco, um homem bondoso, que quando encontrava um bispo cumprimentava-o bem, de modo muito amável, e fazia sempre esta pergunta: "Excelência, quantas horas por dia reza o senhor?", e acrescentava sempre: "Pois a primeira tarefa é rezar". Porque é a oração do chefe da comunidade pela comunidade, a intercessão ao Pai, para que ampare o povo.

A oração do bispo, a primeira tarefa: *rezar*. E o povo, vendo que o bispo reza, aprende a orar. Porque o Espírito Santo nos ensina que é Deus quem "age". Nós fazemos um pouco, mas é Ele que "age" na Igreja, e é a oração que leva a Igreja em frente. E por isso os líderes da Igreja, digamos assim, os bispos, devem ir em frente com a oração.

As palavras de Pedro são proféticas: "Que os diáconos façam tudo isto, para que as pessoas sejam bem cuidadas e resolvam os seus problemas e também as suas necessidades. Mas a nós, bispos, a oração e a proclamação da Palavra".

É triste ver bons bispos, pessoas bondosas, ocupados com muitas coisas, a economia, isto, isso e aquilo... A oração em primeiro lugar. Depois, as outras coisas. Mas quando as outras coisas tiram espaço à oração, algo não funciona. E a oração é forte pelo que ouvimos no Evangelho de Jesus: «Vou para junto do Pai. E tudo o que pedirdes ao Pai em meu nome, vo-lo farei, para que o Pai seja glorificado» (*Jo* 14, 12-13) É assim que a Igreja vai em frente, com a oração, a coragem da oração, porque a Igreja sabe que não pode sobreviver sem esta ascensão ao Pai.

Regina Coeli

Amados irmãos e irmãs, bom dia!

No Evangelho de hoje (cf. *Jo* 14, 1-12), ouvimos o início do chamado «Discurso de despedida» de Jesus. São as palavras que ele dirigiu aos discípulos no final da Última Ceia, pouco antes de enfrentar a Paixão. Num momento tão dramático, Jesus começou por dizer: «Não se turve o vosso coração» (v. 1). Ele diz-nos isto também a nós, nos dramas da vida. Mas como fazer para que o coração não se turve? Porque o coração perturba-se.

O Senhor aponta dois remédios para a perturbação. O primeiro é: «Crede também em mim» (v. 1). Pareceria um conselho um pouco teórico e abstrato. Em vez disso, Jesus quer dizer-nos algo exato. Ele sabe que, na vida, a pior ansiedade, a perturbação, vem da sensação de não estar à altura, de se sentir sozinho e sem pontos de referência diante do que acontece. Esta angústia, em que a uma dificuldade se junta outra, não pode ser superada sozinha. Precisamos da ajuda de Jesus, e para isso Jesus nos pede para termos *fé n'Ele*, ou seja, para não nos apoiarmos em nós mesmos, mas n›Ele. Pois a libertação da perturbação passa pela confiança. Confiar-nos a Jesus, dar o "salto". E esta é a libertação da perturbação. E Jesus ressuscitou e vive precisamente para estar sempre ao nosso lado. Então podemos dizer-lhe: "Jesus, eu creio que ressuscitaste e que estás ao meu lado. Penso que me ouves. Apresento-te o que me perturba, os meus problemas: tenho fé em ti e entrego-me a ti".

Depois há um segundo remédio para a perturbação, que Jesus expressa com estas palavras: «Na casa do meu Pai há muitas moradas. [...] Vou preparar-vos um lugar» (v. 2). Foi isto que Jesus fez por nós: reservou-nos um lugar no Céu. Ele tomou sobre Si a nossa humanidade para a levar além da morte, para um novo lugar, o Céu, a fim de que, onde Ele estiver, estejamos nós também. É a certeza que nos consola: há um lugar reservado para cada um. Também há um lugar para mim. Cada um de nós pode dizer: há um lugar para mim. Não vivemos sem meta nem destino. Somos esperados, somos preciosos. Deus está apaixonado por nós, nós somos seus filhos. E para nós preparou o lugar mais digno e belo: o Paraíso. Não esqueçamos: a morada que nos espera é o Paraíso. Aqui estamos de passagem. Somos feitos para o céu, para a vida eterna, para viver para sempre. Para sempre: é algo que agora nem sequer podemos imaginar. Mas é ainda mais belo pensar que tudo isto será *para sempre* em alegria, em plena comunhão com Deus e com os outros, sem mais lágrimas, sem rancores, sem divisões nem perturbação.

Mas como chegar ao Paraíso? Qual é o caminho? Esta é a frase decisiva de Jesus. Hoje ele diz: «Eu sou o caminho» (v. 6). Para subir ao Céu o caminho é Jesus: é ter uma relação viva com Ele, imitá-lo no amor, seguir os seus passos. E eu, cristão, tu, cristão, cada um de nós cristãos, podemos perguntar a nós mesmos: "Que caminho sigo?". Há caminhos que não levam ao Céu: os caminhos da mundanidade, os caminhos da auto-afirmação, os caminhos do poder egoísta. E há o caminho de Jesus, o caminho do amor humilde, da oração, da mansidão, da confiança, do serviço aos outros. Não é o caminho do *meu protagonismo*, é o caminho de *Jesus, protagonista da minha vida*. É ir em frente todos os dias perguntando-lhe: "Jesus, o que achas desta minha escolha? O que farias nesta situação, com estas pessoas?". Far-nos-á bem perguntar a Jesus, que é o caminho, as indicações para o Céu. Que Nossa Senhora, Rainha do Céu, nos ajude a seguir Jesus, que abriu o Paraíso para nós.

Depois do Regina Coeli

Estimados irmãos e irmãs!

O meu pensamento dirige-se hoje à Europa e à África. À Europa, por ocasião do 70º aniversário da Declaração Schuman de 9 de maio de 1950. Inspirou o processo de integração europeia, permitindo a reconciliação dos povos do continente, após a Segunda Guerra Mundial, e o longo período de estabilidade e paz de que hoje beneficiamos. O espírito da Declaração Schuman não deixe de inspirar todos aqueles que têm responsabilidades na União Europeia, chamados a enfrentar as consequências sociais e económicas da pandemia num espírito de harmonia e cooperação.

E o olhar dirige-se também à África, porque a 10 de maio de 1980, há quarenta anos, São João Paulo II, durante a sua primeira visita pastoral a esse continente, deu voz ao grito das populações do Sahel, duramente provadas pela seca. Felicito hoje os jovens empenhados na iniciativa "Laudato Si' Alberi". O objetivo é plantar pelo menos um milhão de árvores na região do Sahel que farão parte da

"Grande Muralha verde da África". Espero que muitos sigam o exemplo de solidariedade destes jovens.

E hoje, em muitos países, celebra-se o Dia das Mães. Quero recordar todas as mães com gratidão e afeto, confiando-as à proteção de Maria, nossa Mãe Celestial. O meu pensamentos dirige-se também às mães que passaram para a outra vida e nos acompanham do Céu. Façamos um pouco de silêncio para que cada um recorde a sua mãe. [pausa de silêncio].

Desejo-vos a todos bom domingo. Por favor, não vos esqueçais de rezar por mim. Bom almoço e até à vista.

Segunda-feira, 11 de maio de 2020

Santa Missa[63]

Introdução

Unamo-nos hoje aos fiéis de Termoli, na festa da Descoberta do corpo de São Timóteo. Nestes dias, muitas pessoas perderam o trabalho; não foram readmitidas, trabalhavam sem contrato... Rezemos por estes nossos irmãos e irmãs que sofrem por causa desta falta de trabalho.

Homilia- O Espírito ensina-nos tudo, introduz-nos no mistério, faz-nos recordar e discernir

O trecho do Evangelho de hoje é [tirado da] despedida de Jesus durante a Ceia (cf. *Jo* 14, 21-26). O Senhor conclui com estes versículos: «Eu disse-vos estas coisas, enquanto estou convosco. Mas o Consolador, o Espírito Santo, que o Pai enviará em meu nome, ensinar-vos-á todas as coisas e recordar-vos-á tudo o que vos tenho dito» (vv. 25-26). É a promessa do Espírito Santo; o Espírito Santo que habita connosco e que o Pai e o Filho enviam. «O Pai enviará em meu nome», disse Jesus, para nos acompanhar na vida. E chamam-lhe *Paráclito*. Esta é a tarefa do Espírito Santo. Em grego, é o Paráclito que nos sustenta, que nos ampara para não cairmos, que nos mantém firmes, que está perto de nós para nos apoiar. E o Senhor prometeu-nos esta ajuda, que é Deus, como Ele: é o Espírito Santo. O que o Espírito Santo faz em nós? O Senhor diz:

---

[63] Liturgia da Palavra: *At* 2, 36-41; *Sl* 32; *Jo* 20, 11-18.

«Ele ensinar-vos-á todas as coisas e recordar-vos-á tudo o que vos tenho dito» (cf. v. 26). *Ensinar e lembrar*. Esta é a tarefa do Espírito Santo. Ele *ensina-nos:* ensina-nos o mistério da fé, ensina-nos a entrar no mistério, a compreender um pouco mais o mistério. Ensina-nos a doutrina de Jesus e a desenvolver a nossa fé sem cometer erros, porque a doutrina cresce, mas sempre na mesma direção: cresce em compreensão. E o Espírito ajuda-nos a crescer na compreensão da fé, a entendê-la mais, a compreender o que a fé diz. A fé não é algo estático; a doutrina não é estática: cresce. Cresce como as árvores, sempre as mesmas, mas maiores, com frutos, mas sempre as mesmas, na mesma direção. E o Espírito Santo impede que a doutrina erre, impede que permaneça sem crescer em nós. Ele ensinar--nos-á tudo o Jesus nos ensinou, desenvolverá em nós a compreensão do que Jesus nos ensinou, fará com que a doutrina do Senhor cresça em nós, até à maturidade.

Outra coisa que Jesus diz, e que o Espírito Santo faz, é *recordar:* «Recordará tudo o que vos tenho dito» (cf. v. 26). O Espírito Santo é como a memória, Ele desperta-nos: "Lembra-te disto, lembra-te daquilo"; mantém-nos acordados, sempre atentos sobre as coisas do Senhor e faz-nos recordar também a nossa vida: "Pensa neste momento, pensa em quando encontraste o Senhor, pensa em quando deixaste o Senhor".

Certa vez ouvi uma pessoa rezar assim diante do Senhor: "Senhor, sou o mesmo que era na infância, na meninice, quando tinha estes sonhos. Depois, enveredei pelo caminho errado. Agora chamaste-me". Sou o mesmo: esta é a memória do Espírito Santo na vida da pessoa. Leva-te à memória da salvação, à memória do que Jesus te ensinou, mas também à memória da tua vida. E fez-me pensar - foi isto que o Senhor disse - numa bonita forma de rezar, de olhar para o Senhor: "Sou o mesmo". Andei muito, cometi tantos erros, mas sou o mesmo e Tu amas-me". A memória do caminho da vida.

E, nesta memória, o Espírito Santo guia-nos; guia--nos para *discernir,* para discernir o que devemos fazer agora, qual é o caminho certo e o errado, mesmo nas pequenas decisões. Se pedirmos luz ao Espírito Santo, Ele ajudar-nos-á a discernir para tomarmos as verdadeiras decisões, as pequenas decisões de cada dia e as decisões mais importantes. É Ele que nos acompanha, que nos apoia no discernimento. Ou seja, é o Espírito que nos ensina tudo, em suma, é Ele que faz crescer a fé, que nos introduz no mistério, é o Espírito que nos recorda. Lembra-nos a fé, recorda-nos a nossa vida e, neste ensinamento, nesta memória, é o Espírito que nos ensina a discernir as decisões que devemos tomar. E aqui os Evangelhos dão um nome ao Espírito Santo: sim, Paráclito, porque vos sustenta, mas também outro nome mais bonito: *é Dom de Deus.* O Espírito é Dom de Deus. O Espírito é precisamente o Dom. Não vos deixarei sozinhos, enviar-vos-ei um Paráclito que vos apoiará e vos ajudará a continuar, a recordar, a discernir e a crescer. O Dom de Deus é o Espírito Santo.

Que o Senhor nos ajude a preservar este Dom que Ele nos concedeu no Batismo e que todos nós temos dentro!

Santa Missa[64]

Introdução

Hoje é o dia dos enfermeiros. Enviei ontem uma mensagem. Rezemos hoje pelos enfermeiros e enfermeiras, homens, mulheres, rapazes e moças que exercem esta profissão, que mais do que uma profissão, é uma vocação, uma dedicação. Que o Senhor os abençoe. Nesta época da pandemia, deram um exemplo de heroísmo e alguns perderam a vida. Rezemos pelos enfermeiros e enfermeiras.

Homilia– Como dá a paz o mundo e como dá a paz o Senhor?

Antes de partir, o Senhor saúda os seus e concede o dom da paz (cf. *Jo* 14, 27-31), a paz do Senhor: «Deixo-vos a paz, a minha paz vos dou; não vo-la dou como o mundo a dá» (v. 27). Não é uma questão de paz universal, essa paz sem guerra que todos queremos que haja sempre, mas paz de coração, paz de alma, paz que cada um de nós tem dentro de si. E o Senhor concede-a, mas sublinha: «não como o mundo a dá» (v. 27). Como dá a paz o mundo e como a dá o Senhor? Serão pazes diferentes? Sim, são.

O mundo dá-te "paz interior", estamos a falar disto, da paz da tua vida, deste viver com "o coração em paz". Dá-te paz interior como uma tua posse, como algo que é teu e te isola dos outros, mantém-te em ti mesmo, é uma aquisição tua: eu tenho paz. E sem perceber, fechas-te nes-

---

[64] Liturgia da Palavra: *At* 14, 19-28; *Sl* 144; *Jo* 14, 27-31.

ta paz, é uma paz para ti, para um, para cada um; é uma paz sozinha, é uma paz que te deixa calmo, até feliz. E nesta tranquilidade, nesta felicidade, põe-te a dormir um pouco, anestesia-te e faz-te ficar contigo mesmo numa certa tranquilidade. É um pouco egoísta: paz para mim, fechado dentro de mim. É assim que o mundo a dá (cf. v. 27). É uma paz dispendiosa porque temos de mudar constantemente os "instrumentos da paz": quando uma coisa te entusiasma dá-te paz, depois acaba e tens de encontrar outra... É dispendiosa porque é *provisória e estéril*.

Ao contrário, a paz que Jesus dá é algo mais. É uma paz que vos põe em *movimento*: não vos isola, põe-vos em movimento, faz-vos ir ter com os outros, cria comunidade, cria comunicação. A paz do mundo é dispendiosa, a paz de Jesus é gratuita, é grátis; é um *dom* do Senhor: a paz do Senhor. É fecunda, leva-nos sempre em frente.

Um exemplo do Evangelho que me faz pensar em que consiste a paz do mundo, é o daquele senhor que tinha celeiros cheios e a colheita daquele ano parecia ser muito abundante, então pensou: "Mas terei de construir outros armazéns, outros celeiros para a conter e depois ficarei tranquilo... é a minha tranquilidade, com isto posso viver em paz". "Insensato, diz Deus, esta noite morrerás" (cf. *Lc* 12, 13-21). É uma paz imanente, que não te abre a porta à vida após a morte. Ao contrário, a paz do Senhor é aberta, para onde Ele foi, aberta para o Céu, aberta para o Paraíso. É uma paz fecunda que se abre e também leva outros contigo para o Paraíso.

Penso que nos ajudará refletir um pouco: qual é a minha paz, onde encontro a paz? Nas coisas, no bem-estar, nas viagens - mas agora, hoje, não se pode viajar - nos bens, em muitas coisas, ou será que encontro a paz como um dom do Senhor? É preciso *pagar* pela paz, ou recebo-a gratuitamente do Senhor? Como é a minha paz? Quando me falta alguma coisa, fico zangado? Esta não é a paz do Senhor. Esta é uma das provas. Estou tranquilo na minha paz, "adormeço"? Não é do Senhor. Estou em paz e quero comunicá-la aos outros e levar algo em frente? Esta é a paz do Senhor! Mesmo em tempos negativos e difíceis, esta paz permanece em mim? É do Senhor. E a paz do Senhor é *fecunda* também para mim, porque é cheia de esperança, isto é, olha para o Céu.

Ontem - perdoai-me se digo estas coisas mas fazem parte da vida, e fazem-me bem - ontem recebi uma carta de um sacerdote, um bom padre, e ele disse-me que eu falava pouco do Céu, que deveria falar mais. Ele tem razão, tem razão. É por isso que hoje quis salientar que a paz, esta paz que Jesus nos dá, é uma paz para agora e para o futuro. É começar a viver o Céu, com a fecundidade do Céu. Não se trata de anestesia. A outra, sim: anestesia-te com as coisas do mundo e quando a dose desta aneste- sia acaba, procuras outra paz, outra, e outra... Esta é uma paz *definitiva*, fecunda e até contagiosa. Não é narcisista, porque olha sempre para o Senhor. A outra faz com que olhes para ti, é um pouco narcisista.

Que o Senhor nos conceda esta paz cheia de esperan- ça, que nos torna fecundos, que nos torna comunicativos com os outros, que cria comunidade e que olha sempre para a paz definitiva do Paraíso.

Santa Missa[65]

Introdução

Oremos hoje pelos estudantes, pelos jovens que estudam e pelos professores que devem encontrar novas modalidades para dar continuidade ao ensino: que o Senhor os ajude neste caminho, que lhes dê coragem e também bom sucesso.

Homilia– O permanecer recíproco entre a videira e os ramos

O Senhor volta para "permanecer nele", e diz-nos: "A vida cristã é permanecer em mim". *Permanecer*. E aqui usa a imagem da videira, como os ramos permanecem na videira (cf. *Jo* 15, 1-8). E este permanecer não é passivo, um adormecer no Senhor: seria talvez um "sono beatífico"; mas não é assim. Este *permanecer* é ativo e também recíproco. Porquê? Porque Ele diz: «Permanecei em mim e Eu em vós» (v. 4). Ele também permanece em nós, não só nós nele. Trata-se de um permanecer *recíproco*. E noutro trecho diz: «Eu e o Pai viremos a ele e habitaremos nele» (*Jo* 14, 23). É um mistério, mas um mistério de vida, um mistério muito bonito. Este *permanecer recíproco*. E também com o exemplo dos ramos: é verdade, sem a videira os ramos nada podem fazer, pois não recebem a seiva, e precisam da seiva para crescer e dar fruto. Mas também a árvore, a videira, precisa dos ramos, porque os frutos não estão

---

[65] Liturgia da Palavra: *At* 15, 1-6; *Sl* 121; *Jo* 15, 1-8.

ligados à árvore, à videira. É uma necessidade recíproca, é um permanecer mútuo para dar fruto.

E esta é a vida cristã: é verdade, a vida cristã consiste em cumprir os mandamentos (cf. *Êx* 20, 1-11), é isto que se deve fazer. A vida cristã consiste em percorrer o caminho das bem-aventuranças (cf. *Mt* 5, 1-13): é assim que se deve fazer. A vida cristã consiste em fazer obras de misericórdia, como o Senhor nos ensina no Evangelho (cf. *Mt* 25, 35-36): é assim que se deve fazer. Mas ainda mais: é este *permanecer recíproco*. Sem Jesus nada podemos fazer, como os ramos sem a videira. E Ele - que o Senhor me permita dizê-lo - sem nós parece que nada pode fazer, pois o fruto é dado pelo ramo, não pela árvore, pela videira. Nesta comunidade, nesta intimidade de "permanecer" que é fecunda, o Pai e Jesus permanecem em mim e eu neles.

E qual é – vem-me à mente - a "necessidade" que a videira tem dos ramos? É dar frutos. Qual é a "necessidade" - digamos assim, com um pouco de audácia - qual é a "necessidade" que Jesus tem de nós? *O testemunho*. Quando no Evangelho diz que somos luz, afirma: «Sede luz, para que os homens "vejam as vossas boas obras e deem glória ao vosso Pai" (*Mt* 5, 16)», ou seja, o testemunho é a necessidade que Jesus tem de nós. Dar testemunho do seu nome, pois a fé, o Evangelho, cresce pelo testemunho.

Este é um modo misterioso: Jesus glorificado no céu, depois de ter passado pela Paixão, precisa do nosso testemunho para fazer crescer, para anunciar, para que a Igreja cresça. E este é o mistério recíproco do "permanecer". Ele, o Pai e o Espírito permanecem em nós, e nós permanecemos em Jesus.

Far-nos-á bem pensar e refletir sobre isto: permanecer em Jesus; e Jesus permanece em nós. Permanecer em

Jesus para ter a seiva, a força, a justificação, a gratuidade, a fecundidade. E Ele permanece em nós para nos dar a força de [dar] fruto (cf. *Jo* 5, 15), para nos dar a força do testemunho com o qual a Igreja cresce.

E interrogo-me: qual é a relação entre Jesus que permanece em mim e eu que permaneço nele? É uma relação de intimidade, uma relação mística, uma relação sem palavras. "Mas padre, isto é para os místicos!". Não, isto é para todos nós. Com pequenos pensamentos: "Senhor, sei que Tu estás aqui [em mim]: dá-me força e farei o que Tu me disseres!". Este diálogo de intimidade com o Senhor. O Senhor está *presente*, o Senhor está presente em nós, o Pai está presente em nós, o Espírito está presente em nós; permanecem em nós. Mas devo permanecer neles...

Que o Senhor nos ajude a compreender, a sentir esta mística do *permanecer*, sobre a qual Jesus insiste tanto, tanto, tanto! Muitas vezes nós, quando falamos da videira e dos ramos, detemo-nos na figura, na profissão do agricultor, do Pai: que aquele [o ramo] que dá fruto é cortado, isto é, podado, e aquele que não o dá é cortado e lançado fora (cf. *Jo* 15, 1-2). É verdade, faz isto, mas não é tudo, não. Há algo mais. Esta é a ajuda: as provações, as dificuldades da vida, até as correções que o Senhor nos faz. Mas não paremos aqui. Entre a videira e os ramos existe este *permanecer* íntimo. Os ramos, nós, precisamos da seiva, a videira tem necessidade dos frutos, do testemunho.

QUINTA-FEIRA, **14** DE MAIO DE **2020**

Santa Missa[66]

Introdução

O *Alto Comité para a Fraternidade Humana* convocou hoje um Dia de oração e jejum para pedir a Deus misericórdia e piedade neste trágico momento da pandemia. Somos todos irmãos! São Francisco de Assis dizia: "Todos irmãos". E por esta razão, homens e mulheres de todas as confissões religiosas, unamo-nos hoje em oração e penitência, para pedir a graça da cura desta pandemia.

Homilia- Dia de fraternidade, penitência e oração

Na primeira leitura, ouvimos a história de Jonas, no estilo da época (cf. *Jn* 3, 1-10). Dado que houve "alguma pandemia", não sabemos, na cidade de Nínive, uma "pandemia moral", talvez [a cidade] estivesse prestes a ser destruída (cf. v. 4). E Deus envia Jonas para pregar: oração e penitência, oração e jejum (cf. vv. 7-8). Face a essa pandemia [primeiro], Jonas assustou-se e fugiu (cf. 1, 3). Depois, o Senhor chamou-o pela segunda vez e ele aceitou partir para pregar (cf. 3, 1-3). E hoje todos nós, irmãos e irmãs de todas as tradições religiosas, rezemos: um dia de oração, jejum e penitência, convocado pelo Alto Comité para a Fraternidade Humana. Cada um de nós reza, as comunidades oram, as confissões religiosas rezam, oram a Deus:

---

[66] Liturgia da Palavra: *At* 1, 15-17.20-26; *Sl* 112; *Jo* 15, 9-17.

todos *irmãos*, unidos na fraternidade que nos irmana neste momento de dor e tragédia.

Não esperávamos esta pandemia, ela veio sem que nós a esperássemos, mas agora está aqui. E muitas pessoas morrem. Tantas pessoas morrem sozinhas e muitas morrem sem poder fazer nada. Muitas vezes pode vir o pensamento: "Não me atingiu, graças a Deus estou salvo". Mas pensa nos outros! Pensa na tragédia e também nas consequências económicas, nas consequências para a educação, nas consequências... o que acontecerá a seguir. E por isso todos, irmãos e irmãs de todas as denominações religiosas, oremos hoje a Deus. Talvez haja alguém que diga: "Isto é relativismo religioso e não se pode fazer assim". Mas como não se pode fazer assim, rezar ao Pai de todos? Cada um reza como sabe, como pode, como recebeu da sua própria cultura. Não rezamos uns contra os outros, esta tradição religiosa contra aquela, não! Estamos todos unidos como seres humanos, como *irmãos*, orando a Deus, segundo a própria cultura, a própria tradição, as próprias crenças, mas irmãos e orando a Deus, isto é importante! Irmãos, jejuando, pedindo perdão a Deus pelos nossos pecados, para que o Senhor tenha misericórdia de nós, a fim de que o Senhor nos perdoe, para que o Senhor ponha fim a esta pandemia. Hoje é um dia de fraternidade, olhando para o único Pai: irmãos e paternidade. Dia de oração!

No ano passado, em novembro do ano passado, não sabíamos o que era uma pandemia: veio como um dilúvio, chegou de repente. Agora acordamos um pouco. Mas há muitas outras pandemias que fazem as pessoas morrer e não nos apercebemos, olhamos para o outro lado. Estamos um pouco inconscientes perante as tragédias que acontecem no mundo neste momento. Só gostaria de vos citar uma estatística oficial dos primeiros quatro meses deste ano, que não fala da pandemia do coronavírus, mas de outra. Nos primeiros quatro meses deste ano 3,7 milhões de pessoas morreram de fome. A *pandemia da fome*. Em quatro meses, quase 4 milhões de pessoas! A oração de hoje, para pedir ao Senhor que ponha fim a esta pandemia, deve fazer-nos refletir sobre as outras pandemias no mundo. São muitas! A pandemia das guerras, da fome e muitas outras. Mas o importante é que hoje - juntos e graças à *coragem* que este Alto Comité para a Fraternidade Humana teve - fomos convidados a rezar juntos de acordo com a nossa tradição e a fazer um dia *de penitência, de jejum e também de caridade*, de ajuda aos outros. Isto é importante! No livro de Jonas, ouvimos que quando o Senhor viu a reação do povo - que se tinha convertido - o Senhor arrependeu-se, e não fez o que queria fazer.

Deus ponha termo a esta tragédia, que Ele acabe com esta pandemia. Deus tenha piedade de nós e ponha fim também às outras terríveis pandemias: da fome, da guerra, das crianças sem escola. É isto que pedimos como *irmãos*, todos juntos. Deus nos abençoe a todos e tenha piedade de nós!

Santa Missa[67]

Introdução

Hoje é o Dia mundial da família. Oremos pelas famílias, para que o Espírito do Senhor, o espírito de amor, respeito e liberdade, possa crescer nas famílias.

Homilia– O relacionamento com Deus é gratuito, é uma relação de amizade

No Livro dos Atos dos Apóstolos vemos que na Igreja, no início, houve tempos de paz, como o diz tantas vezes: a Igreja crescia em paz e o Espírito do Senhor difundia-se (cf. *At* 9, 31); tempos de paz! Houve também tempos de perseguição, começando com a perseguição de Estêvão (cf. capp. 6-7); depois Paulo, perseguidor, convertido e em seguida também perseguido... Tempos de paz, tempos de perseguição, e houve também tempos de *perturbação*. Este é o tema da primeira Leitura de hoje: um período de perturbação (cf. *At* 15, 22-31). «Porquanto ouvimos que alguns que saíram dentre nós - os apóstolos escrevem aos cristãos que vieram do paganismo - ouvimos que alguns de nós, a quem não tínhamos dado incumbência alguma, viemos para vos perturbar - *para vos perturbar* - com discursos que transtornaram as vossas almas» (v. 24).

O que tinha acontecido? Aqueles cristãos que vieram dos pagãos acreditaram em Jesus Cristo, receberam

---

o batismo e estavam felizes: receberam o Espírito Santo. Do paganismo para o cristianismo, sem qualquer etapa intermédia. Ao contrário, aqueles que eram chamados "judaizantes" alegavam que não se podia fazer assim. Se alguém era pagão, primeiro tinha que se tornar judeu, um bom judeu, e depois tornar-se cristão, para estar na linha da eleição do povo de Deus. E aqueles cristãos não compreendiam isto: "Mas como, nós somos cristãos de segunda classe? Não se pode passar diretamente do paganismo para o cristianismo? A ressurreição de Cristo não dissolveu a lei antiga, levando-a a uma plenitude ainda maior?". Estavam perturbados e havia muitas discussões entre eles. E aqueles que o queriam eram pessoas que, com argumentos pastorais, teológicos e alguns até morais, afirmavam que não: que deviam dar aquele passo! E isto questionava a liberdade do Espírito Santo, até a gratuidade da ressurreição e da graça de Cristo. Eram metódicos. E também rígidos.

Deles, dos seus mestres, dos doutores da Lei, Jesus dizia: «Ai de vós, escribas e fariseus, hipócritas, pois percorreis mares e terras para fazer um só prosélito; e, quando o conseguis, fazeis dele um filho do inferno duas vezes pior do que vós mesmos». Jesus diz mais ou menos isto no capítulo 23 de Mateus (cf. v. 15). Essas pessoas, que eram "ideológicas" mais do que "dogmáticas", "ideológicas", reduziam a Lei, o dogma, a uma ideologia: "Deve-se fazer isto, isso e aquilo"... Uma religião de prescrições, e com isto tiravam a liberdade do Espírito. E as pessoas que os seguiam eram rígidas, pessoas que não se sentiam à-vontade, que não conheciam a alegria do Evangelho. A perfeição do caminho para seguir Jesus era a *rigidez*: "Há que fazer isto, isso, aquilo...". Essas pessoas, esses doutores "manipulavam" as consciências dos fiéis, e ou tornavam-se rígidos... ou iam embora.

Por esta razão, repito muitas vezes, a rigidez não é do Espírito bom, porque questiona a *gratuidade* da redenção, a gratuidade da ressurreição de Cristo. E isto é algo antigo: isto repete-se durante a história da Igreja. Pensemos nos pelagianos, nestes... nesses rígidos famosos. E também no nosso tempo vimos algumas organizações apostólicas que pareciam realmente bem constituídas, que funcionavam bem... mas todas rígidas, todas iguais umas às outras, e depois ficamos a saber da corrupção que havia dentro, até nos fundadores.

Onde há rigidez, não há Espírito de Deus, porque o Espírito de Deus é *liberdade*. E essas pessoas queriam dar passos, tirando a liberdade do Espírito de Deus e a *gratuidade* da redenção: "Para seres justificado, deves fazer isto, isso e aquilo...". A justificação é gratuita. A morte e a ressurreição de Cristo são gratuitas. Não se pagam, não se compram: são um dom! E eles não queriam fazer isto.

O caminho [o modo de proceder] é bom: os apóstolos reúnem-se em concílio e no final escrevem uma carta que começa assim: « Na verdade, pareceu bem ao Espírito Santo e a nós, não vos impor mais incumbência alguma » (*At* 15, 28), e conferem estas obrigações mais morais, de bom senso: não confundir o cristianismo com o paganismo, com a abstenção da carne oferecida aos ídolos, etc. E no final, os cristãos que estavam perturbados, reunidos em assembleia, receberam a carta e «quando a leram, alegraram-se pela exortação que ela infundia» (v. 31) . Da *perturbação à alegria*. O espírito de rigidez leva-nos sempre à perturbação: "Mas será que fiz bem isto? Não o fiz bem?". O escrúpulo. O espírito de liberdade evangélica leva-vos à alegria, porque foi precisamente isto que Jesus fez com a sua ressurreição: Ele trouxe alegria! O relacionamento com Deus, a relação com Jesus não é assim, de "fazer coisas": "Eu faço isto e tu dás-me aquilo". Uma relação, digo eu - perdoai-me Senhor - *comercial:* não! É gratuito, tal como é gratuita a relação de Jesus com os discípulos. «Sois meus amigos» (*Jo* 15, 14). «Não vos chamo servos, chamo-vos amigos» (cf. v. 15). «Não fostes vós que me escolhestes, mas fui Eu que vos escolhi» (v. 16). Tal é a gratuidade!

Peçamos ao Senhor que nos ajude a discernir entre os frutos da *gratuidade* evangélica e os frutos da *rigidez* não evangélica, e que nos liberte de toda a perturbação daqueles que colocam a fé, a vida de fé sob as prescrições da casuística, as prescrições que não têm sentido. Refiro-me às prescrições que não têm sentido, não aos Mandamentos. Que nos liberte deste espírito de rigidez, o qual nos tira a liberdade.

Santa Missa[68]

Introdução

Rezemos hoje pelas pessoas que se ocupam do sepultamento dos mortos nesta pandemia. Enterrar os mortos é uma das obras de misericórdia e naturalmente não é algo agradável. Rezemos por elas, que arriscam a vida e correm o perigo de ser contagiadas.

Homilia– Cristo morto e ressuscitado por nós: o único remédio contra o espírito da mundanidade

Jesus fala várias vezes do mundo, e especialmente na sua despedida com os apóstolos (cf. *Jo* 15, 18-21). E aqui diz: «Se o mundo vos odeia, sabei que odiou a mim antes que a vós» (v. 18). Fala claramente do ódio que o mundo teve e terá por Jesus e por nós. E, na oração que faz à mesa com os discípulos durante a Ceia, pede ao Pai que não os tire do mundo, mas que os defenda do espírito do mundo (cf. *Jo* 17, 15).

Acho que nos podemos interrogar: *qual é o espírito do mundo?* O que é esta mundanidade, capaz de odiar, de destruir Jesus e os seus discípulos, de os desnaturar, de corromper a Igreja? O que é o espírito do mundo, no que consiste? Far-nos-á bem pensar nisto. A mundanidade é uma *proposta de vida*. Mas algumas pessoas pensam que a mundanidade é festejar, viver em festas... Não, não! A

---

68 Liturgia da Palavra: *At* 16, 1-10; *Sl* 99; *Jo* 15, 18-21.

mundanidade pode ser também isto, mas não é basicamente isto.

A mundanidade é uma cultura; uma cultura do efémero, uma cultura da aparência, da *maquilhagem*, uma cultura do "hoje sim, amanhã não; amanhã sim, hoje não". Tem valores superficiais. Uma cultura que não conhece a fidelidade, porque muda de acordo com as circunstâncias, negocia tudo. Esta é a cultura do mundo, a cultura da mundanidade. E Jesus insiste em defender-nos disto e reza para que o Pai nos defenda desta cultura da mundanidade. É uma cultura *do descartável*, de acordo com o que for conveniente. É uma cultura sem fidelidade, não tem raízes. Mas é um modo de vida, um estilo de vida também de muitos que se autodenominam cristãos. Eles são cristãos, mas são mundanos.

Na parábola da semente que cai na terra, Jesus diz que as preocupações do mundo - ou seja, da mundanidade - sufocam a Palavra de Deus, não a deixam crescer (cf. *Lc* 8, 7). E Paulo diz aos Gálatas: «Estávamos reduzidos à servidão debaixo dos primeiros rudimentos do mundo» (cf. *Gl* 4, 3). Impressiona-me sempre quando leio as últimas páginas do livro do padre de Lubac: "Meditações sobre a Igreja" (cf. Henri de Lubac, *Meditazioni sulla Chiesa*, Milão 1955), as três últimas páginas, onde fala precisamente da mundanidade espiritual. Ele diz que é o pior dos males que pode acontecer à Igreja; e não exagera, enumerando depois alguns males terríveis, dos quais este é o pior: a mundanidade espiritual, porque é uma *hermenêutica de vida*, uma forma de viver; também um modo de viver o cristianismo. E para sobreviver face à pregação do Evangelho, odeia, mata.

Quando se fala dos mártires que morreram por ódio à fé, sim, na verdade para alguns o ódio era devido a um problema teológico; mas não na maioria. Na maioria [dos casos] é a mundanidade que odeia a fé e que os mata, como aconteceu com Jesus.

É curioso: a mundanidade, alguém pode dizer-me: "Mas padre, isto é uma superficialidade de vida...". Não nos iludamos! A mundanidade não é absolutamente superficial! Tem raízes profundas, raízes profundas. É *camaleónica*, muda, vai e vem de acordo com as circunstâncias, mas a substância é a mesma: uma proposta de vida que entra em todo o lado, até na Igreja. Mundanidade, hermenêutica mundana, *maquilhagem*, tudo se pinta para ser assim.

O apóstolo Paulo foi a Atenas e ficou impressionado quando, no areópago, viu muitos monumentos aos deuses. E pensou em falar disto: "Pois bem, passando e vendo os vossos santuários, achei também um altar em que estava escrito: Ao Deus Desconhecido. Esse, pois, que vós honrais, sem o conhecer, é o que vos anuncio". E começou a pregar o Evangelho. Mas quando chegou à cruz e à ressurreição, [os atenienses] foram embora escandalizados (cf. *At* 17, 22-33). Há algo que a mundanidade não tolera: *o escândalo da Cruz*. Não o tolera! Mas o único remédio contra o espírito da mundanidade é Cristo, morto e ressuscitado por nós, escândalo e loucura (cf. *1 Cor* 1, 23).

É por isso que quando o apóstolo João, na sua primeira Carta, aborda o tema do mundo, diz: «Esta é a vitória que vence o mundo, a nossa fé» (*1 Jo* 5, 4). A única: a fé em Jesus Cristo, que morreu e ressuscitou. E isto não significa ser fanático. Isto não significa omitir o diálogo com todas as pessoas, não, mas com a convicção da fé, a começar pelo escândalo da Cruz, pela loucura de Cristo e também pela vitória de Cristo. "Esta é a nossa vitória", diz João, "a nossa fé".

Peçamos ao Espírito Santo nestes últimos dias, também na novena do Espírito Santo, nos últimos dias do tempo pascal, a graça de discernir o que é *mundanidade* e o que é *Evangelho*, e não nos enganemos, porque o mundo nos odeia, o mundo odeia Jesus e Jesus orou para que o Pai nos defendesse do espírito do mundo (cf. *Jo* 17, 15).

17 DE MAIO DE 2020

SEXTO DOMINGO DE PÁSCOA (A)

Santa Missa[69]

Introdução

Hoje a nossa oração é pelas numerosas pessoas que limpam os hospitais, as ruas, que esvaziam os caixotes de lixo, que vão às casas para tirar o lixo: um trabalho que ninguém vê, mas necessário para sobreviver. Que o Senhor os abençoe e os ajude!

Homilia–O Espírito Santo recorda-nos o acesso ao Pai

Na despedida dos discípulos (cf. *Jo* 14, 15-21), Jesus dá-lhes tranquilidade e paz, com uma promessa: «Não vos deixarei órfãos» (v. 18). Defende-os daquela dor, daquele sentimento doloroso, da orfandade. Hoje, no mundo, há um grande *sentimento de orfandade:* tantos têm muitas coisas, mas falta o Pai. E isto repete-se na história da humanidade: quando falta o Pai, falta algo e há sempre o desejo de encontrar, de voltar a encontrar o Pai, até nos mitos antigos. Pensemos nos mitos de Édipo, de Telémaco e em muitos outros: procurar sempre o Pai que falta. Hoje podemos dizer que vivemos numa sociedade onde falta o Pai, um sentido de orfandade que diz respeito à pertença e à fraternidade.

---

[69] Liturgia da Palavra: *At* 8, 5-8.14.-17; *Sl* 65; *1Pe* 3, 15-18; *Jo* 14, 15- 21.

É por isso que Jesus promete: «Rogarei ao Pai e Ele dar-vos-á outro Paráclito» (v. 16). "Vou-me embora" - diz Jesus - "mas virá outro que vos ensinará o *acesso ao Pai*. Recordar-vos-á o acesso ao Pai". O Espírito Santo não vem para "ter os seus clientes"; vem para indicar o acesso ao Pai, para recordar o acesso ao Pai, aquele que Jesus abriu, aquele que Jesus mostrou. Não existe uma espiritualidade só do Filho, só do Espírito Santo: o centro é o Pai. O Filho é o enviado do Pai e volta para o Pai. O Espírito Santo é enviado pelo Pai para recordar e ensinar o acesso ao Pai.

Somente com esta consciência de filhos que *não são órfãos* podemos viver em paz entre nós. As guerras, tanto as pequenas como as grandes, têm sempre uma dimensão de orfandade: falta o Pai para fazer a paz. Por isso, quando à primeira comunidade Pedro diz que respondam ao povo por que são cristãos (cf. *1 Pe* 3, 15-18), diz: «Fazei-o com docilidade e respeito. Tende uma consciência reta» (v. 16), ou seja, a mansidão que o Espírito Santo dá. O Espírito Santo ensina-nos esta mansidão, esta docilidade dos filhos do Pai. O Espírito Santo não nos ensina a *insultar*. E uma das consequências do sentido de orfandade é o insulto, as guerras, pois se não há o Pai, não há os irmãos, perde-se a fraternidade. São - esta docilidade, respeito e mansidão - atitudes de pertença, de pertença a uma família que está certa de ter um Pai.

«Rogarei ao Pai e Ele dar-vos-á outro Paráclito» (*Jo* 14, 16), que vos recordará o acesso ao Pai, lembrando--vos que temos um Pai que é o centro de tudo, a origem de tudo, a unidade de todos, a salvação de todos, porque enviou o seu Filho para salvar todos nós. E agora envia o Espírito Santo para nos recordar o acesso a Ele, ao Pai e, a partir desta paternidade, a atitude fraterna de mansidão, de docilidade e de paz.

Peçamos ao Espírito Santo que nos recorde sempre, sempre, este acesso ao Pai, que nos recorde que *temos um Pai*. E a esta civilização, que tem um grande sentido de orfandade, conceda a graça de voltar a encontrar o Pai, o Pai que dá sentido a toda a vida e faz com que os homens sejam uma família.

Regina Coeli

Amados irmãos e irmãs, bom dia!

O Evangelho deste domingo (cf. *Jo* 14,15-21) apresenta duas mensagens: a observância dos mandamentos e a promessa do Espírito Santo.

Jesus une o amor a Ele à *observância dos mandamentos*, e sobre isto insiste no seu discurso de despedida: «Se Me amardes, guardareis os meus mandamentos» (v. 15); «Aquele que tem os meus mandamentos e os guarda, esse é que Me ama» (v. 21). Jesus pede-nos para O amar, mas Ele explica: este amor não termina num desejo d'Ele, ou num sentimento, não, requer a vontade de seguir o Seu caminho, ou seja, a vontade do Pai. E isto resume-se no mandamento do amor recíproco - o primeiro amor [na concretização] - dado pelo próprio Jesus: «Assim como eu vos amei, vós também vos deveis amar uns aos outros» (*Jo* 13, 34). Ele não disse: «Amai-me como eu vos amei», mas «amai-vos uns aos outros como eu vos amei». Ele ama-nos sem nos pedir nada em troca. O amor de Jesus é gratuito, ele nunca nos pede recompensa. E ele quer que este seu amor gratuito se torne a forma concreta de vida entre nós: esta é a sua vontade.

Para ajudar os discípulos a percorrer este caminho, Jesus promete que vai rezar ao Pai para enviar «outro

Paráclito» (v. 16), ou seja, um Consolador, um Defensor que tomará o Seu lugar e lhes dará a inteligência para ouvir e a coragem para observar as Suas palavras. Este é o *Espírito Santo*, que é o dom do amor de Deus que desce ao coração do cristão. Depois que Jesus morreu e ressuscitou, o Seu amor é dado àqueles que creem n'Ele e são batizados em nome do Pai e do Filho e do Espírito Santo. O próprio Espírito os guia, os ilumina, os fortalece, para que cada um possa caminhar na vida, mesmo através da adversidade e da dificuldade, nas alegrias e nas tristezas, permanecendo no caminho de Jesus. Isto é possível unicamente se nos mantivermos dóceis ao Espírito Santo, para que, através da sua presença ativa, possa não só consolar mas também transformar os corações, abrindo-os à verdade e ao amor.

Perante a experiência do erro e do pecado - que todos nós cometemos - o Espírito Santo ajuda-nos a não sucumbir e faz-nos compreender e viver plenamente o sentido das palavras de Jesus: «Se me amardes, guardareis os meus mandamentos» (v. 15). Os mandamentos não nos são dados como uma espécie de espelho no qual ver refletidas as nossas misérias, as nossas, e incoerências. Não, não é assim. A Palavra de Deus é-nos dada como a Palavra de vida, que transforma o coração, a vida, que se renova, que não julga para condenar, mas cura e tem como fim o perdão. A misericórdia de Deus é assim. Uma palavra que é luz para os nossos passos. E tudo isto é obra do Espírito Santo! Ele é o Dom de Deus, ele mesmo é Deus, que nos ajuda a sermos pessoas livres, pessoas que querem e sabem amar, pessoas que compreenderam que a vida é uma missão para proclamar as maravilhas que o Senhor realiza naqueles que confiam Nele.

Que a Virgem Maria, modelo da Igreja que sabe escutar a Palavra de Deus e acolher o dom do Espírito Santo, nos ajude a viver com alegria o Evangelho, sabendo que somos sustentados pelo Espírito, fogo divino que aquece os nossos corações e ilumina os nossos passos.

Depois do Regina Coeli

Amados irmãos e irmãs!

Amanhã celebra-se o centenário do nascimento de São João Paulo II, em Wadowice, na Polónia. Recordamo-lo com muito carinho e gratidão. Amanhã, pelas 7 horas, celebrarei a Santa Missa, que será transmitida em todo o mundo, no altar onde repousam os seus despojos mortais. Do Céu ele continuará a interceder pelo Povo de Deus e pela paz no mundo.

Em alguns países retomaram-se as celebrações litúrgicas com os fiéis; noutros está a ser avaliada a possibilidade; em Itália, a partir de amanhã será possível celebrar a Santa Missa com o povo; mas, por favor, continuemos a respeitar as normas, as prescrições que nos dão, de modo a salvaguardar a saúde de cada um e do povo.

No mês de maio, é tradicional em muitas paróquias celebrar as Missas da Primeira Comunhão. É evidente que, devido à pandemia, este belo momento de fé e de celebração foi adiado. Por conseguinte, desejo enviar um pensamento afetuoso aos meninos e meninas que deveriam ter recebido a Eucaristia pela primeira vez. Caros amigos, convido-vos a viver este tempo de espera como uma oportunidade para vos preparardes melhor: rezar, ler o livro do Catecismo para aprofundar o conhecimento de Jesus, para crescer na bondade e no serviço aos outros. Desejo-vos bom caminho!

Hoje começa a Semana *da Laudato si'*, que terminará no próximo domingo, comemorando o quinto aniversário da publicação da Encíclica. Nestes tempos de pandemia, em que estamos mais conscientes da importância de cuidar da nossa casa comum, espero que toda a nossa reflexão e empenho comuns ajudem a criar e reforçar atitudes construtivas para o cuidado da criação.

E desejo-vos a todos bom domingo. Por favor, não vos esqueçais de rezar por mim. Bom almoço e até à vista.

SANTA MISSA NO CENTENÁRIO DO NASCIMENTO DE SÃO JOÃO PAULO II

Santa Missa[70]

Homilia–Deus visitou o seu povo

Cantamos «o Senhor ama o seu povo» (*Sl* 149, 4), era o refrão do cântico interlecional e também uma verdade que o povo de Israel repetia, gostava de repetir: «O Senhor ama o seu povo», e nos maus momentos, "o Senhor ama" sempre; devemos esperar como este amor se há de manifestar. Quando, por este amor, o Senhor enviava um profeta, um homem de Deus, a reação do povo era: «O Senhor visitou o seu povo» (cf. *Êx* 4, 31), porque o ama, *"visitou-o"*. E o mesmo dizia a multidão, que seguia Jesus vendo o que Jesus fazia: "O Senhor visitou o seu povo" (cf. *Lc* 7, 16).

E hoje aqui podemos dizer: há cem anos o Senhor *visitou* o seu povo. Enviou um homem, preparou-o para ser bispo e guiar a Igreja. Celebrando a memória de São João Paulo II, retomemos isto: "O Senhor ama o seu povo", o Senhor visitou o seu povo, enviou um pastor. E quais são, digamos assim, "os sinais" do bom pastor que podemos encontrar em São João Paulo II? Muitos! Mas mencionemos apenas três. Dado que se afirma que os jesuítas dizem sempre as coisas de três em três... citemos três: a oração,

---

[70] Liturgia da Palavra: *At* 16, 11-15; *Sl* 149; *Jo* 15, 26-16,4.

a proximidade ao povo e o amor à justiça. São João Paulo
II era um homem de Deus porque *rezava*, e rezava muito.
Mas como é que um homem que tem tanto para fazer, tanto trabalho para guiar a Igreja... tem tanto tempo para rezar? Ele sabia bem que a primeira tarefa do bispo é rezar.
E isto não o disse o Vaticano ii, disse-o São Pedro; quando
fizeram os diáconos, disseram: «E a nós, bispos, a oração
e a proclamação da Palavra» (cf. *At* 6, 4). A primeira tarefa do bispo é rezar, e ele sabia isto, e fazia assim. Modelo
de bispo que reza, é a primeira tarefa. E ensinou-nos que
quando o bispo faz o exame de consciência à noite, se deve
perguntar: quantas horas rezei hoje? Homem de oração.

Segundo sinal, homem de *proximidade*. Não era um
homem desapegado do povo, pelo contrário, foi visitar o
povo e deu a volta ao mundo inteiro, encontrando o seu
povo, procurando o seu povo, aproximando-se. E a proximidade é um dos traços de Deus com o seu povo. Recordemos que ao povo de Israel o Senhor diz: «que povo
há tão grande que tenha deuses como o Senhor, sempre
pronto a atender-nos?» (cf. *Dt* 4, 7). Uma proximidade de
Deus com o povo, que depois se torna íntima em Jesus, se
torna forte em Jesus. O pastor está próximo do povo, pelo
contrário, se não estiver, não é pastor, é um hierarca, um
administrador, talvez bom, mas não é pastor. Proximidade ao povo. E São João Paulo II deu-nos o exemplo desta
proximidade: próximo dos grandes e dos pequeninos, dos
vizinhos e dos distantes, sempre perto, aproximava-se.

Terceiro sinal, o amor à *justiça*. Mas à justiça plena!
Um homem que queria a justiça, a justiça social, a justiça
dos povos, a justiça que afasta as guerras. Mas justiça plena! Por isso, São João Paulo II era o homem da misericórdia, porque justiça e misericórdia caminham juntas, não

se podem distinguir [no sentido de separar], estão unidas: justiça é justiça, misericórdia é misericórdia, mas uma não se encontra sem a outra. E falando do homem de justiça e misericórdia, pensemos no que São João Paulo II fez para que as pessoas compreendessem a misericórdia de Deus. Pensemos no modo como ele promoveu a devoção a Santa Faustina [Kowalska] cuja memória litúrgica, *a partir de hoje*, será para toda a Igreja. Ele sentiu que a justiça de Deus tinha este aspeto de misericórdia, esta atitude de misericórdia. E este é um dom que ele nos deixou: *justiça-misericórdia* e a *misericórdia justa*. Peçamos-lhe hoje, que conceda a todos nós, especialmente aos pastores da Igreja, mas a todos, a graça da oração, a graça da proximidade e a graça da justiça-misericórdia, da misericórdia-justiça.

APÊNDICE I

E quando não podemos participar nos sacramentos?

Como receber a graça do Senhor, quando não temos a possibilidade de participar fisicamente nas celebrações litúrgicas

O Papa recorda como receber o perdão na ausência do sacerdote[71]

Pessoas em fim de vida sem um capelão, famílias fechadas em casa e impossibilitadas de falar com um sacerdote: na homilia na Casa Santa Marta, Francisco cita o Catecismo e a "contrição" que perdoa os pecados na expetativa da confissão.

A *salus animarum*, a salvação das almas é a lei suprema da Igreja, o critério interpretativo fundamental para determinar o que é justo. É por isso que a Igreja procura sempre, de todos os modos, oferecer a possibilidade de se reconciliar com Deus a todos aqueles que o desejam, que estão em busca, esperando ou que, de alguma forma, se dão conta da sua condição e sentem a necessidade de ser acolhidos, amados e perdoados. Nestes tempos de emergência devido à pandemia, às pessoas gravemente doentes e isoladas nas unidades de terapia intensiva, bem como às famílias solicitadas a permanecer em casa para evitar a difusão do contágio, é útil lembrar a riqueza da tradição. Foi o que fez o Papa Francisco durante a homilia da missa na Casa Santa Marta na sexta-feira, 20 de março.

Escutai e compartilhai!
«Sei que muitos de vós se confessam para a Páscoa, a fim de se reconciliar com Deus», disse o Papa. «E muitos me dirão hoje: "Mas padre, onde posso encontrar um sacerdote, um confessor? Não se pode sair de casa! E quero fazer as pazes com o Senhor, quero que Ele me abrace, que o meu pai me abrace. O que posso fazer se não encontro um sacerdote?". Faz o que diz o Catecismo».

---

[71] *Vatican News*, 20 de março de 2020.

«É muito claro: se não encontrares um sacerdote para te confessar», explicou o Papa, «fala com Deus, Ele é Pai. Diz-lhe a verdade: "Senhor, fiz isso e aquilo. Perdoai-me». «Pede-lhe perdão de todo o coração, com o Ato de Contrição e promete--lhe: "Depois, confessar-me-ei, mas perdoai-me agora". E retornarás à graça de Deus. Podes aproximar-te, como o Catecismo nos ensina, do perdão de Deus sem ter um sacerdote. Pensai nisto: este é o momento! E este é o momento certo, o momento oportuno. Um Ato de Contrição bem feito e a nossa alma tornar-se-á branca como a neve».

O Papa Francisco refere-se aos números 1.451-1452 do Catecismo da Igreja Católica, promulgado por São João Paulo II e redigido sob a orientação de Joseph Ratzinger, naquela época prefeito da Congregação para a Doutrina da Fé. O Catecismo, citando o Concílio de Trento, ensina que entre os atos do penitente, a "contrição" ocupa o primeiro lugar. Ela é «uma dor da alma e uma reprovação do pecado cometido, com o propósito de não mais pecar no futuro».

«Quando procedente do amor de Deus, amado sobre todas as coisas, a contrição é dita "perfeita" (contrição de caridade)», afirma o Catecismo. «Tal contrição perdoa as faltas veniais: obtém igualmente o perdão dos pecados mortais, se incluir o propósito firme de recorrer, logo que possível, à confissão sacramental». Portanto, na expetativa de ser absolvido por um sacerdote, assim que as circunstâncias permitirem, é possível ser perdoado imediatamente com esse ato. Isso já tinha sido afirmado também pelo Concílio de Trento, no capítulo 4 da *Doctrina de sacramento paenitentiae*, onde se afirma que a contrição acompanhada pela intenção de se confessar «reconcilia o homem com Deus, mesmo antes que este sacramento seja realmente recebido».

Um caminho para a misericórdia de Deus, aberto a todos, que pertence à tradição da Igreja e pode ser útil para quem quer que seja, mas especialmente para aqueles que, neste momento, se encontram próximos dos doentes nas casas e nos hospitais.

Números 1451-1452 do Catecismo da Igreja Católica

Contrição

n. 1451. Entre os atos do penitente, a contrição ocupa o primeiro lugar. Ela é "uma dor da alma e uma detestação do pecado cometido, com o propósito de não mais pecar no futuro" (Concílio de Trento, Sess. 14ª, *Doctrina de sacramento paenitentiae*, c. 4: DS 1676).

n. 1452. Quando procedente do amor de Deus, amado sobre todas as coisas, a contrição é dita "perfeita" (contrição de caridade). Tal contrição perdoa as faltas veniais: obtém igualmente o perdão dos pecados mortais, se incluir o propósito firme de recorrer, assim que for possível, à confissão sacramental (cf. Concílio de Trento, Sess. 14ª, *Doctrina de sacramento paenitentiae*, c. 4: DS 1677).

Disposições da Penitenciaria Apostólica

na atual situação de pandemia

Decreto

O dom das Indulgências especiais é concedido aos fiéis atingidos pela Covid-19, em geral conhecida como Coronavírus, assim como aos profissionais da saúde, aos familiares e a todos aqueles que cuidam deles de qualquer maneira, inclusive através da oração.

«Sede alegres na esperança, constantes na tribulação, perseverantes na oração» (*Rm* 12, 12). As palavras escritas por São Paulo à Igreja de Roma ecoam ao longo de toda a história da Igreja e guiam o julgamento dos fiéis face a qualquer sofrimento, doença e calamidade.

O momento presente em que toda a humanidade, ameaçada por uma doença invisível e insidiosa, que há já algum tempo se tornou prepotentemente parte da vida de todos, é marcado dia após dia por medos angustiados, novas incertezas e, sobretudo, por um sofrimento físico e moral generalizado.

A Igreja, seguindo o exemplo do seu Divino Mestre, sempre cuidou dos doentes. Como assinala São João Paulo II, o valor do sofrimento humano é duplo: «É *sobrenatural*, porque se radica no mistério divino da Redenção do mundo; e é também profundamente humano, porque nele o homem se aceita a si mesmo, com a sua própria humanidade, com a própria dignidade e a própria missão» (*Salvifici doloris*, 31).

Também o Papa Francisco, nestes últimos dias, mostrou a sua paterna proximidade e renovou o seu convite a rezar incessantemente pelos enfermos de Coronavírus.

Para que todos aqueles que sofrem por causa da Covid-19, precisamente no mistério deste sofrimento, possam redescobrir «o próprio sofrimento redentor de Cristo» (*ibid.*, n. 30), esta Penitenciaria Apostólica, *ex auctoritate Summi Pontificis*, confiando na palavra de Cristo Senhor e considerando com espírito de fé a atual epidemia, que deve ser vivida em espírito de conversão pessoal, concede o dom das Indulgências de acordo com a seguinte disposição.

A *Indulgência plenária* é concedida aos fiéis que sofrem de Coronavírus, sujeitos a quarentena por ordem da autoridade da saúde nos hospitais ou nas próprias casas, se, com espírito desprendido de qualquer pecado, se unirem espiritualmente através dos meios de comunicação social à celebração da Santa Missa, à recitação do Santo Rosário, à prática piedosa da Via--Sacra ou de outras formas de devoção, ou se pelo menos recitarem o Credo, o Pai-Nosso e uma piedosa invocação à Bem-A-venturada Virgem Maria, oferecendo esta prova em espírito de fé em Deus e de caridade para com os irmãos, com a vontade de cumprir as condições habituais (confissão sacramental, comunhão eucarística e oração segundo as intenções do Santo Padre), o mais depressa possível.

Os agentes da saúde, os familiares e todos aqueles que, seguindo o exemplo do Bom Samaritano, expondo-se ao risco de contágio, cuidam dos doentes de Coronavírus segundo as palavras do divino Redentor: «Ninguém tem maior amor do que aquele que dá a sua vida pelos seus amigos» (*Jo* 15, 13), obterão o mesmo dom da *Indulgência plenária* em idênticas condições.

Além disso, esta Penitenciaria Apostólica concede de bom grado a *Indulgência plenária* nas mesmas condições por ocasião da atual epidemia mundial, até àqueles fiéis que oferecerem uma visita ao Santíssimo Sacramento, ou a adoração eucarística, ou a leitura da Sagrada Escritura durante pelo menos meia hora, ou a recitação do Santo Rosário, ou o exercício piedoso da Via-Sacra, ou a recitação do Rosário da Divina Misericórdia, para implorar de Deus Todo-Poderoso o fim da epidemia, alívio para os aflitos e salvação eterna para aqueles que o Senhor chamou a si.

A Igreja reza por aqueles que não podem receber o Sacramento da Unção dos Enfermos e do Viático, confiando cada um deles à Misericórdia Divina em virtude da comunhão dos santos e concedendo aos fiéis a *Indulgência plenária* em ponto de morte, contanto que esteja devidamente disposto e tenha recitado habitualmente durante a vida alguma oração (neste caso a Igreja supre às três habituais condições exigidas). Para a consecução desta indulgência é recomendável o uso do crucifixo ou da cruz (cf. Enchiridion indulgentiarum, n. 12).

Que a Bem-Aventurada sempre Virgem Maria, Mãe de Deus e da Igreja, Saúde dos Enfermos e Auxílio dos Cristãos, nossa Advogada, ajude a humanidade sofredora, afastando de nós o mal desta pandemia e obtendo-nos todo o bem necessário para a nossa salvação e santificação.

O presente Decreto é válido, não obstante qualquer disposição contrária.

Dado em Roma da Sede da Penitenciaria Apostólica a 19 de março de 2020.

Mauro Card. Piacenza
Penitenciário-Mor

« Eis que estou convosco todos os dias »
(*Mt* 28,20)

Nota

A gravidade das circunstâncias atuais exige uma reflexão sobre a urgência e a centralidade do Sacramento da Reconciliação, juntamente com alguns esclarecimentos necessários, tanto para os fiéis leigos como para os ministros chamados a celebrar o Sacramento.

Mesmo no tempo da Covid-19, o Sacramento da Reconciliação é administrado de acordo com o direito canónico universal e com as disposições da *Ordo Paenitentiae.*

A confissão individual é o modo ordinário de celebrar este sacramento (cf. cân. 960 cdc), enquanto a absolvição coletiva, sem confissão individual prévia, não pode ser concedida a não ser em caso de perigo iminente de morte, já que não há tempo suficiente para ouvir as confissões dos penitentes individuais (cf. cân. 961 § 1 cdc), ou uma necessidade grave (cf. cân. 961 § 1, 2° cdc). cuja consideração é da responsabilidade do Bispo diocesano, tendo em conta os critérios concordados com os outros membros da Conferência Episcopal (cf. cân. 455, § 2 cdc) e sem prejuízo da necessidade, para uma absolvição válida, do sacramento do *votum sacramenti* por parte de cada penitente, ou seja, a finalidade de confessar oportunamente pecados graves individuais, que na altura não era possível confessar (cf. cân. 962 § 1 cdc).

Esta Penitenciaria Apostólica considera que, especialmente nos lugares mais afetados pelo contágio pandémico e enquanto o fenómeno não acabar, se sigam os casos de grave necessidade mencionados no cân. 961 § 2 cdc.

Qualquer outra especificação é confiada pelo direito aos Bispos diocesanos, tendo sempre em conta o bem supremo da salvação das almas (cf. cân. 1752 cdc.).

Se surgir uma súbita necessidade de conceder a absolvição sacramental a vários fiéis em conjunto, o sacerdote é obrigado a avisar o Bispo diocesano, na medida do possível ou, se não puder, a informá-lo quanto antes (cf. *Ordo Paenitentiae*, n. 32).

Na atual emergência pandémica, cabe portanto ao Bispo diocesano indicar aos sacerdotes e aos penitentes as prudentes atenções a adotar na celebração individual da reconciliação sacramental, tais como a celebração num lugar ventilado fora do confessionário, a adoção de uma distância adequada, a utilização de máscaras protetoras, sem prejuízo da atenção absoluta à salvaguarda do selo sacramental e à necessária discrição.

Além disso, cabe sempre ao Bispo diocesano determinar, no território da sua circunscrição eclesiástica e em relação ao nível de contágio pandémico, os casos de grave necessidade em que é lícito conceder a absolvição coletiva: por exemplo, à entrada das enfermarias hospitalares, onde estão internados os fiéis contagiados em perigo de morte, utilizando, na medida do possível e com as devidas precauções, os meios de amplificar a voz para que a absolvição possa ser ouvida.

Devem ser consideradas a necessidade e a oportunidade de criar, quando necessário, de acordo com as autoridades da saúde, grupos de "capelães extraordinários de hospitais", também numa base voluntária e em conformidade com as normas de proteção contra o contágio, para garantir a necessária assistência espiritual aos doentes e aos moribundos.

Onde o fiel se encontrar na dolorosa impossibilidade de receber a absolvição sacramental, deve-se recordar que a contrição perfeita, proveniente do amor do Deus amado acima de tudo, expressa por um sincero pedido de perdão (o que o penitente é atualmente capaz de manifestar) e acompanhada pelo *votum confessionis*, ou seja, pela firme resolução de recorrer, quanto antes, à confissão sacramental, obtém o perdão dos pecados, até mortais (cf. cic, n. 1.452).

Nunca antes a Igreja experimentou o poder da comunhão dos santos, elevando ao seu Senhor Crucificado e Ressuscitado votos e preces, especialmente o Sacrifício da Santa Missa, celebrado diariamente, mesmo sem fiéis, pelos sacerdotes.

Como mãe bondosa, a Igreja implora ao Senhor que a humanidade seja libertada de tal flagelo, invocando a intercessão da Bem-Aventurada Virgem Maria, Mãe de Misericórdia e Saúde dos Enfermos, e do seu Esposo São José, sob cujo patrocínio a Igreja sempre caminhou pelo mundo.

Maria Santíssima e São José obtenham para nós abundantes graças de reconciliação e salvação, na escuta atenta da Palavra do Senhor, que ele repete hoje à humanidade: «Parai, reconhecei que eu sou Deus» (*Sl* 46, 11), «Eu estarei convosco todos os dias» (*Mt* 28, 20).

Dado em Roma, da sede da Penitenciaria Apostólica, a 19 de março de 2020, Solenidade de São José, Esposo da B.A. Virgem Maria, Padroeiro da Igreja Universal.

Mauro Card. Piacenza
Penitenciário-Mor

Krzysztof Nykiel
Regente

Comunhão espiritual

Dado que não se pode fazer a Comunhão sacramental com Cristo, participando na Eucaristia, contudo pode-se expressar o desejo de o receber no próprio espírito mediante estas palavras, que ajudam a entrar em Comunhão espiritual com Ele

Meu Jesus, Creio que estais presente
no Santíssimo Sacramento.
Amo-vos acima de tudo
e a minha alma suspira por Vós.
Mas dado que agora não posso receber-vos
no Santíssimo Sacramento,
vinde, pelo menos espiritualmente,
ao meu coração.
Abraço-vos come se já
estivésseis comigo:
uno-me inteiramente a Vós.
Ah! Não permitais que eu volte a
separar-me de Vós!
Ó, meu sumo bem e doce amor,
inflamai o meu coração,
a fim de que eu seja abrasado
no vosso amor para sempre.
Amém.

Santo Afonso de Ligório

Disposições
da Congregação para o Culto Divino
e a Disciplina dos Sacramentos
a respeito da celebração do Tríduo Pascal

Decreto

Em tempos de Covid-19 (II)

Considerando a rápida evolução da pandemia da covid-19 e tendo em conta as observações recebidas das Conferências episcopais, esta Congregação oferece uma atualização acerca das indicações e sugestões gerais já propostas aos bispos no precedente decreto de 19 de março de 2020.

Dado que a data da Páscoa não pode ser transferida, nos países atingidos pela doença, onde estão previstas restrições para o encontro e o movimento de pessoas, os bispos e sacerdotes devem celebrar os ritos da Semana Santa sem a participação de fiéis e num lugar adequado, evitando a concelebração e omitindo a troca da paz.

Os fiéis devem ser informados sobre a hora do início das celebrações, para poder unir-se à oração em casa. Poderão servir de ajuda os meios de comunicação telemática ao vivo, não gravada. De qualquer maneira, é importante dedicar um tempo adequado à oração, valorizando sobretudo a *Liturgia Horarum.*

As Conferências episcopais e as dioceses individuais não deixem de oferecer subsídios para ajudar a oração familiar e pessoal.

1 - **Domingo de Ramos**. A Comemoração da Entrada do Senhor em Jerusalém deve ser celebrada no interior do edifício sagrado; nas igrejas catedrais siga-se a segunda forma prevista pelo Missal Romano; nas igrejas paroquiais e noutros lugares, a terceira.

2 - **Missa crismal**. Avaliando o caso concreto nos diferentes países, as Conferências episcopais poderão dar indicações sobre uma possível transferência para outra data.

3 - **Quinta-Feira Santa**. O lava-pés, já facultativo, deve ser omitido. No final da Missa da Ceia do Senhor, a procissão também deve ser omitida; e o Santíssimo Sacramento deve ser conservado no tabernáculo. Neste dia, os sacerdotes recebem extraordinariamente a faculdade de celebrar a Missa num lugar adequado, sem a participação de fiéis.

4 - **Sexta-Feira Santa**. Na oração universal, os bispos terão o cuidado de predispor uma intenção especial por aqueles que se encontram em situação de constrangimento, pelos doentes, pelos defuntos (cf. *Missale Romanum)*. O ato de adoração da Cruz mediante o ósculo deve ser limitado unicamente ao celebrante.

5 - **Vigília pascal**. Seja celebrada exclusivamente nas igrejas catedrais e paroquiais. Para a liturgia batismal, mantenha-se unicamente a renovação das promessas batismais (cf. *Missale Romanum*).

Para os seminários, os colégios sacerdotais, os mosteiros e as comunidades religiosas, sigam-se as indicações do presente Decreto.

As expressões de piedade popular e as procissões que enriquecem os dias da Semana Santa e do Tríduo pascal, segundo o parecer do bispo diocesano, podem ser transferidas para outros dias oportunos, por exemplo 14 e 15 de setembro.

De mandato Summi Pontificis pro hoc tantum anno 2020.

Da Sede da Congregação para o Culto Divino e a Disciplina dos Sacramentos, 25 de março de 2020, solenidade da Anunciação do Senhor.

Robert Card. Sarah
Prefeito

✠ D. Arthur Roche
Arcebispo secretário

Apêndice II

Orações da Igreja em tempos difíceis*

A universalidade da intercessão

---

* Esta parte reúne várias orações e ritos através dos quais a Igreja, nas suas diferentes tradições, pede ao Pai a graça, a força e o dom da libertação do mal e das calamidades.

Momento extraordinário de oração
no adro da Basílica de São Pedro[1]

Santo Pai:

Em nome do Padre e do Filho e do Espírito Santo.
R. Amém.

Santo Pai:

Oremos.
Deus todo-poderoso e misericordioso,
olhai para a nossa dolorosa condição:
confortai os vossos filhos e abri o nosso coração à esperança,
para sentirmos no meio de nós
a vossa presença de Pai.
Por nosso Senhor Jesus Cristo, vosso Filho, que é Deus,
e vive e reina convosco, na unidade do Espírito Santo,
por todos os séculos dos séculos.
R. Amém.

Ladainha de súplica

Nós vos adoramos, Senhor

Verdadeiro Deus e verdadeiro homem, realmente presente neste Santo Sacramento
R. Nós vos adoramos, Senhor

---

[1] Publicamos a seguir os textos das súplicas de oração presididas pelo Santo Pai Francisco no adro da basílica de São Pedro pela libertação do mundo da pandemia de Covid-19. O texto da homilia proferida durante a celebração encontra-se no final deste volume, no parágrafo relativo às palavras pronunciadas pelo Papa Francisco em 27 de março de 2020.

Nosso Salvador, Deus connosco, fiel e rico de misericórdia
R. Nós vos adoramos, Senhor
Rei e Senhor da criação e da história
R. Nós vos adoramos, Senhor
Vencedor do pecado e da morte
R. Nós vos adoramos, Senhor
Amigo do homem, ressuscitado e vivo, à direita do Pai
R. Nós vos adoramos, Senhor

Cremos em vós, Senhor

Filho unigénito do Pai, descido do Céu para a nossa salvação
R. Cremos em Vós, Senhor
Médico celeste, que vos inclinais sobre a nossa miséria
R. Cremos em Vós, Senhor
Cordeiro imolado, que vos ofereceis para nos resgatar do mal
R. Cremos em Vós, Senhor
Bom Pastor, que dais a vida pelo rebanho que amais
R. Cremos em Vós, Senhor
Pão vivo e remédio de imortalidade, que nos dais a Vida eterna
R. Cremos em Vós, Senhor

Livrai-nos, Senhor

Do poder de Satanás e das seduções do mundo
R. Livrai-nos, Senhor
Do orgulho e da presunção de não precisar de Vós
R. Livrai-nos, Senhor
Dos enganos do medo e da angústia
R. Livrai-nos, Senhor
Da incredulidade e do desespero
R. Livrai-nos, Senhor
Da dureza de coração e da incapacidade de amar

R. Livrai-nos, Senhor

Salvai-nos, Senhor

De todos os males que afligem a humanidade

R. Salvai-nos, Senhor

Da fome, da carestia e do egoísmo

R. Salvai-nos, Senhor

Das doenças, das epidemias e do medo do irmão

R. Salvai-nos, Senhor

Da loucura devastadora, dos interesses impiedosos e da violência

R. Salvai-nos, Senhor

Dos enganos, da má informação e da manipulação das consciências

R. Salvai-nos, Senhor

Consolai-nos, Senhor

Olhai para a vossa Igreja que atravessa o deserto

R. Consolai-nos, Senhor

Olhai para a humanidade, aterrorizada pelo medo e pela angústia

R. Consolai-nos, Senhor

Olhai para os doentes e moribundos, oprimidos pela solidão

R. Consolai-nos, Senhor

Olhai para os médicos e agentes de saúde, extenuados pela fadiga

R. Consolai-nos, Senhor

Olhai para os políticos e administradores que carregam o peso
das suas opções

R. Consolai-nos, Senhor

Concedei-nos o vosso Espírito, Senhor

Na hora da provação e desorientação
R. Concedei-nos o vosso Espírito, Senhor
Na tentação e na fragilidade
R. Concedei-nos o vosso Espírito, Senhor
No combate contra o mal e o pecado
R. Concedei-nos o vosso Espírito, Senhor
Na busca do verdadeiro bem e da verdadeira alegria
R. Concedei-nos o vosso Espírito, Senhor
Na decisão de permanecer em Vós e na vossa amizade
R. Concedei-nos o vosso Espírito, Senhor

Abri-nos à esperança, Senhor

Se o pecado nos oprimir
R. Abri-nos à esperança, Senhor
Se o ódio nos fechar o coração
R. Abri-nos à esperança, Senhor
Se a dor nos visitar
R. Abri-nos à esperança, Senhor
Se a indiferença nos angustiar
R. Abri-nos à esperança, Senhor
Se a morte nos aniquilar
R. Abri-nos à esperança, Senhor.

Oração à Virgem do Divino Amor

PELO FIM DA EPIDEMIA[2]

Ó Maria,
Tu brilhas sempre no nosso caminho
como sinal de salvação e esperança.
Nós entregamos-nos a ti, Saúde dos Enfermos,
que na Cruz foste associada à dor de Jesus,
mantendo firme a tua fé.
Tu, Salvação do povo romano,
sabes do que precisamos
e temos a certeza de que garantirás,
como em Caná da Galileia,
que a alegria e a celebração possam retornar
após este momento de provação.
Ajuda-nos, Mãe do Divino Amor,
a conformar-nos com a vontade do Pai
e a fazer o que Jesus nos disser.
Ele que tomou sobre si os nossos sofrimentos
e assumiu as nossas dores para nos levar,
através da Cruz, à alegria da Ressurreição.
Amém.

Sub tuum praesidium

Sob a tua proteção buscamos refúgio, Santa Mãe de Deus. Não desprezes as nossas súplicas, nas necessidades, e livra-nos de todo o perigo, Virgem gloriosa e bendita.

---

[2] Mensagem em vídeo do Papa Francisco por ocasião do dia de oração e jejum pelo fim da epidemia, em 11 de março de 2020.

CARTA DO PAPA FRANCISCO
A TODOS OS FIÉIS PARA O MÊS DE MAIO DE 2020[3]

Queridos irmãos e irmãs!

Já está próximo o Mês de Maio, no qual o povo de Deus manifesta de forma particularmente intensa o seu amor e devoção à Virgem Maria. Neste mês, é tradição rezar o Terço em casa, com a família; dimensão esta – a doméstica –, que as restrições da pandemia nos «forçaram» a valorizar, inclusive do ponto de vista espiritual.

Por isso, pensei propor-vos a todos que volteis a descobrir a beleza de rezar o Terço em casa, no mês de maio. Podeis fazê-lo juntos ou individualmente: decidi vós de acordo com as situações, valorizando ambas as possibilidades. Seja como for, há um segredo para bem o fazer: a simplicidade; e é fácil encontrar, mesmo na internet, bons esquemas para seguir na sua recitação.

Além disso, ofereço-vos os textos de duas orações a Nossa Senhora, que podereis rezar no fim do Terço; eu mesmo as rezarei no Mês de Maio, unido espiritualmente convosco. Junto-as a esta Carta, para que assim fiquem à disposição de todos.

Queridos irmãos e irmãs, a contemplação do rosto de Cristo, juntamente com o coração de Maria, nossa Mãe, tornar-nos-á ainda mais unidos como família espiritual e ajudar-nos-á a superar esta prova. Eu rezarei por vós, especialmente pelos que mais sofrem, e vós, por favor, rezai por mim. Agradeço-vos e de coração vos abençoo.

---

[3] Roma, São João de Latrão, na Festa de São Marcos Evangelista, 25 de abril de 2020.

Orações a Maria

Ó Maria,
Vós sempre resplandeceis sobre o nosso caminho
como um sinal de salvação e de esperança.
Confiamo-nos a Vós, Saúde dos Enfermos,
que permanecestes, junto da cruz, associada ao sofrimento de
Jesus,
mantendo firme a vossa fé.
Vós, Salvação do Povo Romano,
sabeis do que precisamos
e temos a certeza de que no-lo providenciareis
para que, como em Caná da Galileia,
possa voltar a alegria e a festa
depois desta provação.
Ajudai-nos, Mãe do Divino Amor,
a conformar-nos com a vontade do Pai
e a fazer aquilo que nos disser Jesus,
que assumiu sobre Si as nossas enfermidades
e carregou as nossas dores
para nos levar, através da cruz,
à alegria da ressurreição. Amém.
À vossa proteção, recorremos, Santa Mãe de Deus;
não desprezeis as nossas súplicas na hora da prova
mas livrai-nos de todos os perigos, ó Virgem gloriosa e bendita.

«À vossa proteção, recorremos, Santa Mãe de Deus».

Na dramática situação atual, carregada de sofrimentos e angústias que oprimem o mundo inteiro, recorremos a Vós, Mãe de Deus e nossa Mãe, refugiando-nos sob a vossa proteção.

Ó Virgem Maria, volvei para nós os vossos olhos misericordiosos nesta pandemia do coronavírus e confortai a quantos se sentem perdidos e choram pelos seus familiares mortos e, por vezes, sepultados duma maneira que fere a alma. Sustentai aqueles que estão angustiados por pessoas enfermas de quem não se podem aproximar, para impedir o contágio. Infundi confiança em quem vive ansioso com o futuro incerto e as consequências sobre a economia e o trabalho.

Mãe de Deus e nossa Mãe, alcançai-nos de Deus, Pai de misericórdia, que esta dura prova termine e volte um horizonte de esperança e paz. Como em Caná, intervinde junto do vosso Divino Filho, pedindo-Lhe que conforte as famílias dos doentes e das vítimas e abra o seu coração à confiança.

Protegei os médicos, os enfermeiros, os agentes de saúde, os voluntários que, neste período de emergência, estão na vanguarda arriscando a própria vida para salvar outras vidas. Acompanhai a sua fadiga heroica e dai-lhes força, bondade e saúde.

Permanecei junto daqueles que assistem noite e dia os doentes, e dos sacerdotes que procuram ajudar e apoiar a todos, com solicitude pastoral e dedicação evangélica.

Virgem Santa, iluminai as mentes dos homens e mulheres de ciência, a fim de encontrarem as soluções justas para vencer este vírus.

Assisti os Responsáveis das nações, para que atuem com sabedoria, solicitude e generosidade, socorrendo aqueles que não têm o necessário para viver, programando soluções sociais e económicas com clarividência e espírito de solidariedade.

Maria Santíssima tocai as consciências para que as somas enormes usadas para aumentar e aperfeiçoar os armamentos sejam, antes, destinadas a promover estudos adequados para prevenir catástrofes do género no futuro.

Mãe amadíssima, fazei crescer no mundo o sentido de pertença a uma única grande família, na certeza do vínculo que une a todos, para acudirmos, com espírito fraterno e solidário, a tanta pobreza e inúmeras situações de miséria. Encorajai a firmeza na fé, a perseverança no serviço, a constância na oração.

Ó Maria, Consoladora dos aflitos, abraçai todos os vossos filhos atribulados e alcançai-nos a graça que Deus intervenha com a sua mão omnipotente para nos libertar desta terrível epidemia, de modo que a vida possa retomar com serenidade o seu curso normal.

Confiamo-nos a Vós, que resplandeceis sobre o nosso caminho como sinal de salvação e de esperança, ó clemente, ó piedosa, ó doce Virgem Maria. Amém.

Preces de Bênção[4]

Bênçãos para outras circunstâncias diversas

Reunida a assembleia, o ministro diz:

Em nome do Pai e do Filho e do Espírito Santo.

Todos se benzem e respondem:

Amém.

Depois o ministro, se é sacerdote ou diácono, saúda os presentes,

dizendo:

Deus, fonte de todos os bens,
esteja convosco.

ou outras palavras apropriadas, de preferência tomadas da Sagrada Escritura.

Todos respondem:

Bendito seja Deus, que nos reuniu no amor de Cristo.

---

[4] Estes formulários foram tirados do Benedizionale ("Ritual de bênçãos"), da Conferência Episcopal Portuguesa, que reúne orações e ritos de bênção para as diferentes circunstâncias da vida. Publicamos aqui alguns extratos da Bênçãos para outras circunstâncias diversas (cf. Celebração das bênçãos, nn. 1244-1271) e em seguida da *Bênção dos enfermos* (cf. Celebração das bênçãos, nn. 290-312). Para o rito completo, cf. Conferência Episcopal Portuguesa (editado por), Celebração das bênçãos. Estes ritos de bênção podem ser usados pelo sacerdote e pelo diácono, mas até por um leigo, por exemplo em família, com os gestos e as fórmulas indicadas.

ou de outro modo apropriado.

Se o ministro é leigo, saúda os presentes, dizendo:

Irmãos, bendigamos a Deus, fonte de todos os bens.

Todos respondem:

Amém.

Então o ministro prepara os presentes para receberem a bênção, dizendo estas palavras ou outras semelhantes:

Tudo o que Deus criou e sustenta, todos os acontecimentos que Ele dirige com a sua providência, assim como todas as obras dos homens que sejam boas em si e induzam ao bem, são motivos para que os fi éis bendigam a Deus, fonte e origem de todos os bens. Nesta celebração manifestamos a nossa fé, segundo a qual acreditamos que tudo concorre para o bem daqueles que temem e amam a Deus, bem como a nossa convicção de que sempre e em todas as situações devemos procurar o auxílio divino, para que, seguindo a vontade do nosso Pai que está nos Céus, tudo façamos em Cristo para glória de Deus.

O leitor ou um dos presentes ou o próprio ministro lê um texto da Sagrada Escritura.

Col 1, 9b-14: « *Realizando toda a espécie de boas obras* »

Escutai, irmãos, as palavras do apóstolo São Paulo aos Colossenses Não cessamos de orar por vós e de pedir que procureis conhe cer plenamente a vontade de Deus, com toda a sabedoria e inte ligência espiritual, para viverdes de maneira digna do Senhor, agradando-Lhe em tudo, realizando toda a espécie de boas obras e progredindo no conhecimento de Deus. Sereis fortalecidos com o seu poder glorioso, para que se confi rme a vossa constância, longanimidade e alegria a toda a prova, dando graças a Deus Pai, que nos fez dignos de tomar parte na herança dos santos, na luz divina. Ele nos libertou do poder das trevas e nos transferiu para o reino do seu ama do Filho, no qual temos a redenção, o perdão dos pecados.

Ou

Rm 8, 24-28: « *O Espírito vem em auxílio da nossa fraqueza* »

Escutai, irmãos, as palavras do apóstolo São Paulo aos Romanos É em esperança que estamos salvos, pois ver o que se espera não é esperança; quem espera o que já vê? Mas esperar o que não vemos é esperá-lo com perseverança. Também o Espírito Santo vem em auxílio da nossa fraqueza, porque não sabemos o que pedir nas nossas orações; mas o pró prio Espírito intercede por nós com gemidos inefáveis. E Aque le que vê no íntimo dos corações conhece as aspirações do Es pírito, sabe que Ele intercede pelos santos em conformidade com Deus.

Conforme as circunstâncias, pode dizer-se ou cantar-se um salmo responsorial ou outro cântico apropriado.

Salmo 106(107), 2-3.8-9.31-32.42-43 (R. cf. 1 ou 6)

R. Dai graças ao Senhor pela sua misericórda.

ou

R. Na sua angústia invocaram o Senhor e foram salvos.

ou

Salmo 104(105), 1-5.7-9 (R. 43)

R. O Senhor libertou o seu povo com alegria.

ou

Salmo 105(106), 2-5.45-47 (R. 1)

R. Dai graças ao Senhor, porque Ele é bom, porque é eterna a sua misericórdia.

Se parecer oportuno antes da oração de bênção pode fa zer-se a oração comum. Das invocações que a seguir se propõem, o ministro pode escolher as que parecerem mais apropriadas ou acrescentar outras mais directamente relacionadas com as circunstâncias peculiares do momento.

Deus ama tudo o que criou e tudo conserva com a sua bênção. Invoquemo- l'O humildemente, para que nos dê a sua bênção e nos conforte com o seu auxílio. Digamos com fi lial confi ança:

R. Desça sobre nós, Senhor, a vossa bênção.

Deus eterno, que nos dais um sentido mais profundo desta vida, quando obedecemos de coração sincero à vossa vontade, fortalecei-nos com o vosso espírito de santidade. **R.**

Deus de bondade, que nos mandais multiplicar os vossos dons para vossa glória e benefício dos irmãos, recebei a oração da nossa humildade e do nosso amor. **R.**

Deus de misericórdia, que sempre olhais para nós com infi nita bondade, escutai aqueles que em Vós esperam. **R.**
Pai santo, que enviastes o vosso Filho ao mundo para nos libertar da maldição do pecado e atrair sobre nós a vossa bênção, abençoai-nos com todas as bênçãos celestes em Cristo. **R.**

Pai santo, que derramastes em nossos corações o Espírito do vosso Filho, no qual clamamos: «Abba, Pai», escutai a voz dos fi lhos que reconhecem a vossa bondade paterna. **R.**

Pai santo, que pela morte e ressurreição do vosso Filho nos escolhestes como vosso povo e vossa herança, socorrei-nos nas nossas necessidades e abençoai a vossa herança. **R.**

Segue-se a oração de bênção, como adiante se indica.
Se não se dizem as preces, antes da oração de bênção o celebrante diz:

Oremos.

Todos oram em silêncio durante algum tempo. Depois o ministro diz
a oração de bênção.

Fazei, Senhor, que o vosso povo
receba os auxílios da bênção celeste,
para que, livre de todo o mal,
alcance todos os bens.
Por Nosso Senhor.

R. Amém.

O ministro, se é sacerdote ou diácono, conclui a cele bração, dizendo:

Deus, que é bendito em todas as coisas,
vos abençoe em tudo por Jesus Cristo,
para que tudo se converta em vosso benefício.

R. Amém.

Abençoe-vos Deus todo-poderoso,
Pai, Filho e Espírito Santo.

R. Amém.

Se o ministro é leigo, conclui a celebração, benzendo -se e dizendo:

Deus, que é bendito em todas as coisas,
nos abençoe em tudo por Jesus Cristo,
para que tudo se converta em nosso benefício.

R. Amém.

Bênção dos enfermos[5]

Ritos iniciais

Reunida a comunidade, o ministro diz:

Em nome do Pai e do Filho e do Espírito Santo.

Todos se benzem e respondem:

Amém.

Em seguida o ministro, se é sacerdote ou diácono, saúda os enfermos e todos os presentes, dizendo:

A paz do Senhor esteja sempre convosco.

Todos respondem:

Bendito seja Deus, que nos reuniu no amor de Cristo.

Se o ministro é leigo, saúda os enfermos e todos os presen tes, dizendo:

Irmãos, bendigamos ao Senhor, que passou fazendo o bem e curando todos os enfermos.

Todos respondem:

Amém.

Então o ministro prepara os enfermos e todos os presentes para recebe-rem a bênção, dizendo estas palavras ou outras semelhantes:

Nosso Senhor Jesus Cristo, que passou fazendo o bem e curan-

---

[5] Segundo um costume muito antigo, que tem a sua origem no ensino e no exemplo do próprio Cristo e dos Apóstolos, os enfermos são abençoados pelos ministros da Igreja. O rito aqui proposto pode ser seguido pelo sacerdote e pelo diácono, ou até por um leigo, com os gestos e as fórmulas indicadas. Esta bênção é proposta tanto na forma longa como na breve.

do todos os sofrimentos e enfermidades, recomendou aos seus discí pulos que tivessem cuidado dos enfermos, impusessem as mãos sobre eles e os abençoassem em seu nome. Nesta celebração encomenda remos a Deus os nossos irmãos doentes, para que possam suportar com paciência os sofrimentos do corpo e do espírito, sabendo que, assim como tomam parte nos sofrimentos de Cristo, também tomarão parte na sua consolação.

O leitor ou um dos presentes ou o próprio ministro lê um texto da Sagrada Escritura, escolhido de preferência en tre os que estão indicados no Ritual da Unção e Pastoral dos Doentes ou no Leccionário das Missas pelos enfermos Escolham-se os textos que pareçam relacio nar-se mais directamente com as circunstâncias dos enfermos.

2 Cor 1, 3-7: «*Deus de toda a consolação*»

Escutai, irmãos, as palavras do apóstolo São Paulo aos Coríntios Bendito seja Deus, Pai de Nosso Senhor Jesus Cristo, Pai de misericórdia e Deus de toda a consolação, que nos conforta em todas as nossas tribulações, para podermos também consolar aqueles que estão atribulados, por meio do conforto que nós mes mos recebemos de Deus. Porque assim como abundam em nós os so frimentos de Cristo, também por Cristo abunda a nossa consolação. Se somos atribulados, é para vossa consolação e salvação; se somos consolados, é para vossa consolação, a fi m de supor tardes com fortaleza os mesmos sofrimentos que nós suportamos. A nossa esperança a vosso respeito é fi rme, porque sabemos que, participando nos sofrimentos, também participareis na consolação.

Ou

Mt 11, 28-30: «*Vinde a Mim e Eu vos aliviarei*»

Escutai, irmãos, as palavras do santo Evangelho segundo São Mateus Naquele tempo, disse Jesus aos seus discípulos: «Vinde a Mim, todos os que andais cansados e oprimidos e Eu vos aliviarei. Tomai o meu jugo sobre vós e aprendei de Mim, que sou manso e humilde de coração, e encontrareis des canso para as vossas almas; porque o meu jugo é suave e a minha carga é leve».

Ou

Mc 6, 53-56: *« Colocavam os doentes nas praças públicas »*

Escutai, irmãos, as palavras do santo Evangelho segundo São Marcos Naquele tempo, Jesus e os discípulos fizeram a travessia do lago e vieram para terra em Genezaré, onde aportaram. Quando saíram do barco, as pessoas reconheceram logo Jesus; percorreram toda aquela região e começaram a trazer os doentes nos catres, para onde ouviam dizer que Ele estava. Nas aldeias, cidades ou casais onde Jesus entrasse, colocavam os enfermos nas praças públicas e pediam que os deixasse tocar-Lhe ao menos na orla da capa. E quantos Lhe tocavam fi cavam curados.

Conforme as circunstâncias, pode dizer-se ou cantar-se um salmo responsorial ou outro cântico apropriado.

Salmo 101(102), 2-3. 16-18. 24-25.29 (R. 2)

R. Ouvi, Senhor, a minha oração, chegue até Vós o meu clamor.

ou

Is 38, 10-12d.16-17a (R. cf. 17b)
R. Livrastes da morte a minha alma, Senhor.

Segue-se a oração comum. Das intercessões que aqui se pro põem, o ministro pode escolher as que parecerem mais apro priadas ou acrescentar outras mais directamente relacio nadas com as circunstâncias especiais dos enfermos ou do momento.

Invoquemos o Senhor Jesus Cristo, nosso Salvador, para que conforte com a sua graça os nossos irmãos doentes, e supliquemos com toda a confi ança:

R. Confortai, Senhor, estes doentes.

Vós que viestes ao mundo como médico dos corpos e das almas, para curar as nossas enfermidades: **R.**

Vós que Vos apresentastes ao mundo como homem de dores, suportastes os nossos sofrimentos e tomastes sobre Vós as nossas tribulações: **R.**

Vós que quisestes tornar-Vos semelhante em tudo aos vossos irmãos, para Vos compadecerdes deles: **R.**

Vós que quisestes experimentar as fraquezas da natureza humana, para nos libertardes de todo o mal: **R.**

Vós que tivestes vossa Mãe junto à cruz, associada aos vossos sofrimentos, e no-la destes como nossa Mãe: **R.**

Vós que quisestes associar-nos à vossa paixão, para completarmos na nossa carne os vossos sofrimentos, em benefício do vosso Corpo, a santa Igreja: **R.**

Em vez desta oração de súplica, ou acrescentando-as a esta oração, podem dizer-se as ladainhas que se encontram no Ri tual da Unção e Pastoral dos Doentes

Senhor, que tomastes sobre Vós as nossas enfermidades e suportastes as nossas dores, tende piedade de nós:
R. Senhor, tende piedade de nós.

Cristo, que, compadecido da multidão, passastes fazendo o bem e curando os doentes, tende piedade de nós:

R. Cristo, tende piedade de nós.

Senhor, que mandastes aos vossos Apóstolos impôr as mãos sobre os doentes, tende piedade de nós:

R. Senhor, tende piedade de nós.

Ou

Oremos ao Senhor pelo nosso irmão doente e por todos os que tratam dele:

R. Nós Vos rogamos: ouvi-nos, Senhor.

-Olhai com bondade para este nosso doente: **R.**
-Dai novo vigor aos seus membros: **R.**
-Aliviai as suas dores: **R.**
-Socorrei com a vossa graça todos os enfermos: **R.**
-Ajudai com o vosso poder divino todos os que cuidam deles:
R.
-Concedei a vida e a saúde a este doente, a quem impomos as
mãos em vosso nome: **R.**

*Então o ministro, se é sacerdote ou diácono, impondo as mãos, con-
forme as circunstâncias, sobre todos os enfermos ao mesmo tempo ou
sobre cada um em particular, diz a oração de bênção:*

Senhor, que passastes fazendo o bem e curando os doentes,
dignai-Vos ✠ abençoar estes vossos servos doentes.
Dai vigor ao seu corpo e fortaleza ao seu espírito,
dai-lhes paciência nos sofrimentos
e fazei que recuperem a saúde,
de modo que, reintegrados na convivência dos irmãos,
possam bendizer-Vos com renovada alegria.
Vós que sois Deus com o Pai na unidade do Espírito Santo.

R. Amém.

*Se o ministro é leigo, traçando o sinal da cruz na fronte de cada um,
diz a oração de bênção:*

Senhor, Pai santo, Deus eterno e omnipotente,
que animais e fortaleceis com a vossa bênção
a nossa frágil condição humana,
olhai com bondade para este vosso servo doente N.,
de modo que, vencendo a enfermidade e recuperando a saúde,
possa bendizer o vosso santo nome
com renovada alegria e gratidão.
Por Nosso Senhor.

R. Amém.

*Depois da oração de bênção, o ministro convida todos os presentes a
invocar a protecção de Nossa Senhora, o que pode fazer-se cantando*

ou recitando uma antífona mariana, p.ex., Sub tuum praesidium (À vossa protecção nos acolhemos) ou Salve, regina (Salve, rainha).

Então o ministro, se é sacerdote ou diácono, voltando-se para os enfermos, conclui a celebração, dizendo:

Deus Pai vos (te) abençoe.

R. Amém.

O Filho de Deus vos (te) dê saúde.

R. Amém.

O Espírito Santo vos (te) ilumine.

R. Amém.

Por fim, abençoa todos os presentes, dizendo:

E a vós todos aqui presentes,
abençoe-vos Deus todo-poderoso,
Pai, Filho ✠ e Espírito Santo.

R. Amém.

Se o ministro é leigo, implora a bênção do Senhor sobre os enfermos e todos os presentes, benzendo-se e dizendo:

Nosso Senhor Jesus Cristo,
que passou fazendo o bem e curando todos os doentes,
nos guarde em boa saúde e nos dê a sua bênção.

R. Amém.

II. Forma Breve

O ministro diz:

O nosso auxílio vem do Senhor.

Todos respondem:

Que fez o céu e a terra.

Um dos presentes ou o próprio ministro lê um texto da Sagrada Es-

critura, p.ex.:

2 Cor 1, 3-4

Bendito seja Deus, Pai de Nosso Senhor Jesus Cristo, Pai de mi
sericórdia e Deus de toda a consolação, que nos conforta em
todas as nossas tribulações,
para podermos também consolar aqueles que estão atribulados,
por meio do
conforto que nós próprios recebemos de Deus.

Ou

Mt 11, 28-29

Vinde a Mim, todos os que andais cansados e oprimidos, e Eu
Vos aliviarei.
Tomai o meu jugo sobre vós e aprendei de Mim, que sou manso
e humilde de
coração, e encontrareis descanso para as vossas almas.

*Em seguida o ministro - se é sacerdote ou diácono, im pondo as mãos
sobre os enfermos, conforme as circunstâncias; se é leigo, traçando o
sinal da cruz sobre a fronte do enfermo - diz a oração de bênção:*

Senhor, Pai santo, Deus eterno e omnipotente,
que animais e fortaleceis com a vossa bênção
a nossa frágil condição humana,
olhai com bondade para este vosso servo doente N.,
de modo que, vencendo a enfermidade e recuperando a saúde,
possa bendizer o vosso santo nome
com renovada alegria e gratidão.
Por Nosso Senhor.

R. Amém.

ORAÇÕES DA TRADIÇÃO DAS IGREJAS LOCAIS

Hino *Akathistos* à Mãe de Deus[6]

Parte narrativa

Episódios evangélicos

1. O mais sublime dos anjos

foi enviado dos céus

para dizer « Ave » à Mãe de Deus.

Ao ver-te, Senhor, feito homem

à sua angélica saudação,

deteve-se extasiado diante da Virgem,

aclamando-a assim:

Ave, por ti a alegria resplandece;

Ave, por ti a dor se apaga.

Ave, levantas o Adão decaído;

Ave, resgate do pranto de Eva.

Ave, mistério que excede a mente humana;

---

[6] Trata-se de um dos hinos mais famosos que a Igreja grega dedica à Theotokos (Mãe de Deus). Akathistos, em grego, significa "não-sentados", porque as pessoas o cantam ou recitam de pé, por respeito e veneração à Santa Mãe de Deus, Maria. A estrutura inspira-se na Jerusalém celestial, descrita nos capítulos 21-22 do Apocalipse de São João. Canta-se Maria como imagem da Igreja, Virgem Esposa do Cordeiro. O hino subdivide-se em 24 estrofes (estâncias), de acordo com as letras do alfabeto grego. Está organizado em duas partes - uma narrativa e outra dogmática - nas quais se descerra a beleza de Maria, Mãe de Cristo e dos fiéis.

Ave, insondável abismo aos olhos dos anjos.

Ave, em ti foi erguido o trono do Rei;

Ave, tu trazes Aquele que tudo sustenta.

Ave, ó estrela que o sol anuncia;

Ave, ó ventre do Deus encarnado.

Ave, por ti a criação se renova;

Ave, por ti o Criador se faz menino.

Ave, Virgem e Esposa!

2. Sabendo Maria que era a Deus consagrada,
assim a Gabriel dizia:

«A tua mensagem é misteriosa aos meus ouvidos
e incompreensível ressoa à minha alma.
De uma Virgem um parto tu anuncias»,
exclamando: Aleluia!

3. Desejava a Virgem
entender o mistério,
e ao divino mensageiro pergunta:
«Poderá uma virgem dar à luz um menino?
– Diz-me!».
Com reverência, o anjo respondia, cantando assim:
Ave, tu guia ao supremo Conselho;

Ave, tu prova d'arcano mistério.

Ave, primeiro prodígio de Cristo;

Ave, compêndio das suas verdades.

Ave, escada celeste por quem veio o Eterno;

Ave, ó ponte que levas os homens ao céu.

Ave, prodígio cantado por coros celestes;

Ave, da horda infernal odioso flagelo.

Ave, inefável, a Luz acendeste;

Ave, o mistério a ninguém revelaste.

Ave, ciência que aos sábios transcende;

Ave, do crente iluminas a mente.

Ave, Virgem e Esposa!

4. A virtude do Altíssimo

cobriu-a com a sua sombra

e tornou Mãe a Virgem sem núpcias:

o seio por Deus fecundado

tornou-se campo abundante

para todos aqueles que buscam a salvação

e assim aclamam:

Aleluia!

5. Tendo no seu seio o Senhor,

a solícita Maria

visitava a sua prima Isabel.

O menino no ventre materno,

ouvindo a saudação, exultou,

e, saltando de alegria,

à Mãe de Deus aclamava:

Ave, sarmento do santo rebento;

Ave, ó ramo do fruto ilibado.

Ave, cultivas o teu Criador;

Ave, tu plantas a Quem planta a vida.

Ave, ó campo que fecunda riquíssimas graças;

Ave, ó mesa, farta de todos os dons.

Ave, tu que germinas um prado ameno;

Ave, às almas preparas seguro abrigo.

Ave, incenso de todas as súplicas;

Ave, suave oferenda do mundo.

Ave, clemência de Deus para o homem;

Ave, confiança do homem em Deus.

Ave, Virgem e Esposa!

6. Com o coração tumultuado

e cheio de dúvidas,

o prudente José se debatia.

Sabe que és Virgem intacta

e suspeita secretos esponsais.

Conhecendo-te Mãe

pela ação do Espírito Santo, exclama:

Aleluia!

7. Os pastores ouviram

os coros dos anjos

que cantavam ao Senhor feito homem.

Correndo, vão ver o Pastor.
Contemplam o Cordeiro inocente
alimentando-se do seio materno
e à Virgem entoam um canto:
Ave, ó Mãe do Cordeiro-Pastor;
Ave, aprisco da grei fiel.
Ave, defesa das feras malignas;
Ave, tu abres a porta do céu.
Ave, por ti o céu exulta com a terra;
Ave, por ti a terra se alegra com os céus.
Ave, tu és dos apóstolos a voz perene;
Ave, tu és do mártir indómito ardor.
Ave, sustento possante da fé;
Ave, estandarte glorioso da graça.
Ave, por ti é despojado o inferno;
Ave, por ti nos revestimos de glória.
Ave, Virgem e Esposa!

8. Observando a estrela
que a Deus os guiava,
os magos seguiram o seu fulgor.
Era lâmpada segura no seu caminho,
que os conduziu ao Rei poderoso.
Chegados ao Deus inatingível,
aclamam-no felizes:
Aleluia!

9. Contemplaram os magos,

no colo materno, Aquele

que plasmou o homem nas suas mãos.

Compreenderam que era ele o seu Senhor,

escondido sob o aspecto de servo.

Solícitos, oferecem-lhe os seus dons

e à Mãe aclamam:

Ave, ó Mãe do Sol sem ocaso;

Ave, aurora do místico dia.

Ave, tu apagas a forja dos erros;

Ave, Deus-Trino ao crente revelas.

Ave, o odioso tirano arrancaste do trono;

Ave, mostras-nos Cristo, Senhor e Amigo.

Ave, és tu que nos tiras dos ritos cruéis;

Ave, és tu que nos salvas das obras do mal.

Ave, destróis o culto do fogo;

Ave, extingues a chama dos vícios.

Ave, tu guia da ciência aos crentes;

Ave, alegria de todos es povos.

Ave, Virgem e Esposa!

10. Mensageiros de Deus

tornaram-se os magos

de volta para as suas terras.

Cumpriu-se o antigo oráculo

quando a todos falavam de Cristo,

sem pensar no estulto Herodes,
incapaz de cantar:
Aleluia!

11. O Egito tu iluminas
com o resplendor da verdade,
afugentando as trevas do erro.
À tua passagem os ídolos caíam
não podendo suportar-te, Senhor.
E os homens, libertados do engano,
à Virgem aclamam:
Ave, levantas o género humano;
Ave, derrota do reino infernal.
Ave, esmagas o erro e a mentira;
Ave, revelas o engano dos ídolos.
Ave, ó mar que engoles o grão-Faraó;
Ave, rochedo que verte as águas da vida.
Ave, coluna de fogo que guia nas trevas;
Ave, ó nuvem mais ampla que cobre o mundo.
Ave, deste-nos o maná celestial;
Ave, ministra de santas delícias.
Ave, ó terra por Deus prometida;
Ave, em ti correm mel e leite.
Ave, Virgem e Esposa!

12. Simeão, o velho,
já no fim dos seus dias,

estava para deixar a sombra deste mundo.
A ele foste apresentado como Menino,
mas, vendo-te qual Deus poderoso,
admirou o arcano desígnio
exclamando:
Aleluia!

Parte dogmática

Os mistérios da fé

13. Renovou o Excelso
as leis deste mundo
quando veio habitar entre nós.
Germinado no seio de uma Virgem,
conserva-o intacto como sempre o fora.
Nós, admirados por este prodígio,
à Virgem santa cantamos:
Ave, ó flor de vida ilibada;
Ave, coroa de casta postura.
Ave, tu mostras a vida futura;
Ave, revelas a vida dos anjos.
Ave, pomar aprazível que nutre os crentes;
Ave, árvore umbrosa que a todos abriga.
Ave, no seio levaste Quem guia os errantes;
Ave, tu deste à luz Quem resgata os cativos.
Ave, suplica ao justo Juiz;
Ave, perdão para todo o perverso.

Ave, tu veste dos despidos da graça;

Ave, do homem supremo desejo.

Ave, Virgem e Esposa!

14. Contemplando o parto milagroso,

e afastados do mundo,

dirigimos a mente para o céu.

O Altíssimo apareceu entre nós

no humilde aspecto humano de um pobre

e eleva ao mais alto da glória

aqueles que cantam:

Aleluia!

15. A Palavra de Deus infinito

habitava na terra

e enchia os céus. A sua descida amorosa ao homem

não fez mudar a sua suprema morada.

Era o divino parto da Virgem

que ele ouvia cantar:

Ave, morada do Deus infinito;

Ave, tu porta do santo mistério.

Ave, mensagem que inquieta os ímpios;

Ave, dos crentes certíssima glória.

Ave, tu coche de Deus que os anjos transportam;

Ave, tu assento de Deus que os anjos adoram.

Ave, só tu converges as forças opostas;

Ave, só tu és Virgem e Mãe.

Ave, por ti foi remida a culpa;

Ave, por ti Deus abriu os céus.

Ave, tu chave do reino de Cristo;

Ave, esperança de eternos tesouros.

Ave, Virgem e Esposa!

16. Toda a multidão dos anjos,

admirada, contempla

o mistério de Deus encarnado.

Ao Senhor inacessível,

feito homem, admira-o, acessível,

caminhar pelas sendas humanas,

ouvindo cantar:

Aleluia!

17. Os eloquentes oradores,

como peixes emudecem

diante de ti, santa Mãe do Verbo.

Não compreendem como foi possível

permanecer Virgem depois de ser Mãe.

Nós, teus devotos, o prodígio admiramos

e com fé proclamamos:

Ave, sacrário da arcana sapiência;

Ave, tesouro da sua Providência.

Ave, por ti se desnorteiam os sábios;

Ave, ao orador impões silêncio.

Ave, por ti se confundem os grandes doutores;

Ave, por ti desfalecem os autores de mitos.

Ave, desfazes enredos de grandes sofistas;

Ave, tu enches as redes dos pescadores.

Ave, livras-nos da grande ignorância;

Ave, enches-nos da ciência divina.

Ave, tu barca pra quem quer salvar-se;

Ave, ó porto dos nautas da vida.

Ave, Virgem e Esposa!

18. Para salvar o mundo,

o Criador de todas as coisas

quis vir a ele.

Sendo Deus, tornou-se nosso Pastor

e apareceu entre nós como Cordeiro.

Sendo homem, atrai a si os homens

e como Deus ouve cantar:

Aleluia!

19. Ó Virgem, Mãe de Cristo,

vindo morar no teu seio,

o divino Criador fez de ti

o baluarte das virgens

e de quantos a ti recorrem.

Ele convida-nos a cantar

em tua honra, ó Ilibada:

Ave, coluna de santa pureza;

Ave, tu porta da vida perfeita.

Ave, início de nova linhagem;
Ave, dispensas graças divinas.
Ave, tu deste a vida aos nascidos na culpa;
Ave, tu deste a ciência aos insensatos.
Ave, ó tu que aniquilas o grão-sedutor;
Ave, ó tu que dos castos nos dás o Autor.
Ave, regaço de núpcias divinas;
Ave, tu unes os crentes com Deus.
Ave, das virgens tu és Mãe e Mestra;
Ave, tu levas as almas a Deus.
Ave, Virgem e Esposa!

20. É sempre inferior
o canto que presume engrandecer
as tuas inúmeras virtudes.
Tantos como é a areia da praia
podem ser os nossos hinos, ó Rei Santo,
porém, nunca alcançariam as graças
que destes a quem canta:
Aleluia!

21. Como tocha luminosa
a iluminar os que jazem nas trevas,
resplandece a Virgem Maria.
Foi ela que acendeu a Luz eterna.
O seu fulgor ilumina as mentes
e é guia à sabedoria divina,

inspirando este canto:

Ave, ó raio de Sol verdadeiro;

Ave, ó facho de Luz perene.

Ave, clarão que ilumina as mentes;

Ave, trovão que os ímpios espanta.

Ave, vieram de ti os radiosos mistérios;

Ave, brotaram de ti rios de águas copiosas.

Ave, imagem és tu da antiga piscina;

Ave, tu lavas as manchas dos nossos pecados.

Ave, ó fonte que purifica as almas;

Ave, ó taça que verte alegria.

Ave, fragrância do óleo de Cristo;

Ave, ó vida do sacro banquete.

Ave, Virgem e Esposa!

22. Querendo perdoar-nos o primeiro pecado,
Aquele que paga as dívidas de todos
busca asilo no meio dos seus prófugos,
exilando-se livremente do céu.
Rasgando o antigo rescrito,
ouve cantar:
Aleluia!

23. Glorificando o teu parto,
todo o universo te louva
qual tabernáculo vivente, ó Senhora.
Colocando a sua morada no teu seio

Aquele que segura tudo na sua mão,

o Senhor,

fez-te santa e gloriosa,

e convida-nos a louvar-te:

Ave, ó tenda do Verbo divino;

Ave, maior que o Santo dos Santos.

Ave, ó arca dourada do Espírito;

Ave, tesouro infinito da vida.

Ave, precioso diadema dos reis piedosos;

Ave, ó glória dos teus sacerdotes devotos.

Ave, tu és para a Igreja qual torre possante;

Ave, tu és para o mundo qual forte defesa.

Ave, por ti levantamos os troféus;

Ave, por ti são vencidos os maus.

Ave, remédio eficaz para o meu corpo;

Ave, ó salvação da minha alma.

Ave, Virgem e Esposa!

24. Digna de todo o louvor,

Santa Mãe do Verbo,

Santíssimo entre todos os Santos,

recebe, neste canto, a nossa oferta.

Salva o mundo de todo o perigo;

de todos os males e dos castigos futuros

livra-nos, a nós que cantamos:

Aleluia!

Antífona mariana para a libertação da peste[7]

Ó Estrela do céu, que amamentaste o Senhor,

e extirpaste a peste da morte,

plantada no mundo pelo primeiro homem.

Que esta Estrela se digne agora acalmar o céu,

cuja ira fere o povo

com a praga da morte cruel.

Ó piedosíssima Estrela do mar,

socorre-nos da peste.

Ouve-nos, ó Senhora,

porque o teu Filho te honra, nada negando a ti.

Salvai, Jesus,

aqueles pelos quais a vossa Virgem Mãe intercede.

A couraça de São Patrício[8]

Levanto-me, neste dia que amanhece:
que a força de Deus me dirija,
que o poder de Deus me ampare,
que a sabedoria de Deus me guie,
que o olhar de Deus me vigie,

---

[7] Trata-se de um antigo cântico de tradição franciscana, para pedir o fim da peste (n. trad.).

[8] *St Patrick's Breastplate* (*A Couraça de São Patrício*) é uma oração de proteção, conhecida também como *The Deer's Cry* (*O grito do cervo*), *The Lorica of Saint Patrick* (*A armadura ou lorica de São Patrício*) ou, enfim, *Saint Patrick's Hymn* (*Hino de São Patrício*). Segundo a tradição, foi precisamente São Patrício que a compôs, durante o seu ministério irlandês, que remonta ao século V.

que o ouvido de Deus me ouça,

que a palavra de Deus me faça eloquente,

que a mão de Deus me guarde,

que o caminho de Deus me esteja à frente,

que o escudo de Deus me proteja,

que o exército de Deus me defenda

das armadilhas do demónio,

das tentações do vício,

de todos os que me desejam mal,

longe e perto de mim,

agindo só ou em grupo...

Cristo comigo, Cristo à minha frente, Cristo atrás de mim,

Cristo em mim, Cristo embaixo de mim, Cristo acima de mim,

Cristo à minha direita, Cristo à minha esquerda,

Cristo ao deitar-me, Cristo ao sentar-me,

Cristo ao levantar-me,

Cristo no coração de todos a quem eu falar,

Cristo nos lábios de todos os que me falarem,

Cristo em todos os olhos que me virem,

Cristo em todos os ouvidos que me ouvirem.

Levanto-me, neste dia que amanhece,

por uma grande força, pela invocação da Trindade,

pela fé no Deus Uno e Trino,

pela afirmação da Unidade,

pelo Criador da Criação.

Ato de entrega[9]

Senhor, seja feita em mim a vossa vontade,

quero caminhar segundo a vossa vontade,

ajudai-me a entender unicamente a vossa vontade!

Senhor, quando o quiserdes, esta será a hora

e quando o desejardes, estarei pronto:

hoje e sempre!

Senhor, aceito aquilo que quiserdes,

a vossa vontade é um bem para mim,

é suficiente que eu seja vosso, Senhor!

O que é da vossa vontade, é bom

e se o quiserdes, serei corajoso:

o meu coração repousa nas vossas mãos. Amém.

---

[9] Beato Rupert Mayer, S.J. (1876-1945), sacerdote jesuíta: compro-metido la luta contra a injustiça, grande pregador, já a partir dos anos 20 do século passado demonstrou a incompatibilidade entre a fé cristã e o nacional-socialismo. Foi preso e internado várias vezes em campos de concentração, a ponto de comprometer seriamente a sua saúde. Esta é uma das suas preces de entrega confiante ao Senhor em tempos de dificuldade.

Índice tematicamente fundamentado [*]

---

[*] Este *índice tematicamente fundamentado* evidencia não tanto palavras como os temas mais presentes nas homilias, mensagens, *Angelus* e *Regina Coeli* reunidos neste volume. Portanto, os números referem-se à página de início do discurso do Papa e não à página exata em que a palavra aparece: isto, para ajudar o leitor a contextualizar o tema na argumentação do Pontífice, a fim de apreender toda a sua riqueza e profundidade.

Índice

APÊNDICE I

E quando não podemos participar nos sacramentos?
Como receber a graça do Senhor, quando não temos a possibilidade
de participar fisicamente nas celebrações litúrgicas

APÊNDICE II

Orações da Igreja em tempos difíceis
A universalidade da intercessão